Hermann Häring

Theologie und Ideologie bei Joseph Ratzinger

W0239311

PATMOS

Die Deutsche Bibliothek – CIP-Einheitsaufnahme

Häring, Hermann:
Theologie und Ideologie bei Joseph Ratzinger / Hermann Häring. –
Düsseldorf : Patmos, 2001
ISBN 3-491-70337-9

© 2001 Patmos Verlag Düsseldorf
Alle Rechte, einschließlich derjenigen des auszugsweisen Abdrucks sowie
der fotomechanischen und elektronischen Wiedergabe, vorbehalten.
1. Auflage 2001
Umschlaggestaltung: Groothuis & Consorten, Hamburg
unter Verwendung eines Fotos © Contrasto, Focus Plus/Massimo Siragusa
Satz: Dörlemann Satz, Lemförde
Druck und Bindung: Grafo S. A., E-Basauri
ISBN 3-491-70337-9
www.patmos.de

Inhaltsverzeichnis

Vorwort

Die Unruhe innerhalb der katholischen Theologie sowie die Polarisierung in der katholischen Kirche haben mit dem Dokument *Dominus Iesus* vom August 2000 einen neuen Höhepunkt erreicht. Was Kardinal Ratzinger als Glanzstück theologischer Selbstbesinnung im Heiligen Jahr präsentierte, entpuppte sich als Tiefpunkt römischer Angst vor weltweiter Vielfalt und einer entschiedenen Öffnung zum ökumenischen und interreligiösen Gespräch. Für viele Christinnen und Christen aller Länder wurde das Dokument zum Signal von unerträglicher Rechthaberei nach innen und nach außen. Nach innen wurde im Gewande der altkirchlichen Orthodoxie wieder einmal der Buchstabe überalterter Positionen festgeschrieben. Nach außen wurden den reformatorischen Schwesterkirchen der Ehrentitel der Kirche, den nichtchristlichen Religionen der Ehrentitel einer wahren Religion abgesprochen. Zwar war der Protest sogar in kurialen Kreisen zu spüren, aber der Hauptverantwortliche hat vom Dokument bislang kein Wort zurückgenommen. Jetzt schon wurde der erste Theologe der Autorität dieses Dokuments unterworfen. Die Kardinalsernennungen dieses Frühjahrs haben den deutschen Katholizismus zudem mit einer Welle der Euphorie überzogen, die vom Ernst der Lage ablenkt, so als könne auch nur ein neuer Kardinal die offizielle Situation verändern.

Vor Ablenkung und Vergessen sei jedoch gewarnt. Es ist vielmehr theologische Pflicht, solches Denken einer kritischen und nachdrücklichen Analyse zu unterziehen. Dabei darf es nicht bei spontanen Primärreaktionen bleiben. Vielmehr sind die umfassenden Zusammenhänge nach außen und nach innen zu erarbeiten, die ein solches Denken prägen. Dabei müssen die Frage nach der biblischen Begründung sowie die Auseinandersetzung mit der umfassenden Pluralisierung und Globalisierung unserer Gegenwart eine zentrale Rolle spielen. Schließlich ist über konsequente Strategien nachzudenken, die das römisch-imperiale Denken als das entlarven, was es ist: keine offene, biblisch inspirierte, vom Geist christlicher Freiheit beflügelte Theologie, sondern eine angstbesetzte, um Einheit und eurozentrischen Universalismus besorgte Ideologie, die die Zeichen der Zeit völlig verkennt. Für die katholische Kirche wäre es eine Katastrophe, wenn sich eine solche Weltinterpretation auf Dauer durchsetzen würde.

Angesichts der vielen Themen, die das Dokument in seinen sechs Kapiteln anspricht, kann dieses Buch nicht mehr sein als eine Skizze, als der Beginn eines umfassenden Nachdenkens, das endlich die falschen Rücksichten auf kirchenamtliches Wohlverhalten und auf Respekt vor kurialen Ämtern ablegt. Allein der Freimut hilft weiter, der immer noch zu den selteneren Tugenden systematischer Theologie gehört. Alles andere führt zu Verdrängungen, die sich auf Dauer nur als lähmend und destruktiv auswirken können. Um des Friedens unter den Religionen willen ist das römische Verhalten nicht mehr hinnehmbar. Nach den gängigen Maßstäben einer geschwisterlich organisierten Gemeinschaft müsste der Glaubenspräfekt mit dem Ausdruck des Bedauerns von seinem Amt zurücktreten. Statt dessen hat er inzwischen erklärt, er habe nichts zu bereuen.

Das Buch ist ursprünglich nicht als Monographie konzipiert, sondern in verschiedenen Etappen entstanden. Der Frage nach dem ursprünglichen theologischen Konzept des ehemaligen Kollegen Ratzinger folgt eine erste Analyse des umstrittenen Dokuments. Einige Überlegungen zur aktuellen Welt- und Kirchensicht des obersten Glaubenshüters schließen meine Überlegungen ab.

Die Publikation wäre ohne den Zuspruch von befreundeten Mitchristinnen und Mitchristen nicht zustande gekommen. Ihnen möchte ich dafür danken. Hilfreich war der Sammelband, den M. J. Rainer im Lit-Verlag herausgegeben hat. Ermutigt hat schließlich L. Boff mit seinem Manifest für die Ökumene, das im Patmos Verlag vor wenigen Monaten erschienen ist. Dass sich in die Zeilen, die ursprünglich als allgemein verständlich gedacht waren, auf die Dauer viel Fachtheologie eingeschlichen hat, möge man mir ebenso verzeihen wie die Tatsache, dass die Verarbeitung einschlägiger Literatur nur summarisch geschehen ist. Das vorliegende Ergebnis sei ausdrücklich der weiteren kritischen Diskussion ausgesetzt.

Nijmegen, Ostern 2001
Hermann Häring

Zur Einführung

Römische Dokumente geben sich gerne überzeitlich, als Hort eines unabänderlichen Wissens sowie als der Widerschein einer Weisheit, die Epochen und Meinungen überdauert. Sie berufen sich auf uralte Dokumente und appellieren an göttliche Offenbarung. Es sei »fest zu glauben«, kann man da lesen, und die Kirche sei von einziger und universaler Bedeutung. Alles erscheint so fest gefügt, dass schon der leiseste Zweifel in Unsicherheit und Selbstzweifel umschlagen muss. Die Erklärung »Dominus Iesus« vom August 2000 fügt sich in diese Tradition selbstgewisser und imperialer Sprache ein. Dennoch hat dieses Dokument der Glaubenskongregation ein breites kritisches Echo ausgelöst. Im deutschen Sprachraum sah man vor allem die ökumenischen Beziehungen zwischen katholischer und evangelischen Kirchen gefährdet. In Asien, aber auch in den USA wurden Fragen an die Abwertung der nichtchristlichen Religionen gestellt. Hat Rom dieses Mal überzogen? Inzwischen wurden von verschiedensten Seiten besänftigende Erklärungen nachgeschoben, die christologischen Absichten des Dokuments gerühmt, die guten Beziehungen zwischen den Kirchen bemüht und die Hochachtung vor anderen Weltreligionen beschworen. Fürs erste ist diese Strategie aufgegangen. Man hielt die irenischen Äußerungen von Kardinal Kasper dagegen und die Euphorie über die Kardinalsernennungen vom Februar 2001 deckten die Enttäuschungen vorläufig zu. Und als würde das alles zur Eindämmung eines Flächenbrands nicht reichen, beehrte Manfred Kock, der Ratsvorsitzende der EKD, das triumphalistische Schauspiel der Kardinalserhebungen mit seiner Gegenwart, so als hätte die Reformation zu solcherart Selbstinszenierung im Namen Jesu Christi nicht das Nötige zu sagen.

Allerdings ist die Aura des Objektiven und Unbestechlichen für alle Zeiten verflogen. Stil und spätere Verteidigung des Dokuments zeigten deutlich die Handschrift eines einzigen Mannes, der sich immer ungenierter als der große Glaubensbewahrer präsentiert und der mit allen Mitteln, die ihm zur Verfügung stehen, der katholischen Kirche seine persönlichen Überzeugungen aufzuzwingen sucht. Dabei sei ihm eine formale theologische Qualität nicht abgesprochen; seine Überzeugungen sind respektabel und konsistent. Nur greifen sie auf eine Vorzeit von anderthalb Jahrtausenden zurück und zielen auf ein ausschließliches Wahrheitsprivileg von Christentum und katholischer Kirche. Zwar sind – in Zeiten des Umbruchs – die Verlockungen einer solchen Ideologie unbestreitbar, dass aus ihr aber der Geist des Evangeliums spreche, lässt sich gründlich bezweifeln. So wird die Auseinandersetzung um dieses Dokument immer deutlicher zur Auseinandersetzung um ihren wichtigsten Autor und dessen höchst fragwürdige Theologie.

Ist es aber sinnvoll und gut, eine solche Auseinandersetzung zu führen oder soll man die römische Intervention ins Leere laufen lassen? Dafür, dass hier nichts ins Leere läuft, sorgen die römischen Behörden selbst. Dem ersten Theologen wurden schon die Instrumente gezeigt und ungeniert zitiert man dieses Dokument, als gehöre es zum ewigen Schatz kirchlicher Lehre. Weitere Personen werden folgen. Daneben werden natürlich die Spiele nachträglicher Besänftigung immer wieder gespielt, als sei alles nicht so schlimm. Man setzt auf Vergessen statt auf Selbstkorrektur und offene Diskussion. Man übersieht dabei, dass sich aus der Erinnerung immer all das mit Macht und destruktiver Energie zurückmeldet, was nicht angemessen ausagiert, d. h. emotional und intellektuell verarbeitet wurde. Deshalb ist Rom dem Antimodernismus mal wieder näher denn je; erst jetzt ist die Zeit, da man Pius IX. zur Ehre der Altäre erheben kann – der Papst, der in einem beispiellosen Autismus sagen konnte »Die Tradition bin ich!«, der in blasphemischer Selbstüberschätzung einem Gelähmten auf der Straße zurief »Steh' auf und wandle!« und das Christuswort »Ich bin der Weg, die Wahrheit und das Leben« auf sich selbst anwandte (Hasler 60, 91). Die Kirche präsentiert sich als die einzige moralische Autorität eines, so Ratzinger, untergehenden Abendlandes. Die Schuldbekenntnisse Johannes Pauls II. im Heiligen Jahr erweckten zwar Bewunderung, aber sie waren höchst selektiv und vermieden mit peinlicher Präzision ein Schuldeingeständnis der Kirche selbst. So hält Kardinal Ratzinger denn auch Kritik an seinem Dokument für langweilig, war es doch, wie er behauptet, zur höheren Ehre des Herrn Jesus verfasst. Auch Walter Kasper, dessen episkopale Intervention gegen Ratzinger man allgemein für mutig hielt (warum eigentlich mutig?), nennt die Kritiker von *Dominus Iesus* inzwischen mit einem kurialen Anspruch »uninformiert« und, im Gleichklang mit seinem

Kardinalskollegen, »langweilig«, genau wie es das Lehrbuch der Verdrängung vorschreibt. Damit bereitet er das Grab weiteren ökumenischen Stillstands und seiner eigenen Bedeutungslosigkeit nur vor.

Aus diesen Gründen ist es die Pflicht einer für Wohl und Glaubwürdigkeit der Kirche engagierten Theologie, für umfassende Klärungen zu sorgen. Dabei geht es nicht um Übergriffe in lehramtliches Revier. Das Hauptproblem besteht ja umgekehrt darin, dass die Glaubenskongregation ständig in fachtheologische Diskussionen eingreift und mit der Autorität des »Lehramts« ihr genehme theologische Auffassungen privilegiert. Diesen kommt zwar das Recht einer Mitbewohnerschaft im Hause wissenschaftlich verantworteter und im Glauben engagierter Theologie zu, aber auch sie dürfen die Regeln geduldigen und dialogfähigen Argumentierens ebenso wenig missachten wie alle anderen engagierten Entwürfe. Ich weiß wohl, dass mit diesem formalen Hinweis noch keines der Sachprobleme gelöst ist. Natürlich ist keine der theologischen Positionen schon deshalb im Recht, weil sie neu ist, weil sie den Schwung neuer kultureller Strömungen aufgreift oder in der innerkirchlichen Öffentlichkeit einen breiten Widerhall gewinnt. Auch sollten wir Christinnen und Christen nicht schon deshalb das Recht auf eine theologische Intervention verwehren, weil sie von kirchenleitenden Funktionen wahrgenommen wird. Vielmehr rührt ein Hauptproblem der gegenwärtigen Auseinandersetzung von der Tatsache her, dass uns die Regeln für eine sachgemäße Unterscheidung zwischen Lehramt und Theologie entweder abhanden gekommen sind oder dass wir sie noch nicht gefunden haben. Dass dieser Mangel seit nunmehr vierzig Jahren mit wachsendem Nachdruck angemahnt wird, nachdem das Gleichgewicht spätestens vor einhundertfünfzig Jahren verloren ging, das ist ebenso wenig zu bestreiten wie die Tatsache, dass die ökumenische Bewegung von katholischer Seite schon auf dem 2. Vatikanischen Konzil zu einer Neubesinnung auf Inhalt und Geist der Schrift geführt hat. Letzteres bedeutet nicht nur, dass die Schrift neu zu lesen ist und theologische Aussagen von ihr sorgfältiger abzuleiten sind. Es bedeutet auch, dass sich Tradition und Lehramt endlich dem Vorbehalt der Schrift zu unterstellen haben, ohne damit dem hermeneutisch vielschichtigen Verhältnis zwischen beiden Abbruch zu tun, welches ein einliniges Abhängigkeitsverhältnis ausschließt.

Sehr richtig wird deshalb im jüngsten deutschsprachigen katholisch-evangelischen Konsensdokument argumentiert: »Eine tragfähige Grundlage für die Verständigung in den schwierigen Fragen war die Übereinstimmung darin, dass die Heilige Schrift als ›unüberholbare Norm für Kirche, kirchliche Verkündigung und Glauben‹ der grundlegende und entscheidende Maßstab für alle übrigen Bezeugungsinstanzen ist und dass diese Instanzen – die Überlieferung (d.h. die ›Weitergabe der verbindlichen apostolischen Botschaft …‹), der Glaubenssinn aller Glaubenden *(sensus fidelium)*, das kirchliche Lehramt und die wissenschaftliche Theologie – nicht isoliert zu sehen sind, sondern in ihrer Bezogenheit auf die Schrift und aufeinander wahrgenommen werden müssen« (Communio, Nr. 267).

Wird dieser Grundsatz aber wirklich eingehalten, genauer gefragt: kann er ohne weitere Klärungen überhaupt verwirklicht werden? Immerhin sagt dasselbe Dokument: »Das Prinzip der *Unfehlbarkeit* ist ebenfalls für lutherisches Verständnis nicht akzeptabel, wenn nicht auch *»Ex-cathedra«*-Entscheidungen des Papstes einem letzten Vorbehalt durch die in der Heiligen Schrift gegebene Offenbarung unterliegen« (Communio, Nr. 198). Bei einer so klar formulierten Bedingung muss auch eine klare Antwort möglich sein. Sie ist, wie es scheint, im vorliegenden Text auch klar gegeben. Dort nämlich anerkennt die »katholische Seite«, »dass die päpstliche Unfehlbarkeit lediglich in der absoluten Treue zum apostolischen Glauben *(Heilige Schrift)* ausgeübt werden kann, dergestalt, dass ein Papst, der diese Treue nicht wahrte, eo ipso seines Amtes verlustig ginge«. Das ist ein starkes Wort, müsste analog auch für hohe Autoritätsträger in der römischen Kurie gelten, und gegen Dissidenten wie Hans Küng müssten heute noch alle Sanktionen aufgehoben werden; denn in den Weihnachtstagen 1979 anerkannte er doch ohne Zögern wieder einmal die »Verbindlichkeit« lehramtlichen Redens. Er lehnte in seinem Brief vom 20. Dezember 1979 an Bischof Moser nur jene »Letztverbindlichkeit« ab, die den genannten Schriftvorbehalt ignoriert. »Letzte Verbindlichkeit« war ja in den letzten Interventionen an ihn gefordert, und es ist hinreichend bekannt, dass – neben Höffner, Ratzinger und Volk – die inzwischen ebenfalls eminenten Würdenträger Kasper und Lehmann diese Bedingung unterstützten. Müssten nicht alle ihre Fehler eingestehen oder gar ihres Amtes verlustig gehen, wenn das neueste Dokument Recht hat? Und müsste nicht auch P. Hünermann, nachmaliger Ersatzmann für Hans Küng an der Tübinger Fakultät, noch einmal zu seinen damaligen Erklärungen gegen Küng Stellung nehmen? Natürlich nicht, denn ein sublimer Vorbehalt bleibt vorläufig (und vermutlich noch lange) eingebaut. Was ein katholischer Bischof und was ein katholischer Theologe da anerkennt, ist noch nicht gültige Lehre. Deshalb fügt man beflissen hinzu: »Beide Seiten würden es begrüßen, wenn es zu einer offiziellen Interpretation in dieser Richtung kommen könnte« (ebd.).

Das katholische Autorenteam der Bilateralen Arbeitsgruppe, die dieses Dokument mit verfasst hat, hätte sich dazu genauer erklären müssen. Der Kasus ist deshalb so interessant, weil er die schwierigen Verhältnisse zwischen Lehramt und Theologie offenlegt. Es ist ihre gemeinsame Überzeugung, dass der Papst im Fall des Unfehlbarkeitsvollzugs bei gleichzeitiger Missachtung der Schrift seines Amtes verlustig geht. Nun ist diese Sanktionsfigur in sich schon unschlüssig; aus dem Sachverhalt selbst folgt ja nur, dass eine irreformable Definition in Fragen von Glaube oder Sitte für den Fall nichtig ist (oder nur einen geringeren Verbindlichkeitsgrad beanspruchen kann), dass sie in der – von der in der Schrift bezeugten – Offenbarung nicht gedeckt ist. Die Konstruktion mit dem Amtsverlust setzt ja voraus, dass dem Amt eo ipso (also ohne weitere Kontrollmöglichkeit, vergleichbar einem obersten Kassationsgericht) Definitionsvollmacht zukommt. Das katholische Autorenteam folgt im Grunde der traditionell katholischen Position, auf die denn auch verwiesen wird. In einem abschließenden Satz zur Unfehlbarkeitsfrage heißt es dort: »Wenn aber der römische Bischof oder das Corps der Bischöfe zusammen mit ihm eine Sentenz [unfehlbar] definieren, legen sie diese vor gemäß der Offenbarung selbst, zu der zu stehen und nach der sich zu richten alle gehalten sind.« Dann wird etwas wirklich Großes behauptet, worüber reformatorische Tradition von Beginn an aus bitterer Erfahrung ins Stolpern geriet: »In Schrift oder Überlieferung wird [die Offenbarung] durch die rechtmäßige Nachfolge der Bischöfe und insbesondere auch durch die Sorge des Bischofs in Rom unversehrt weitergegeben und im Licht des Geistes der Wahrheit in der Kirche rein bewahrt und getreu ausgelegt« (LG 25). Zwar folgt ein wichtiger und klärender Zusatz: »Eine neue öffentliche Offenbarung als Teil des göttlichen Glaubensdepositums empfangen sie … nicht« (ebd.). Diese materiale Eingrenzung lehramtlich unfehlbarer Definitionshoheit ist durchaus im Sinne der reformatorischen Tradition. Sie hilft aber bei der positiven Umschreibung der päpstlichen Kompetenz nicht weiter, denn der Konzilstext stellt ja zugleich und ohne Umschweife fest, dass die Offenbarung insbesondere auch durch die Sorge des Bischofs von Rom unversehrt weitergegeben und getreu ausgelegt werde.

Vor diesem Hintergrund wird die Beteuerung der katholischen Seite im Communio-Text zur nichtssagenden Erklärung, denn der von ihr angezielte Fall, der Papst könne eine schriftwidrige Erklärung abgeben, kann überhaupt nicht eintreten. Deshalb ist die Formulierung wohl so vorsichtig gewählt. Man wünscht eine »offizielle Interpretation in dieser Richtung«. Das Dokument spricht von einer Interpretations*richtung* und legt sich damit nicht genau fest. Die Zustimmung zu solcher Formulierung kann von evangelischer Seite nur als Vertrauensvorschuss gedeutet werden, den die katholische Seite erst noch voll einlösen muss. Ferner spricht das Dokument von der Richtung einer *Interpretation,* also nicht von einer Korrektur. Wieder gewährt die evangelische Seite einen Vertrauensvorschuss, weil sie auf einer genaueren Erklärung nach Art und Tragweite dieser Interpretation nicht bestand. Deshalb dient diese Formulierung nur der Verschleierung eines Problems, das jetzt als Konsens präsentiert wird. Es ist nämlich noch ungeklärt, auf welcher Ebene sich diese »Interpretation« vollzieht. Zunächst geht es um die »Unfehlbarkeit« als einem theoretischen, differenziert ausgearbeiteten Konstrukt. Über eine solche Theorie lässt sich trefflich streiten und hat die Theologie der vergangenen Jahrzehnte auch intensiv diskutiert, wie auch jetzt über das römische Dokument eifrig diskutiert worden ist. Die (mögliche) Unfehlbarkeitspraxis hat sich dadurch nicht geändert, wie dieses Dokument auch jetzt schon zur Beurteilung von fraglichen theologischen Äußerungen seine Dienste tut. Aber »Unfehlbarkeit« meint keine Theorie, sondern die Legitimation zu einem höchst effektiven *Sprachhandeln,* dem sich nach gängigem Verständnis auch die Theologie unterzuordnen hat. Gegenüber solchen verbindlichen Auslegungen müssen definitionsgemäß auch stärkste und überzeugendste theologische Argumente scheitern. Das ist der Hauptgrund für eine breite Resignation unter Theologen, die Rom eben Rom sein lassen.

Nehmen wir an, in Rom selbst entstünden im Blick auf die

Schrift – und ganz im Sinne des jüngsten ökumenischen Dokuments – Zweifel an der festgelegten Unfehlbarkeitsdoktrin, wäre dann ein Rückzug überhaupt möglich? Nachdem das 1. Vatikanische Konzil der Instanz des Bischofskollegiums, insbesondere der Institution des Konzils selbst sowie dem Papst unter festgelegten Bedingungen in einem Akt beispielloser – nur Napoleons Selbstkrönung vergleichbarer – Selbst-Setzung diese Vollmacht zugesprochen hat, bleiben für die allgemeine Akzeptanz einer Korrektur nur drei Auswege offen; jede führt zu Schwierigkeiten. Entweder es wird angesichts der historischen Sachlage über die gravierenden Mängel des 1. Vaticanums ein Konsens erzielt, so dass die Rezeption der entsprechenden Konzilsbeschlüsse verfällt; dann hätte J. K. Hefele, ein Vorgänger von W. Kasper auf dem Rottenburger Bischofsthron seine Konzilsunterlagen nicht zu verbrennen brauchen; zudem wäre die Forderung von H. Fries nach einer erneuten Rezeption erfüllt. Oder ein Nachfolgekonzil revidiert (stillschweigend oder formell) den damaligen konziliaren Beschluss; streng rechtlich gesehen wäre das ein schwerwiegender, aber auch der unausweichliche, der einzig mögliche Grenzfall, der sich als solcher nie mehr wiederholen könnte. Oder aber der Papst erklärt – unter Berufung auf die ihm 1870 zugeschriebene Definitionsvollmacht – diese für hinfällig und bindet sich bei endgültigen Entscheidungen an den Richterspruch der Schrift. Auch dieser Schritt könnte nur vor dem Hintergrund einer breiten kirchlichen Akzeptanz wirksam werden. Eine Wirkung hätten diese Rückzüge aus der Sackgasse aber nur, wenn sie von einer breiten Diskussion von theologischer Seite und von einer breiten Unterstützung durch den *sensus fidelium* getragen wären. Ohne einen solchen Horizont gehen aber Interventionen wie die des Communio-Dokuments ins Leere. Dieses Beispiel kann zeigen, in welches Dickicht der Diskussion uns der breite Konsens katholischer Theologie gegenwärtig noch führt. Wer auf dem Vorrang der Schrift besteht, wird diesen hermeneutisch erst noch mit aktuellen Kontexten und dem Glaubensbewusstsein vermitteln müssen. Wer aber dem Lehramt den Vorrang einräumt, wird erst noch in hermeneutischer Vermittlung zeigen müssen, wie dieser Vorrang zum Ausdruck kommt.

Weitere Beispiele lassen sich in diesem Konsensdokument finden. Zu nennen ist etwa das stolze Selbstlob der Autoren: Der nun vorliegende Text gehe inhaltlich »über bisherige ökumenische

Verständigungen hinaus. ... Die Ergebnisse der Arbeitsgruppe konnten nur erreicht werden durch intensive Klärung der Standpunkte« (Communio, Nr. 270). Ich reibe mir schon etwas die Augen, denn ich habe keine Aussage gefunden, die wir nicht schon vor zwanzig bis dreißig Jahren in Büchern oder Artikeln gelesen oder in Tübinger Seminarsitzungen besprochen hätten. Für viele Fachleute ist die Ökumene in diesem Zeitraum zu einer selbstverständlichen Dimension theologischen Denkens geworden. Die Einzelleistungen der Teilnehmer solcher Arbeitsgruppen seien nicht geschmälert. Aber wie mit Staubsaugern ziehen sie über die theologischen Produktionen hin, um zuträgliche Ergebnisse aufzusaugen und in handliche Verpackungen zu schnüren. Das Kriterium gegenseitiger Übereinstimmung liegt dann – streng genommen – nicht mehr in der Kraft der Argumente, vielmehr finden die beteiligten Kirchen- und Fachvertreter (Frauen sind in dieser Gemeinschaft der Heiligen nicht zu finden), dass eine Aussage akzeptabel sei. Ihr Urteil wird zum Maß; von einer Art Theologie- oder Kircheninstinkt lässt man sich leiten; bestimmte theologische Positionen bleiben – unter dem Gängelband einer konservativ harmonisierenden Hermeneutik – ausgeschlossen. Wenn dann, wie beim Rechtfertigungs-Konsens von Augsburg geschehen, Professoren gegen diese Querschnittslehren Protest erheben, sind Erstaunen und Unverständnis groß. So entsteht – zwischen Theologie und Kirchenleitungen und nach Analogie konfessioneller Lehrämter – eine Art Zwischenschicht, in der sich Sach- und Entscheidungskompetenz in schwer analysierbarer Weise verbinden. Von evangelischer Seite mag die theologische Sachkompetenz noch stärker wirken; das macht sie bisweilen flexibler, aber auch schwächer. Von katholischer Seite hat die Entscheidungskompetenz jedenfalls einen stärkeren Einfluss; das macht sie bisweilen stärker, aber auch unflexibler. Die Wissenschaft der Lehramtsinterpretation droht die Wissenschaft der Schriftinterpretation erneut zu verdrängen. Die Geschichte ökumenischer Papiere hat sich längst zu einer Geschichte ständiger Selbstinterpretationen verselbständigt. Wie der Glaubenspräfekt unaufhörlich seine eigenen Produkte und die Enzykliken des gegenwärtigen Papstes zitiert, so geschieht das in ökumenischen Papieren mit der Genealogie der Konsenspapiere, die der Fachmann genauestens kennt und schon längst neuen theologischen Erkenntnissen vorgeordnet hat.

Ich möchte die Bedeutung dieser Überlegungen nicht überschätzen. Sie signalisieren eine Tendenz, die nicht nur in Rom zu finden ist, wenn sie sich dort auch mit besonderer Härte und Unnachgiebigkeit zeigt. Die Theologie kann und muss diesen Tendenzen auf allen Ebenen begegnen. Dabei darf sie sich nicht auf inhaltliche Einzeldiskussionen über lehramtlich lancierte Themen beschränken, sondern muss offensiv die Grundlagenfragen ins Gespräch bringen, die dem aktuellen Missstand zu Grund liegen. Im ersten Fall bleibt sie meistens in der Defensive und kommt aus der Position der Kritikerin nicht heraus; genau dies hat sich wieder in der Reaktion auf *Dominus Iesus* ereignet. Im zweiten Fall kann es vielleicht gelingen, das Gesetz des Handelns endlich zurückzugewinnen. Allerdings verlangt dies große Entschiedenheit und den Willen zu eigenständiger Orientierung. Entscheidend für meinen eigenen Weg als katholisch orientierter Theologe ist die Entdeckung, dass Lehramt und Hierarchie nur noch für den kleineren Teil derer stehen, für die Theologie einen Dienst zu versehen hat. Gewiss, es gibt nach wie vor die große Anzahl kirchlich orientierter und kirchlich praktizierender Menschen; natürlich gibt es auch die zentrale Aufgabe, den Weg der Liturgie, gottesdienstlicher Verkündigung und der kirchlich organisierten Katechese kritisch und konstruktiv zu begleiten. Daneben gibt es aber die wachsende Zahl anderer Adressaten und Adressatengruppen. Zu nennen sind die Ungezählten, die – ohne selbst Christ zu sein – von mir wissen wollen, was die christliche Tradition zu den Fragen ihres Lebens und ihre Weltinterpretation zu sagen hat. Zu nennen sind diejenigen, die – aus welchen Gründen auch immer – christliche oder religiöse Sprachwelten als störend und hinderlich empfinden, ihre Antworten also in einem anderen Sprach- und Symbolsystem vernehmen müssen. Zu nennen sind schließlich diejenigen, die wissenschaftlich orientierte Erkenntnisse und Weltanschauungen zum Maß ihres Weltverständnisses gemacht haben.

Nennen wir die vier kurz angedeuteten Foren: das Forum der Kirche, das Forum einer allgemein-religiös orientierten Gesellschaftsschicht, das Forum einer säkularisierten Gesellschaft und Kultur sowie das Forum der Wissenschaft. Jedes der vier Foren hat seine eigenen Fragen, bewegt sich in seiner eigenen Sprache und erfordert seine eigene Argumentation. Aber damit sind nur einige Differenzierungen im westeuropäischen Kulturkreis abgeschritten. Schon er müsste Grund genug sein, die Frage nach Pluralismus und Pluralität ernster zu nehmen, als das in der europäischen Theologie in der Regel geschieht. Denn dort werden Sprachverwirrung und Sprachlosigkeit zum wirklich tragenden Problem. Vor diesem Hintergrund hat der Begriff des »Pluralismus« in die christliche Theologie Einzug gehalten. Was ist damit gemeint? Wird mit Pluralismus die lästige, vielleicht auch die wirklich befreiende Erfahrung umschrieben, dass die Wahrnehmungen und Interpretationen der Welt im westlichen Kulturkreis allmählich so sehr auseinander fallen, dass wir darüber kaum mehr Verständigungen erzielen können? Wer wollte dies leugnen und wer wollte behaupten, Glaube und Theologie könnten darauf einfach mit einem trotzigen »dennoch« reagieren? Weist der Begriff Pluralismus auf das hermeneutische und linguistische Problem hin, dass die eine Wahrheit – so sehr wir auch an ihr festhalten möchten – nicht mehr in einem einzigen und kohärenten Sprach- oder Symbolsystem vermittelt werden kann, also immer in pluraler Gestalt auftritt, ob wir es wollen oder nicht? Zielt der Begriff auf die Erfahrung vieler Christinnen und Christen etwa im asiatischen Raum, die zwischen ihrer religiös-kulturellen Tradition und ihrem christlichen Selbstverständnis nicht mehr unterscheiden können oder wollen? Meinen wir mit Pluralismus das lästige, aber nicht zu leugnende Problem, dass ein jedes Individuum mit seinem eigenen Leib als »Nullpunkt der Interpretation« die Wahrheit in je eigener Perspektivität erfährt und zudem die Andersheit des Anderen immer als das Kernproblem entdeckt, das allen Integrationsversuchen widersteht? Hat der große Denker E. Lévinas nicht darin das Hauptproblem der hellenistischen Tradition lokalisiert, dass dort das Andere als Anderes nicht mehr ernstgenommen wird? Hat die Wiederentdeckung des Erzählens im Raum des christlichen Glaubens vielleicht darin seinen Grund, dass eine Geschichte – klein oder groß – notwendigerweise und immer dann anders erzählt werden muss, wenn sie dieselbe bleiben will? Hat der Gedanke der einen, theoretisch alles umfassenden Wahrheit vielleicht erst durch den Hellenismus Eingang in die christliche Tradition gefunden und damit ein Problem verdeckt, das in der christlichen Tradition gelöst werden sollte?

Angesichts solcher Fragen gerät die Rede von der einen Wahrheit sowie von deren universaler Geltung zur vielleicht wohlgemeinten, aber doch unklaren und leeren Formel, vielleicht zur eschatologischen Hoffnung, deren Erfüllung ausstehen muss. Es gehört m.E. zu den wichtigsten und vornehmsten Aufgaben gegenwärtiger Theologie, sich darüber Rechenschaft zu geben und von daher die juridisch orientierten Lehramtsansprüche Roms in die Schranken zu weisen. Vorteil des genannten römischen Dokuments ist es, dass es zur Klärung solcher Grundlagenfragen einen Rundumschlag versucht. Vorteil dieses Dokuments ist es auch, dass es stark den persönlichen Schriftzug des Glaubenspräfekten trägt. Das sind gute Voraussetzungen für ein Gespräch, das endlich auf breiter Front, in offenem Freimut und ohne Angst vor Sanktionen eröffnet werden muss.

Ziel dieser Veröffentlichung ist es deshalb, den schädlichen Ton der theologischen Defensive zu überwinden. Da Stil und Denkweise von *Dominus Iesus* stark von Stil und Denkweise des Glaubenspräfekten geprägt ist, versuche ich im ersten Teil eine Annäherung an J. Ratzinger als einer Person, die noch immer stark von ihren theologischen Ursprüngen und von ihren biographischen Erfahrungen geprägt ist. Dadurch wird sich, wie ich hoffe, manches an Motivation, an Denk- und Argumentationsstil klären.

Weit wichtiger ist für mich der zweite Teil, denn ich wollte gerade nicht der Versuchung verfallen, das ganze Dokument mit einigen Bemerkungen oder einigen kurzen Grundargumentationen abzutun. Ich wollte mir die Mühe einer ausführlichen Analyse machen. Bald hat sich aber gezeigt, dass dazu wohl einige Bücher und eine äußerst breite Kenntnis theologischer Diskussionsgänge notwendig sind. Dennoch geht es um einen Gesamtüberblick, ohne den die Einzelschritte kaum zu verstehen sind. Das Ergebnis ist die im zweiten Teil vorgelegte Analyse. Sie geht gesondert auf die verschiedenen Kapitel des Dokuments ein, kann aber nicht allen Einzelargumentationen folgen. In jedem der Kapitel versuche ich, mich an eine vergleichbare Struktur zu halten. In Punkt (a) wird jeweils die gegenwärtige theologische Diskussion gemäß meiner subjektiven Wahrnehmung umrissen. In Punkt (b) gebe ich dann Inhalt und Positionen des Dokuments vor diesem Hintergrund wieder. In Punkt (c) komme ich jeweils zu einer Beurteilung. Mit einigen Thesen schließe ich den zweiten Teil ab.

Der dritte Teil ist von mehr persönlicher Art. In ihm reagiere ich auf einige weniger prinzipielle Äußerungen Ratzingers und versuche, die Hintergründe und Zusammenhänge seines Denkstils in einen weiteren Horizont stellen. Vielleicht liegt in ihnen der Schlüssel zu einigen Denkstrukturen, mit denen es dem Glaubenshüter immer wieder gelingt, uns gegen sich aufzubringen.

Schon diese Vorankündigung macht deutlich, dass dieses Buch keine abschließenden Beurteilungen bieten kann. Es kann nicht mehr sein als ein Entwurf, der zeigen soll: Der Dissens zwischen Rom und ungezählten Theologinnen und Theologen erstreckt sich nicht auf Einzelpositionen, sondern auf grundlegende Differenzen im Verständnis des Christlichen selbst. Er erstreckt sich ferner auf die Frage, welche Autorität den römischen Instanzen gegenüber der Theologie überhaupt zukommt. Darüber kann und muss gestritten werden. Der sich fortschrittlich nennenden Theologie kommt gewiss kein Alleinvertretungsanspruch zu. Aber die römische Glaubenskongregation muss endlich damit aufhören, anders denkende Theologinnen und Theologen unter das Verdikt mangelnden, falschen oder oberflächlichen Glaubens zu stellen. Sonst bekommt Dostojewskis Metapher vom vertriebenen Jesus in bestürzender Weise recht (Küng 2001). Wenn die Untugend laufender und monologischer Maßregelung, die dem Geist kirchlicher Gesinnung zutiefst widerspricht, endlich aufgegeben wird, kann es auch gelingen, mit einem fruchtbaren Gespräch über die Grundfragen unseres Glaubensverständnisses neu zu beginnen, zum Vorteil des ökumenischen und des interreligiösen Gesprächs.

Teil A

Joseph Ratzinger – zu Stein gewordene Theologie

Am 8. Januar 2000 schrieb Joseph Kardinal Ratzinger in der angesehenen, wenn auch konservativen *Frankfurter Allgemeinen Zeitung* einen Aufsehen erregenden Artikel zur Krise des Christentums am Beginn des dritten Jahrtausends (Ratzinger 2000b). Von vielen wurde der Artikel gepriesen als das Zeugnis eines weisen Mannes, der mit historischer Kenntnis und großer Weitsicht die kulturellen Entwicklungen der Gegenwart zu umschreiben und kritisch zu beurteilen weiß, der zugleich – man staunte nicht wenig – das Aufklärungspotential des Christentums in Erinnerung rief. *Im Anfang war das Wort,* diesen programmatischen Beginn des Johannesevangeliums versteht der Kardinal als Aufruf dazu, in der Welt die schöpferische Kraft der Vernunft neu zu entdecken. So staunten die Begeisterten – unter ihnen viele protestantische Intellektuelle – nicht schlecht, als am 6. August aus derselben Hand eine Erklärung der römischen Glaubenskongregation über »die Einzigkeit und die Heilsuniversalität Jesu Christi und der Kirche« erschien (*Dominus Iesus*). Denn in diesem Dokument herrscht ein ganz anderer, ein misstrauischer und mürrischer, ein geradezu rechthaberischer Ton: Es ist gewiss nicht der Ton eines gelassenen und erleuchteten und wirklich aufgeklärten Geistes, eines Erasmus von Rotterdam etwa oder eines Leibniz. In diesem römischen Dokument wird nämlich weniger die Aufklärung gepriesen, als vor allzu viel Rationalität, vor Relativismus und zuviel Dialogbereitschaft gewarnt. Den anderen Religionen spricht der hochrangige Glaubensinterpret jede Gleichberechtigung mit der christlichen Religion ab. Und wie zur Demütigung ökumenischer Bemühungen auf der ganzen Welt erklärt er, die reformatorischen Kirchen seien keine Kirchen im eigentlichen Sinne, weil ihnen das Bischofsamt und die Eucharistie fehlt[1]. Die

1 Die genannten Ausführungen sind zu finden in Nr. 17 des Dokuments: »Die kirchlichen Gemeinschaften hingegen, die den gültigen Episkopat und die ursprüngliche

verheerende Wirkung des Dokuments in den evangelischen Kirchen ist bekannt und braucht hier nicht eigens dokumentiert zu werden (Seiterich-Kreuzkamp). Die interessante Frage lautet: Wie sind die beiden Dokumente miteinander zu vereinigen? Trägt Ratzinger zwei theologische Seelen in seiner Brust? Wie kann er zudem behaupten, seine Grundpositionen hätten sich seit den Jahren des 2. Vatikanischen Konzils nicht geändert? War sein theologisches Denken vielleicht schon in den sechziger Jahren von den beiden Gesichtern geprägt? Ich beginne in diesem ersten Teil mit einer persönlichen Reminiszenz und gehe dann zu einigen Grundpositionen seiner Theologie über. Die persönliche Erinnerung kann deutlich machen, wie ernst und wie verhärtet sein theologisches Denken eigentlich ist und wie sehr der Glaubenshüter – spätestens seit den späten sechziger Jahren – in Frontstellungen denkt. Nach allem, was wir wissen und vermuten können, haben sich diese Verhärtungen durch seinen Werdegang – vom Hochschullehrer zum Bischof, zum Erzbischof und Kardinal, schließlich zum Präfekten der Glaubenskongregation und Vertrauten des Papstes – nur noch gesteigert. Bei den theologischen Grundpositionen wird sich zudem zeigen, dass sein Denken streng nach rückwärts gerichtet ist. Die Fortschrittlichkeit und scheinbare Offenheit während der Konzilszeit wird mit einigen semantischen Verschiebungen erkauft – Verschiebungen, die tiefe Missverständnisse, wenn nicht gar Irreführungen zur Folge hatten[2].

I. Ein dramatischer Wendepunkt

Ich beginne mit einem Zitat des tschechischen Theologen Karel Floss, der im Jahre 1969 in Tübingen den damaligen Professor für dogmatische Theologie Joseph Ratzinger (geb. 1928) besuchte. Floss wurde, wie er berichtet, von Ratzinger höflich empfangen, aber bald dessen Assistenten Martin Trimpe übergeben. Trimpe verbrachte mit ihm den Abend und – einen gespenstigen Teil der Nacht:

---

und vollständige Wirklichkeit des eucharistischen Mysteriums nicht bewahrt haben, sind nicht Kirchen im eigentlichen Sinn.«

2 S. dazu Häring (1986, 2000). Eine überzeugende Rekonstruktion von Ratzingers Theologie bietet auch Boeve. S. ferner Kaes.

Kurz nach Mitternacht, als wir gemeinsam ein paar Psalmen gebetet hatten, führte mich Trimpe auf einen Aussichtsturm in der Nähe von Tübingen, um mir während eines bezaubernden Ausblickes auf das nächtliche Tübingen mitzuteilen, dass mit der Zusammenarbeit Küng/Ratzinger Schluss sei, dass man sich aus heilbringenden Gründen trennen müsse, dass man mit einem solchen Menschen wie Küng nicht weiterarbeiten könne, solle nicht Ratzinger mit seinen engen Mitarbeitern geistig völlig verwildern, ja dass Küng sich immer mehr nur als ein geschickter Journalist bemerkbar mache, über den in zwanzig, dreißig Jahren niemand mehr etwas wissen werde. Auf meine Frage, wohin Trimpe mit Ratzinger zusteuere, antwortete er, dass er nach Regensburg gehe, wo ihnen Bischof Graber alles Nötige für eine ruhige, redliche Wissenschaftsarbeit gewährleisten wolle. Das war für mich ein weiterer Schock, da ich wusste, dass bei Bischof Graber Zuflucht unter anderem all die Kräfte gesucht hatten, die in den Böhmischen Ländern vor den Konzilsfolgen erschreckten und insbesondere die Abkehr vom strikten Thomismus nicht mochten (Floss, 749 f.).

1. Was geschah in den sechziger Jahren?

Diese Begebenheit spielte sich vier Jahre nach Beendigung des 2. Vatikanischen Konzils ab. An der Tübinger Fakultät bahnten sich erste Polarisierungen an. 1968 wurde eine Erklärung für die Freiheit der Theologie initiiert, die schließlich 1322 Theologinnen und Theologen unterzeichneten[3]. 1969 veröffentlichten die Tübinger Theologieprofessoren eine Erklärung mit der Forderung, dass die Bischöfe zu wählen seien und ihre Amtszeit in der Regel auf acht Jahre begrenzt werden solle[4]. Für Ratzinger war dies ein einschneidendes Ereignis, denn er hat die Erklärung mit unterzeichnet, um sich kurz darauf von seiner Unterschrift zu distanzieren. Er fühlte sich unter Druck gesetzt, und wer auch die verschiedenen Charaktere seiner Kollegen kennt, wird vielleicht sagen: Ja, er fühlte sich unter massivem Druck. 1968, das war die Zeit der Studentenrevolution, die die westeuropäischen Länder von den USA her überrollte. Auch die Katholisch-Theologische

3 Erstveröffentlichung: u.a. Frankfurter Allgemeine Zeitung vom 17. 12. 1968. Später veröffentlicht in: Küng (1990). Zum Erfolg der langen Liste von theologischen Erklärungen seit 1986: Greinacher, 129–159.

4 Theologische Quartalschrift Tübingen 149 (1969), 111–115.

Fakultät in Tübingen, die ihrerseits im Schatten ihrer evangelischen Schwesterfakultät agierte, wurde von der Revolte in Mitleidenschaft gezogen. Flugblätter, Unterbrechungen und Blockaden von Lehrveranstaltungen, Sit-ins und laute Proteste mit Worten und Trillerpfeifen waren bald nicht mehr die Ausnahme. Zwar blieb die Katholisch-Theologische Fakultät von den schlimmsten Attacken verschont, aber einige Wellen schwappten doch über. Aber wie unterschiedlich reagierten die Herren Professoren! Einige Kollegen versuchten, sich friedlich zu arrangieren und kamen mit nur wenig Blessuren davon, vielleicht nur deshalb, weil ihre Vorlesungen ohnehin langweilig waren. Bei anderen ging es lebendiger zu. Hans Küng etwa war mit den studentischen Umtrieben alles andere als einverstanden und ließ sich das auch anmerken. Mit der Kampfeslust eines Toreros stemmte er sich gegen die Störungen seiner Vorlesung; zugleich scheute er nicht die Provokation. Er suchte die inhaltliche Diskussion und erlebte so einige heiße Veranstaltungen. Wenn seine Assistenten ihn in den Vorlesungen vertraten (was bei seinem weltläufigen Leben bisweilen vorkam), bestand er darauf, dass sie sich ebenso kompromisslos verhielten; später wollte er genauen Bericht. Alles in allem hat er die Zeiten ohne Trauma überstanden. Der Vorwurf einer autoritären Haltung beeindruckte den Eidgenossen nämlich nie, konnte man doch in der *Confoederatio Helvetica* (zumal an seinem Geburts- und Ferienort am Sempacher See) lernen, was wahre und staatsbürgerliche Tugend ist. Von seinem Ferienhaus aus blickte er über den See, genau auf jene Stelle, an der im Jahre 1386 gemäß alter Überlieferung der sagenumwobene Freiheitskämpfer A. Winkelried die Pfeile des feindlichen Heeres auf sich zog und damit die Zukunft des jungen und renitenten Staatsgebildes rettete. Daran hat Küng uns oftmals erinnert.

Ganz andere Auswirkungen hatten die Unruhen offensichtlich auf Joseph Ratzinger: Der zarte und eher schüchterne Professor litt unter den Unruhen schwer, konnte sich aber nicht dagegen wehren. Er muss die Flugblätter, die wir produzierten, als ungerechte Angriffe und die Trillerpfeifen, mit denen man seine Vorlesungen störte, wie Pfeile empfunden haben, die sich in Haut und Sinne bohrten. Bisweilen empfanden wir mit ihm Mitleid, gewiss, manches Mal auch Schadenfreude; wir wussten aber nie so genau, was in ihm vorging. Er zog sich zurück, besprach die Probleme wohl nur im engsten Kreis und suchte – wie es sich für einen Theologen gehörte – tiefsinnige Antworten von theologischer Bedeutung. Was sich da abspielte, hatte für ihn mit dem »Geist dieser Welt«, mit dem Ende des Abendlandes und mit einem Glauben zu tun, der zerfällt, der vermodert und (wie der Verängstigte später sagen wird) »der Fäulnis überantwortet« ist. Vermutlich hat er z. B. nie begriffen, dass Küng in Sachen »Studentenrevolution« im Grunde auf seiner Seite stand.

Ich glaube nicht, dass Ratzinger auf diese Ereignisse je theologisch kreativ reagierte; er zog sich eher in sein theologisches Gehäuse zurück. Natürlich hatten sich in seinen Augen die Revolutionäre unter seinen Kollegen desavouiert, aber darüber gab es keine theologische Diskussion. Zwischen dem Bloch-Schüler J. Moltmann und ihm fand damals ebenso wenig ein Gespräch statt wie zwischen ihm und E. Käsemann. Während Moltmann seine Theologie der Hoffnung gar zur Theologie der Revolution steigerte, war E. Käsemann, der im Dritten Reich von Gefängniszellen aus eine staatsfromme Kirche erleben musste, froh, dass die Studenten endlich aufwachten. Allerdings hatte er sich seine eigene, durchaus sachgemäße Rache ausgedacht: Gut demokratisch hatten die wildesten unter seinen Studenten Teile der Vorlesung zu übernehmen, und siehe da, wenn sie im »Festsaal« der Universität ans Katheder zu treten hatten, hielt der Vorlesungsstoff der protestfreudigen Studenten nie lange vor; die Autorität des Dozenten war gerettet. Der junge katholische Kollege dagegen verpasste die Chance, wenigstens in der Reaktion gegen die Studenten aus seiner Isolierung herauszukommen. »So weit kommt man«, so lautete seine wohl voreilige Schlussfolgerung, »wenn man die Grundlagen des christlichen Glaubens verlässt«. Aus jenen Jahren stammt seine Freundschaft mit dem späteren Bayerischen Kultusminister Hans Maier, der von München aus und bald an vorderster Front die Umtriebe dieser Generation bekämpfte, der die traditionelle Kirche immer (und auf hohem Niveau) tapfer verteidigte und nach seiner Zeit als Kultusminister den hoch angesehenen Romano-Guardini-Lehrstuhl in München besetzte. Bei Maier, diesem konsequent konservativen, von Politik und Orgelspiel beseelten Spätvertreter des Abendlands, lernte Ratzinger, dass die Entwicklung der katholischen Kirche nur eine Gesamtentwicklung widerspiegelt, deren katastrophales Ende mit allen Mittel zu vermeiden ist (Ratzinger-Maier). Die Linke fördert den Verfall der öffentlichen Sitte, Würde, Anständigkeit und Ordnung.

An der These vom Verfall des Abendlandes hält der Kulturkritiker bis ins Jahr 2001 hinein fest (Ratzinger 2000e). So ist denn später auch, wie Maier dann sagen wird, ein Teil der Bewegung in »Aktionismus und Terrorismus« abgestürzt. Ratzingers Theologie steht aber unversehens und vielleicht ungewollt im Dienst eines funktionsfähigen Staates, einer geordneten Gesellschaft und einer Kirche, die genau an dieser Ordnungsfunktion gemessen wird[5]. Allerdings ist auch hier der Unterschied zu Maier interessant. Dieser nämlich hat die Reformbedürftigkeit von Staat und Universitäten immer anerkannt, dazu Ideen beigetragen und der Bewegung 33 Jahr später bescheinigt, sie habe das politische Establishment wenigstens dazu gezwungen, »den Verfassungsstaat und die Demokratie mit mehr Phantasie, mit intelligenteren Methoden zu verteidigen als nur mit dem Traditionsargument ›Wie wir's dann zuletzt so herrlich weit gebracht‹« (Maier).

Vergleichbares hat man von Ratzinger weder damals noch später gehört. Im Gegenteil, im genannten Vorwort zum Neudruck der »Einführung in das Christentum« sieht er sich auch in seiner Kritik voll und ganz bestätigt. Was aber ist in dem jungen, schon damals erfolgreichen Theologen nun genau vorgegangen? Es lässt sich in Umrissen vielleicht beim Studium vor allem des Vorworts nachvollziehen, das der aufstrebende Theologenstar seinen berühmten Vorlesungen »Einführung in das Christentum« vorangestellt hat (vgl. Häring 1986). Er hielt sie im Sommersemester 1967 im Auditorium Maximum der Tübinger Universität. Der Saal war zur Nachmittagsstunde brechend voll, die Stimmung geradezu feierlich. Massiv stellte sich der Eindruck ein, dass sich hier Wichtiges ereigne. 1968 erscheinen dann die Vorlesungen im Druck. Erstaunlich klar ist Ratzingers Feindbild, was uns damals nicht sonderlich störte. Inhalt und Sinn des christlichen Glaubens seien inzwischen von einem »Nebel der Ungewissheit umgeben wie kaum irgendwann zuvor in der Geschichte«. Zugleich aber verglich er den gegenwärtigen Zustand der (Tübinger) Theologie mit der Dummheit des »Hans im Glück«, der seinen Reichtum für immer wertlosere Dinge eintauscht. Damit brachte er seine Interpre-

---

5 Bemerkenswerterweise setzt Ratzinger in seiner Rückschau auf die Theologie der vergangenen Jahrzehnte mit dem Jahr 1968 ein, das für ihn »den Aufstand einer neuen Generation« bezeichnet (Ratzinger 2000a, S. 9). Übrigens wird die Darstellung der kommenden Seiten von diesem Vorwort erneut und voll inhaltlich bestätigt.

tation auf den Punkt, der für ihn bis heute gilt: Hat die Theologie, schreibt er, »nicht den Anspruch des Glaubens, den man allzu drückend empfand, stufenweise herunterinterpretiert, immer nur so wenig, dass nichts Wichtiges verloren schien, und doch immer so viel, dass man bald darauf den nächsten Schritt wagen konnte? Und wird der arme Hans, der Christ, der vertrauensvoll sich von Tausch zu Tausch, von Interpretation zu Interpretation führen ließ, nicht wirklich bald statt des Goldes, mit dem er begann, nur noch einen Schleifstein in Händen halten, den wegzuwerfen man ihm getrost zuraten darf?« (a.a.O. 27f.) Wer unter seinen Zuhörerinnen und Zuhörern hätte nicht an jenen Hans denken müssen, den der stramme Dogmatiker schon damals als den großen Herunterinterpretierer ansah, nachdem dessen Buch »Die Kirche« doch im Frühjahr 1967 erschienen war?

Denkform und Unterstellungstechnik der Ratzingerschen Polemik liegen seit jenem Zeitpunkt fest. Unruhe und Krise gelten ihm nicht als Zeichen der Vitalität, sondern als Beweis für Unglaube und Traditionsverlust. Aber er wagt niemanden direkt anzugreifen; damit würde er zu viel vergeben. So verstreut er vielsagend und mit feinen Worten sein Misstrauen, ohne je Ross und Reiter zu nennen. Er spricht mit offener Verachtung über »die tatsächlich abgeschminkte und in modernes Zivil gekleidete Theologie, wie sie vielerorten heute auf den Plan tritt« (a.a.O. 37), und man erinnerte sich daran, dass die Tübinger Theologieprofessoren damals – aus Tradition und mit Rücksicht auf die protestantische Bevölkerung der Stadt – in Zivil gingen, obwohl sie allesamt Priester waren. Er geißelt die neuen Gefahren, vor allem der historisch-kritischen Interpretation, indem er die Jünger Bultmanns und dann des Konzils anhand ihrer Kennworte in einem Atemzug nennt. Bultmann war seinerseits vom Bannstrahl K. Barths sowie der evangelischen Tübinger Fakultät getroffen; in Marburg wurde er schlicht »der Ketzer« genannt. Darauf konnte die Polemik des Nachfolgekritikers aufbauen; der Affront gegen römische Neuerungen, die sich jetzt ebenfalls der historisch-kritischen Schriftexegese zuwandten, ließ sich mit einbeziehen. Und vor allem, er formuliert keine wissenschaftliche Kritik, sondern eine Kritik, die den rechten Glauben der Betroffenen in Zweifel zieht. Es ist, als übe sich der spätere Glaubenshüter schon jetzt. »Dass weder der tiefsinnige Intellektualismus der Entmythologisierung (!) noch der Pragmatismus des Aggiornamento (!) einfach zu überzeugen vermögen, macht freilich sichtbar, dass auch diese Verzerrung des Grundskandals des christlichen Glaubens eine tiefreichende Sache ist.«[6] Bewiesen ist mit so einem Satz nichts, aber ätzende Kritik ist zum Ausdruck gebracht. Das Aggiornamento eines Johannes XXIII. ist also ebenso verderblich wie das Programm der Entmythologisierung; beide haben den Glauben verzerrt. Der Vorwurf lautet in anderer Form: Der Grundskandal von »Sichtbar und Unsichtbar« werde durch die Devise »Tradition und Fortschritt« verdeckt.[7] Hier wird Ideologie perfektioniert, denn zunächst werden ein Platonismussyndrom und eine moderne Fragestellung miteinander vermischt. Zum anderen können sich Beklagte bei solcher Konstellation kaum mehr verteidigen. Wer »Interpretation« sagt oder betreibt, hat eo ipso schon verspielt, denn er interpretiert ja »herunter«. Wer dagegen klarmachen will, dass er mit seiner Auslegung das Eigentliche der christlichen Botschaft doch nicht aufgibt, verfällt sofort dem Verdacht der Verschleierung. Wer darauf hinweist, dass für unsere Zeit neue Worte zu finden sind, setzt sich dem Verdacht des Fortschrittsglaubens aus. Wer zudem in Sachen Christologie auf die historische Jesusforschung setzt, hat – wie diese Einführung hinreichend zeigt – ohnehin schon verloren, da er die unsichtbaren Geheimnisse des Christusglaubens verachtet. Bultmann wird zum Erzbedroher des Glaubens und A. Schweitzer dafür zum Zeugen angerufen.

H. Küng hat das bei seinen damals noch werbenden Feldzügen im Kontakt mit seinem zurückhaltenden Fachkollegen leider nicht begriffen: Je mehr er Ratzinger in Diskussionsrunden, auf Kollegentreffen oder bei Autofahrten mit historischen Argumenten zu überzeugen suchte, umso mehr bewies er in den Augen Ratzingers seinen Irrweg. Küng berichtete oft, dass sein Kollege

6 A.a.O. 47; zur verfälschenden Interpretation der Geschichte der Christologie, a.a.O. 185–189.

7 Wie entschieden sich Ratzinger schon früh für die Rettung des alten feststehenden Glaubensguts eingesetzt hat, zeigt das folgende Zitat: »Bezeichnend dafür erscheint mir ein Zeitungsinserat, das ich kürzlich las: ›Sie wollen doch nicht Tradition kaufen, sondern rationellen Fortschritt‹. In diesem Zusammenhang muss auf die eigentümliche Tatsache hingewiesen werden, dass die katholische Theologie bei ihrer Reflexion über den Traditionsbegriff seit etwa einem Jahrhundert immer stärker dahin tendiert, Tradition stillschweigend mit Fortschritt gleichzusetzen, beziehungsweise die Traditionsidee in die Fortschrittsidee umzuinterpretieren, indem sie Tradition nicht mehr als das feststehende Überlieferungsgut des Anfangs, sondern als die vorwärtstreibende Kraft des Glaubensinnes versteht.« (a.a.O. 345, Anm. 6). Auch diese Bemerkung ist als geradezu offene Kritik an der Tradition der katholischen Tübinger Schule zu verstehen.

ihm einmal in einem Gespräch Wichtiges zugestand. Küng hatte da gesagt, man müsse doch einmal eine »Christologie von unten« versuchen. Dieser habe mit Zustimmung geantwortet: dieser Versuch sei durchaus möglich. Küng verstand diese Antwort als Ermutigung. Vermutlich hat sich der kommende Kontrahent aber gedacht: Der Versuch wird das Scheitern des Konzepts schon erweisen. Küng, der die rationale Klärung der ungezählten Aporien einer vor-modernen katholischen Theologie endlich einforderte, machte sich der Zuwendung zum Sichtbaren schuldig. Und wer die Jungfräulichkeit Marias in, vor oder nach der Geburt anzweifelte, erlag nach Ratzinger einem reinen Biologismus[8]. So konnten sich Küng und sein späterer Kontrahent nie darüber verständigen, wo genau ihr Dissens lag. Der spätere Glaubenshüter hat nie aus Distanz zu argumentieren gewusst, und deshalb hielt er plötzlich Distanz. Denn geschichtliches Denken, zu dem sich Küng von Ratzinger doch ermutigt sah, ist, wie Ratzinger später sagen wird, von Anfang an »der Fäulnis« übergeben.

Aber auf diese Psychologie kommt es nicht an. Ich möchte nur zeigen, wie sehr Ratzinger immer misstraute und wie tief sein Abgrenzungsbedürfnis in frühen Erfahrungen verwurzelt war. Oft wird die biographisch inhaltliche Frage gestellt: Hat sich Ratzinger in den Jahren nach dem Konzil geändert? M. E. haben sich die Inhalte seiner Theologie nicht geändert. Aber verfestigt haben sich seine Entschiedenheit und der Entschluss, die Linie im vermeintlichen Dienst der Kirche kompromisslos zu verfolgen. Inhaltlich hat er sich in seine überkommenen Überzeugungen eingegraben. Gesteigert aber hat sich die Dringlichkeit, mit der er jetzt klare Fronten schuf. Krise war nämlich seit dem Konzilsende

8 Wie beliebig in diesem Gesamtrahmen die Einzelargumentationen werden können, zeigt seine Verteidigung der Jungfrauengeburt. Er schreibt: »In einem Augenblick, in dem wir die Leibhaftigkeit des Menschen mit allen Fasern unserer Existenz entdeckt haben und seinen Geist nur noch als inkarnierten, als Leib-*Sein*, nicht als Leib-*Haben* zu verstehen vermögen, versucht man den Glauben dadurch zu retten, dass man ihn gänzlich entleiblicht, in eine Religion des bloßen ›Sinnes‹, der puren, sich selbst genügenden Deutung flüchtet, die nur durch ihre Wirklichkeitslosigkeit der Kritik entzogen zu sein scheint ...« (Ratzinger 2000a, 262). Ratzinger übersieht in seiner formalistischen Kritik, dass sich die Situation den Kritikern genau umgekehrt darstellt: Genau in der biologischen Deutung der Jungfrauengeburt und durch sie werden Leib und Sinn dem Heilsgeschehen entzogen. Ein ähnlicher Projektionsvorgang zeigt sich, wenn Ratzinger seinen Kritikern bis in die vergangenen Monate hinein vorwirft, sie würden das römische Lehramt als Machtinstrument missverstehen; nur darauf seien sie fixiert. In solchen frontalen Gegenüberstellungen tut sich ein hermeneutischer Abgrund auf; ich spreche von »Abgrund«, weil eine Verständigungsmöglichkeit im Augenblick schlicht nicht zu erkennen ist.

angesagt und diese Krisenstimmung hält bis zum heutigen Tag an. Das Problem seiner Entwicklung liegt wohl in dieser Verhärtung. Genau sie hat es verhindert, dass der Streit um die bessere Position zum offenen und argumentierenden, vielleicht fruchtbaren Disput wurde. Insofern war der spätere Glaubenshüter nie akademischer Theologe, nicht einmal ein guter Scholastiker. Seine Alternative heißt seitdem und unverändert: Wahrheit oder Verderben.

2. Wie definiert sich Ratzingers Theologie?

Ich sagte, inhaltlich habe sich Ratzingers Theologie nicht geändert. Das ist richtig, aber etwas weiteres ist hinzuzufügen: Ratzinger hatte anders begonnen als etwa K. Rahner, Y. Congar, E. Schillebeeckx oder H. Küng. Als junger Theologe hat er zunächst bei Augustinus und Bonaventura gelernt; er übernahm die Inspiration der *nouvelle théologie* zwar an inhaltlichen Punkten, doch deren Methode interessierte ihn weniger. Wie andere suchte er die Symbolwelt der Alten Kirche[9] und des Mittelalters; darin hat er sich aber vergraben. U. von Balthasar hat ihn gelehrt, dass Glaube immer gestaltetes Leben, konkrete Lebensgestalt ist; das war eine notwendige Erkenntnis. Doch er hat sie immer in ein neuplatonisches System eingewoben und in diesem verarbeitet. Das Geheimnis (und der »Skandal«) des Christlichen war ihm deshalb mit dem »Unsichtbaren« identisch[10]. Die Hinwendung zur Empirie eines Albertus und der nüchterne Aristotelismus eines Thomas von Aquin, in denen sich ein wirklichkeitsbezogenes Denken intensiv vorbereitete, hatten sich bei Bonaventura, dem großen Lehrer Ratzingers, noch nicht durchgesetzt. Es ist, als wolle er Bonaventuras Kampf um die Wahrheit in der Gegenwart wieder-

---

9 Wichtig für diese Thematik ist das immer noch spannende und sehr reichhaltige Buch von H. Rahner. Die dort gesammelten Beiträge gehen bis in das Jahr 1935 zurück. Vgl. auch Beumer, der die Thematik der präexistenten Kirche behandelt, der Ratzinger immer noch anhängt.

10 Dies illustriert die Kontroverse, die W. Kasper durch eine Besprechung der »Einführung in das Christentum« mit der These ausgelöst hat, Ratzinger vertrete ein platonisches Christentum (Kasper 1969). Genau diese Kontroverse hat sich kürzlich zwischen Kasper und Ratzinger wiederholt (Kasper 2000; Ratzinger 2000f). Gleichzeitig zeigt der formelle Streitpunkt des Auseinandersetzung die Ungleichzeitigkeit des Gesprächs; es geht um die Frage der Präexistenz der Kirche. Dabei verwendet Kasper im Blick auf die Kirchenlehre Argumente, um deretwegen Küng im Blick auf die Christologie noch wegen mangelnder Rechtgläubigkeit verurteilt wurde. Über letzteres sollte Kardinal Kasper noch genauer nachdenken.

holen (Schillebeeckx 1988). In diesem Sinn blieb Ratzinger immer und konsequent bei einer vor-neuzeitlichen, platonisch orientierten Kirchenlehre stehen.

An sich besagt das noch keine Kritik. Im Gegenteil, diese von Ratzinger verteidigte Theologie – eine Theologie der spirituellen Erfahrung und Lebensgestalt – hat wichtige Aspekte lebendig gehalten, die in einer rationalen Scholastik unterzugehen drohten (Ratzinger 1959a, 1954) oder schon untergegangen waren, und warum sollte das 2. Vaticanum nicht auch die Stunde einer spirituellen Erneuerung sein? So galt Ratzinger während des Konzils zu Recht als Erneuerer – aus zwei Gründen. Zusammen mit anderen Erneuerern verschaffte er der Spiritualität, einem geistlichen Schriftverständnis und der Überwindung eines ausgetrockneten Rationalismus mit Nachdruck Geltung. Er setzt damit ein Erbe von R. Guardini[11] und H. U. von Balthasar fort (Ratzinger-Balthasar). Zugleich wurde er zum Verfechter der alten Kirchenstruktur. Wie der frühe Balthasar noch von der »Schleifung der Bastionen« schrieb (Balthasar 1952), so erwies er sich zunächst noch als Kritiker des römischen Zentralismus. Aber mit der »Ortskirche«, von der er sprach, waren nicht die Pfarrei oder eine ortsgebundene Gemeinschaft von Glaubenden gemeint, sondern das Bistum, verstanden als die »Kirche«, der ein Bischof vorsteht. Die Kirche ist also kein monolithischer Block, sondern eine Gemeinschaft von bischöflich geleiteten Kirchen, die in diesen anwesend ist. Dieses Modell entspricht durchaus der Kirchenkonstitution des 2. Vatikanischen Konzils, die von »Teilkirchen« (ecclesiae particulares) spricht.

Dieser erste Ansatz ließ Ratzinger später zum Kritiker werden, denn er wollte die spirituelle konkrete Erfahrung von Christen – nun sehr pauschal gesagt – als Kern theologischen Denkens erhalten, dies allerdings in der Form und im Rahmen der altkirchlichen und der mittelalterlichen Frömmigkeitsstile. Er vertritt eine mönchische, eine nach innen gewandte und platonisch argumentie-

11 Im Rückblick auf die Geschichte der Theologie, die Ratzinger in seinem Vorwort zur »Neuausgabe 2000« seiner Einführung in das Christentum schrieb, wird R. Guardini als einziger Gewährsmann genannt, von dem die Theologie seit dem Jahre 1968 abgewichen ist: »Hatte Romano Guardini in den dreißiger Jahren – höchst notwendigerweise – den Begriff der ›Unterscheidung des Christlichen‹ geprägt, so schien solche Unterscheidung jetzt nicht mehr wichtig zu sein, sondern im Gegenteil das Überspringen der Unterschiede, das Zugehen auf die Welt, das Sich-Einlassen auf sie.« (Ratzinger 2000a, 11)

rende, eine an Sakrament und Amt ausgerichtete, eine kirchlich integrierte und agierende Spiritualität. Mit den Möglichkeiten neuerer Spiritualität, die sich nicht auf die alte berufen konnte, hat er sich m. W. nie intensiv auseinander gesetzt, wohl nie auseinander setzen wollen. Neuen Ansätzen, etwa der Befreiungstheologie, hat er sich immer strikt verweigert, dies, obwohl auch dort Bücher von hoher spiritueller Qualität geschrieben wurden (Gutiérrez 1986). Zu den absurdesten, geradezu lächerlichen Maßnahmen, die er als Präfekt der Glaubenskongregation durchsetzte, war das »Bußschweigen«, das im Mai 1985 L. Boff wegen einer Aufsatzsammlung (L. Boff 1985) auferlegt wurde.

Der zweite Ansatz, der Ratzinger während des Konzils als so fortschrittlich erscheinen ließ, machte ihn später zum ausdrücklichen Kritiker. Allerdings unterlag dieser Ansatz von Anfang an einem Missverständnis. »Ortskirche« bedeutete, wie gesagt, für den Kenner altkirchlicher und mittelalterlicher Theologie nicht etwa Stärkung einzelner Pfarrgemeinden, geschweige denn die Stärkung der dort versammelten Charismen und Funktionen, vom Schreckbild einer Basisgemeinde keine Spur. Der Begriff der »Ortskirche« war von Anfang an streng an das Bischofsamt gekoppelt (Rahner-Ratzinger 1961; Ratzinger 1969b, 1973b), während der Bischof nicht nur seine Ortskirche, sondern als Mitglied des einen Bischofskollegiums zugleich die Kirche insgesamt repräsentiert – eine Überzeugung, die in der Auseinandersetzung mit W. Kasper noch 2001 eine Rolle spielen sollte (s.u. 129). So legte Ratzinger allen Nachdruck auf die sakramentalen Strukturelemente der Kirche und konzentrierte sich – die Verkündigung der Wortes natürlich nicht leugnend, aber auch nicht erneuernd – auf ein sakrales Amtsverständnis. Das bedeutete zwar Annäherung an die östliche Orthodoxie, aber keinerlei Annäherung an ein neueres, gar an ein evangelisches oder freikirchliches Gemeinde-Denken. Gemäß klassischem katholischem Kirchenverständnis muss die bischöfliche Ortskirche vom Bischofsamt her verstanden und gestärkt werden, nicht umgekehrt. Auch Ratzingers dezentraler Ansatz von damals war von oben nach unten konzipiert und zugleich stark auf eine unsichtbar-sichtbare Einheit hin ausgerichtet.

Doch hat Ratzingers Theologie diese Gedanken nicht zufällig aus der Alten Kirche übernommen. Die Ehrlichkeit gebietet es, zwischen Ursache und Wirkung genau zu unterscheiden. Natürlich hat sich bei Ratzinger schon früh eine große Sympathie für die Alte Kirche gezeigt, aber seit dem Ende des Konzils klärte sich auch ein prinzipieller Gesichtpunkt. Streng methodisch gesehen verteidigte Ratzinger die Hochschätzung der altkirchlichen Spiritualität sowie die sakramental-bischöfliche Struktur der Kirche nicht aus Gründen persönlicher Wertschätzung. Nein, der Zusammenhang ist folgender: Der Systematiker nimmt die Alte Kirche sogar für eine gegenwärtige Kirchenreform zum Vorbild, weil sie nach ihm eine bleibende normative Funktion hat, und dies in einem Sinn, der selbst die Bedeutung der Bibel relativiert. Sein Ansatz erhebt zunächst durchaus hermeneutischen Anspruch. Natürlich gilt auch für ihn die Bibel als ursprüngliche Instanz, aber sie bedarf der Auslegung, in klassischer Terminologie gesagt: der Tradition[12]. Aber das historisch erste und entscheidende Übersetzungsereignis war der Übergang des Christentums in die hellenistische Kultur. Sie hat für alle Zeit eine vorrangige Bedeutung. Das ist für eine jede hermeneutisch verantwortete Theologie gewiss nachvollziehbar, denn jetzt wird man sich zum ersten Mal der Tatsache bewusst, dass die ursprünglichen Schriften übersetzt und von neuen Perspektiven her verstanden werden müssen. Es ist ein Grundgedanke, der heute den kontextuellen Theologien zugrunde liegt.

Nun würden heute viele Theologinnen oder Theologen sagen: Dieser Hellenisierungsprozess hat zum ersten Mal gezeigt, wie eine solche Inkulturation verläuft; sie kann und muss sich deshalb unter veränderten Vorzeichen immer wiederholen. Für Ratzinger geht die Bedeutung dieses Prozesses aber weiter. Denn nach ihm wurde damals nicht nur zum ersten Mal übersetzt, sondern zum ersten Mal ausdrücklich nach der Wahrheit des christlichen Glaubens gefragt. So ist er zutiefst davon überzeugt, »dass es im tiefsten kein bloßer Zufall war, dass die christliche Botschaft bei ihrer Gestaltwerdung zuerst in die griechische Welt eintrat und sich hier mit der Frage nach dem Verstehen, nach der Wahrheit verschmolzen hat« (Ratzinger 2000a, 70). Das Wort des Tertullian, Christus habe sich die Wahrheit, nicht die Gewohnheit genannt, spielt für ihn in der Frage der Hellenisierung eine Schlüs-

---

12 Dies stellt Ratzinger in den sechziger Jahren noch sehr klar heraus, wenn er auch damals schon in Auseinandersetzung mit dem Konzil von Trient jene Gesichtspunkte stark betont, die die Bedeutung der Schrift relativieren (Ratzinger 1965).

selrolle.[13] Die »Wahrheit« des christlichen Glaubens hat sich also erst in der Begegnung des jüdischen mit dem griechischen Denken herauskristallisiert, und hinter diese Wahrheit können wir nicht mehr zurück[14]. Genau damit ist auch die Übertreibung Ratzingers angegeben. Er begreift den Übergang zum Hellenismus nicht als Suche nach der Wahrheit in einem neuen Kontext, sondern als erste explizite Wahrheitssuche überhaupt. Haben Judentum und frühes Christentum also nicht nach der Wahrheit gesucht? Natürlich würde Ratzinger diese Unterstellung zurückweisen, aber im Rück-Schluss gehört sie zur Konsequenz seines hellenistisch fixierten Ansatzes. Was diese Fixierung für die Normativität der Bibel genau bedeutet, ist mir nie ganz klar geworden, von einem modernen kritisch-hermeneutischen Standpunkt her auch wohl nie ganz geklärt, auch wenn Ratzinger an diesem Punkt bestehende Theorien übernimmt (Boeve). Natürlich sagt auch Ratzinger in Übereinstimmung mit der gesamtkirchlichen Tradition, dass die Schrift die erste und überragende Norm christlicher Wahrheit sei. Dass aber – technisch gesprochen – zum Verständnis und zur Auslegung der Schrift der klassische Konsens der ersten fünf Jahrhunderte gehört, steht für ihn außer Zweifel. Hat dieser klassische Konsens aber eine streng überzeitliche Bedeutung, und wie gehen wir mit Fragen um, die sich im antiken Raum noch nicht gestellt haben? Ich fürchte, dass dem späteren Bischof und führenden Kurialbeamten ein möglicher Dissens zwischen Schrift und Tradition nie zum konkreten Problem geworden ist. Zu sehr war er auf die Gefahren der historischen Bibelkritik und der modernen Hermeneutik fixiert. Darauf komme ich später zurück.

So bleibt nur noch ein Punkt, der sich beim späteren Kurienbeamten deutlich geändert hat, das ist sein römisch-zentralistisches Kirchenbild mit den hinreichend bekannten Zutaten, nämlich Ju-

---

13 A.a.O. 130; Zitat s. CChr II, 1209.

14 Ratzinger 1968; vgl. Ratzinger 1982, 139–159. Bezeichnend für die Auffassung, die J. Ratzinger repristiniert hat, ist ein Zitat aus dem Vorwort des höchst einflussreichen Werks von Altaner-Stuiber, 5: »Die übereinstimmende Lehre, der unanimis consensus patrum, gilt in der Kirche als unfehlbare Norm der Glaubenslehre.« Prägnanter lässt sich das Prinzip nicht formulieren. Es sei nicht geleugnet, dass dieser Epoche der noch nicht geteilten Kirche eine besondere Bedeutung zukommt. Diese Bedeutung ist aber nicht anachronistisch zu identifizieren mit dem späteren Theoriekonstrukt der Unfehlbarkeit, sondern aus der Konsenfähigkeit der damaligen Zeit abzuleiten. Dazu gehören die Bedingung des hellenistischen Kontextes sowie die Relativierung durch die Tatsache, dass die Kirche schon damals Abspaltungen kannte.

risdiktionsprimat und Unfehlbarkeit, der kuriale Führungsanspruch und die Fixierung auf eine Gehorsamsideologie, die Glaubensbekenntnisse mit Eidestexten verwechselt (Schulz 1996, 107–179; Schulz 2001).

Warum aber mutierte Ratzinger unversehens zur Speerspitze der Restauration? Warum ließ derselbe sanfte und feinfühlige Denker später die Theologenköpfe rollen? Warum mauserte ausgerechnet er sich zum theologisch-doktrinalen Robespierre der nachkonziliaren Kirche? Warum kämpft er mit wachsender Verhärtung und – man kann es nicht anders sagen – Verachtung gegenüber ungezählten engagierten Christinnen und Christen für die Wiederbelebung vorkonziliarer Zustände? Dass Verhärtungen früh auftraten und gefördert wurden, haben wir gezeigt. Das Gesagte reicht aber zur Erklärung nicht aus. Ratzinger selbst behauptet, er habe sich nicht geändert (Ratzinger-Messori, 16). Von seinem wachsenden Zentralismus abgesehen, mag er recht haben. Zugleich hat er Unrecht, denn er änderte sich natürlich in der Art, wie er auf neue Entwicklungen reagierte. Niemand kann im Rahmen geschichtlicher (d.h. auch immer: biographischer) Veränderungen derselbe bleiben[15]. Vermutlich ist das sein Hauptproblem.

---

15 Ratzinger weiß das sehr wohl. Als die Fresken der Sixtinischen Kapelle restauriert wurden, hat man ihn gemäß meiner persönlichen Erinnerung in einem Fernsehinterview bei einer deutschen Sendeanstalt gefragt, wie die Fresken denn wieder herzustellen seien. Ratzinger wusste natürlich, worauf der Journalist hinaus wollte: »Mit oder ohne Feigenblätter«. Die Antwort kennzeichnet den großen Verschleierer perfekt; seine Antwort: »Ich möchte betonen, dass die Geschichte eines Kunstwerks Teil des Kunstwerks ist.« Einfacher gesagt: »Mit Feigenblättern!«. Solche Rede wäre ihm aber zu banal gewesen. Ratzinger scheint aber nicht zu sehen, dass er eine solche Aussage auch auf sich selber anwenden müsste. Er hat nie zur Kenntnis genommen, dass inzwischen auch die Geschichte seiner Theologie zum teilweise abgründigen Anteil seiner eigenen Theologie geworden ist. Dazu gehört auch die Geschichte der von ihm initiierten und mitgetragenen Verurteilungen, der misstrauischen Fehlinterpretationen, der konsequenten Interpretationen auf Lücke hin sowie seines mangelnden Vertrauensvorschusses gegenüber Theologinnen und Theologen. Man verstehe mich nicht falsch: Unser aller Theologie enthält abgründige Anteile; sie legen sich aber wie ein destruktives Netz über alles, wenn wir nicht bereit sind, uns in Debatte und Kritik mit ihnen auseinander zu setzen. Das können sehr schmerzvolle Prozesse sein. Den zerstörerischen Folgen entkommt nur, wer Bedauern und Selbstkorrektur zu seinen Möglichkeiten rechnet. Angesichts des ökumenischen Flurschadens von *Dominus Iesus* gefragt, ob er manches nicht lieber anders formuliert hätte, soll der Glaubenspräfekt in der ersten Aprilwoche vor dem deutschen Ökumenischen Arbeitskreis in Rom »kühl bis ins Herz und nur dem Wortlaut nach etwas piafesk« geantwortet haben: *Non, je ne regrette rien!* (Bericht in DIE ZEIT vom 11. April 2001, S. 6). Eine solche Szenerie kann auch nüchterne Analytiker mit blankem Entsetzen packen.

3. Was hat sich geändert?

Aber es wäre auch zu einfach, wollte man behaupten, die so genannten Reformer seien treu auf dem einmal eingeschlagenen Pfad geblieben. Wir müssen einfach zugeben und sehen, dass viele theologische Reformer den vom 2. Vaticanum eingeschlagenen Weg auch inhaltlich weitergegangen sind. Sie änderten damit mehr und Grundsätzlicheres, als man das auf dem Konzil vorhersehen konnte. Ob diese Wege und welche legitim waren, lässt sich oft an objektivierbaren Positionen ablesen. Aber wie hätte die Kirche weiterkommen sollen? Hier ist kritisch und selbstkritisch zugleich zu prüfen. Zunächst ist es kein Geheimnis, dass viele Texte dieses Konzils durch und durch mehrdeutig, ambivalent und von Kompromissen geprägt sind. Die Diarien des Konzils sowie die Geschichten der Textentstehung belegen das zur Genüge. Auf dem Konzil wurden ungleich mehr Entscheidungen vertagt als getroffen, mehr Fragen in Kompromissformeln aufgehoben oder geradezu konterkariert als korrekt gelöst. So musste nach dem Konzil ein intensiver und oft widersprüchlicher Interpretationsprozess einsetzen, der bis heute noch nicht zu Ende ist. Nun kennt im theologischen Raum für solche Prozesse bislang niemand bessere Kategorien als die von »Buchstabe« und »Geist«. So mühten sich alle um den Geist des Konzils; was aber war dieser Geist?[16] Er ist von seinem Wesen her eine nicht objektivierbare Kategorie und kann deshalb die Polarisierungen nicht vermeiden. Denn was für die einen tötender Buchstabe und reiner Stillstand bedeutete, war für die anderen schon Geist des Konzils. Was für die anderen aber nur wilde Neuerung beinhaltete, erst das erschien den andern als der wahre Geist, in dem das Konzil fortzuführen war.

Nun gab es breite Strömungen, die im Geist dieses Konzils weiterzugehen suchten[17]. Gerade sie haben in den Jahren nach dem

16 Hier wird nicht die Problemlage besprochen, die seit dem Erfolg post-modernistischer Theorien die Fragen zwar noch komplizierter machen, aber auch die Möglichkeit geben, sie sachgemäßer zu besprechen. Eine ausgezeichnete, für theologische Fragen geeignete Hinführung bietet eine Abhandlung von D. Tracy mit dem Titel: »Radikale Pluralität. Das Problem der Sprache« (Tracy 1993, 73–97).

17 Ein gutes Beispiel ist die Internationale Theologische Zeitschrift CONCILIUM, die sich seit ihrem Beginn im Jahre 1964 diesem »Geist« ausdrücklich verpflichtet fühlt und gerade deshalb tief greifende Wandlungen durchgemacht hat, was sich in mehreren Strukturänderungen niederschlug: Aufnahme der Befreiungstheologie, später der Feministischen Theologie. Schließlich hat sie sich ganz allgemein auf das Denken kontextueller Theologien eingelassen. Inzwischen spielt die Auseinan-

Konzil und – um es pathetisch zu sagen – im Gehorsam gegenüber dem Geist des Konzils ihre Positionen ständig überprüft und geändert. Dafür könnte neben manchem lateinamerikanischen Theologen etwa E. Schillebeeckx als ein eklatantes Beispiel angeführt werden, der die Stationen seiner Veränderungen nie geleugnet hat. Wie aber hätten ein Glaubenspräfekt oder eine Präfektin in einer solchen Situation kirchlicher Umwälzung reagieren können oder reagieren müssen? Die vornehmste Aufgabe hätte ja lauten können: Ausgleich, Austausch der Argumente, Rückfrage nach dem, was den Geist des Konzils ausmachte, gegenseitige Diskussion, Gespräch mit nichtkatholischen Christen und die Sorge dafür, dass im Eifer für die Wahrheit die gegenseitige Achtung nicht beschädigt wird. Das hat Ratzinger nicht getan. Er hat vielmehr durch ungezählte parteiische und im Argument nicht begründete Entscheidungen Polarisierungen vorangetrieben, Sanktionen verhängt, unliebsame Frauen und Männer zum Schweigen verdonnert oder gar nicht zum Reden kommen lassen. Er wäre an der Zeit, den Ungeist solch repressiven Verhaltens einzusehen und sich dafür gegenüber den Betroffenen, gegenüber ganzen Orts- und Landeskirchen – im Einzelnen und insgesamt – zu verantworten.

Ein anderes Beispiel ist die theologische Entwicklung von Hans Küng. Schon sein Buch *Die Kirche* (1967) ist geschrieben als eine durchaus kritische Weiterführung des Konzils, aber doch unter Berufung auf dessen Geist. Küng begann, wie bekannt, dieses Buch schon während der Konzilszeit zu schreiben, als er zur Überzeugung kam, dass die Kirchenkonstitution des Konzils den entscheidenden Durchbruch nicht erreicht. Er beruft sich im Folgenden nicht aufs Konzil, sondern auf die Schrift, weil er in dieser Neuorientierung den entscheidenden Impuls des Konzils entdeckte (Häring 1998, 73–133). So ist seine spätere Theologie oft getragen von einer Botschaft, die lauten könnte: »Wer das Konzil richtig verstanden hat, muss an diesem oder an jenem Punkt weiterdenken …«, oder: »Wenn das Konzil konsequent gewesen wäre, hätte es dieses oder jenes Problem energischer angepackt …«,

---

dersetzung mit den nichtchristlichen Religionen eine zentrale Rolle. Für die internationale theologische Bedeutung der Zeitschrift spricht der – in seiner Art typische und völlig absurde – Vorwurf Ratzingers, sie beanspruche gegenüber der Kirche eine Art Gegen-Lehramt. Immerhin lässt sich nicht leugnen, dass diese Zeitschrift noch immer die Basis für einen globalen theologischen Austausch bildet.

oder: »Wenn die Konzilsväter nicht erneut von der Kurie unter Druck gesetzt worden wären, wären noch andere Themen (z.B. Zölibat und Sexualmoral) besprochen worden«. So begibt sich Küng in einen Prozess, den Ratzinger nur als »Herunterinterpretieren« wahrnimmt[18], weil ihm jedes »Aggiornamento« als Entfernung von der altkirchlichen Kirchenkonzeption und damit als falsche Anpassung erscheint. Noch offenkundiger erscheinen Änderung oder Bruch in *Christ sein* (1974) mit seinem Programm einer »Christologie von unten«, deren Methode in der vorausgegangenen schwierigen Hegelmonographie sozusagen dokumentiert ist (Häring 1998, 146–164). Natürlich ist da – mit den Augen eines Konservativen gesehen – Ungeheuerliches geschehen. In diesen ungeheuren Umschwung gehören auch das erste »Jesusbuch« von E. Schillebeeckx (1974) sowie die Christologie von L. Boff (1978) (Schillebeeckx 1994). Noch dramatischer war dann die Veränderung einer umfassenden theologischen Landschaft. Es kommt – neben den Schwarzen Theologien – die lateinamerikanische Befreiungstheologie auf mit G. Gutiérrez als dem großen Bannerträger (Gutiérrez 1971/1975), der wie andere von Rom zur Rechenschaft gezogen wurde.[19] Kaum zu überschätzen ist der breite Einfluss der feministischen Theologie (Schüssler-Fiorenza u.a.). Danach überschwemmten weitere theologische Ansätze von emanzipatorischer Prägung die katholische Kirche. Sie alle berufen sich zu Recht auf den Geist des Konzils, aber kaum etwas von ihren Inhalten ist in den Konzilstexten zu finden.

Schließlich muss die wachsende Aufmerksamkeit für eine dialogisch-geschwisterliche Haltung gegenüber den anderen Religionen genannt werden. Die Frage nach Wert und Bedeutung anderer Religionen wird inzwischen in allen großen Sprachräumen ge-

---

18 Es fällt auf, dass Ratzinger im Rahmen der Theologenkritik – bisweilen gerät sie zur Theologenschelte – historische Bibelkritik und Hermeneutik immer gleichzeitig nennt; dieser Affekt spiegelt vorkonziliare Verunsicherungsängste wider. Differenzierungen sind in dieser Angelegenheit nicht seine Stärke. »Das hermeneutische Problem absorbiert die ganze Schrift und von ihrer selbstleuchtenden Klarheit ist im Streit der Historiker und der Hermeneutiker nichts übrig geblieben« (Ratzinger 1973, 29). Der Glaubenshüter, von dem man doch eine breite und gelassene Übersicht über Diskussionsgänge erwarten sollte, übersieht bei solchen unkundigen Kahlschlagtheorien, dass die Schrift schon immer mit dichten hermeneutischen Netzen überzogen war. Das Problem ist nur, dass sich dieses Netzwerk bisweilen verschiebt und damit auch manche seiner altkirchlichen Knotenpunkte durch andere ersetzt.

19 Erst kürzlich hat man ihm verboten, sich mit einigen Mittheologen zu einem theologischen Gespräch zu treffen; er hat sich dem Verbot gebeugt.

stellt. In der Regel wird ihnen – mit guten exegetischen und systematischen Gründen – ein Heilswert zuerkannt. Diese Entwicklungen quittiert der routinierte Glaubenspräfekt – getreu seinem lebenslangen Freund-Feind-Schema – mit Begriffen wie »Relativismus«, »Pluralismus«, »Subjektivismus«, »Eklektizismus«, »Indifferentismus« oder gar »metaphysische Entleerung«[20]. Hat er einfach Unrecht? Man wird zugeben müssen, dass sich das 2. Vaticanum – trotz eines grundsätzlichen Durchbruchs zum Recht auf Religionsfreiheit – immer noch schwer tat. Man hat es ebenso mit Vorbehalten umgeben, wie man die Unterscheidung zwischen »Kirchen« und »kirchlichen Gemeinschaften« zwar scharf relativierte, aber – um eines faulen Friedens willen – nicht abzuschaffen wagte.

Ratzinger mag also derselbe geblieben sein, wenn er sich isoliert von dem betrachtet, was um ihn herum passierte und was geschehen ist; das ist sein Problem, aus dem er sich nicht wegstehlen kann. Aber den Erneuerern wurde oft zu wenig bewusst, wie radikal die Veränderungen sind, die sie eingeleitet haben. Nur wenige unter ihnen haben die Brüche und ihre Kritik deutlich benannt; man hat ihnen dafür nicht gedankt. Sehr viele wollten zwar kritisch sein, sich zugleich aber mit reiner Kontinuität und falsch verstandenem Gehorsam legitimieren. Von wenigen Einzelnen und Einzelgruppen abgesehen wird Theologie noch immer als ein großes Harmonieunternehmen verstanden, das sich selbst blockiert. Diese Naivität macht die katholische Theologie, die so gerne fortschrittlich sein möchte, oft wehrlos. Die Selbstisolation und Verhärtung Ratzingers, die bisweilen an den Rand des selbst auferlegten Schismatikertums reicht, gewinnt genau daraus ihre Stärke. Bis heute lassen sich zu viele Theologinnen und Theologen zur Verteidigung zwingen, indem sie ihre Kontinuität mit der Tradition beschwören. Die Kunst des Angriffs und der Verweigerung sind immer noch verpönt[21]. Warum eigentlich? Warum aus-

---

20 So im genannten Dokument *Dominus Iesus*, Nr. 4 Abs. 1 und 2; der Sache nach Nr. 5 Abs. 1; Nr. 9 Abs. 2; Nr. 13 Abs. 1 (»wiederholt vertretene Auffassung« – »keinerlei biblische Grundlage«), Nr. 22 Abs. 1. In den späteren Nummern werden – gemäß der auf Kirche und Religionen zugespitzten Thematik – die vermeintlichen Irrtümer entsprechend konkreter benannt.

21 Matthew Fox beschreibt 1988 die katholische Kirche ausführlich als eine »dysfunktionale Familie«. Sie ist nicht böse, aber krank. Man wagt in ihr das dysfunktionale Verhalten etwa des Vaters nicht zu kritisieren und hegt die illusionäre Hoffnung, dass ihm mit diesem Schweigen geholfen wird. Das Gegenteil ist der Fall. Die ganze

gerechnet die Gruppe derjenigen, die wohl etabliert auf unkündbaren Stellen wirken? Würden wir diese Schwäche durchbrechen, dann könnten wir noch deutlicher machen, dass jede schöpferische Theologie nicht Beharren auf alten Positionen, sondern wie alle menschliche Aktivität ein Geschehen in Beziehung ist, das um so fruchtbarer wird, je mehr es in Freiheit und gegenseitiger Achtung geschieht.

II. Die aktuelle Situation

Hier ist nicht der Ort, den theologischen Weg des Glaubenshüters im Detail weiter zu verfolgen (Boeve, Kaes, Allen). Bekannt wurde Ratzinger in den vergangenen zwei Jahrzehnten nicht etwa als Erneuerer von Kirche und Theologie, sondern als effektiver Stabilisator, sozusagen als Betonarbeiter an den kirchlichen Fundamenten; das ist jedenfalls sein öffentliches Image. Fraglos hat Ratzinger in den vergangenen Jahrzehnten die Theologiepolitik der katholischen Kirchen entscheidender mitgeprägt[22] als jeder andere seiner Generation. Wenn die Zeichen nicht trügen, ist er jetzt dabei, sein Lebenswerk allmählich abzuschließen. Dass die Urteile darüber nicht gut sind, setzen wir als bekannt voraus. »Jesus gefangen genommen und der Hl. Geist in Pension geschickt«, so lautet der Titel eines brasilianischen Artikels zum letzten Dokument[23]. Aber machen wir es uns nicht zu einfach. Wie interpretiert Ratzinger die aktuelle theologische Lage, die kulturelle Situation selbst? Von großem Interesse zur Beantwortung dieser Frage ist ein Artikel, den Ratzinger, wie gesagt, am 8. Januar 2000 in der

---

Familie verhärtet die Missstände, wodurch sie schließlich zerstört wird. Wer mit Alkoholismus in einer Familie Erfahrung hat, wird die Problematik unmittelbar begreifen. (Fox)

22 Ich lasse die Frage offen, ob das ein kreativer Akt war oder ob er immer mehr einfach als Baustein dieses Kirchensystems funktionierte – ein Prozess, in dem kreatives Denken keine Rolle mehr spielen konnte. Er hat zahllose Theologen, Bischöfe und Priester gemaßregelt und gedemütigt, maßregeln und demütigen lassen. Er hat immer noch die Stirn, Kollegen mit Sanktionen zu belegen, z.B. mit einem »Bußschweigen«. – Man schämt sich schon, ein solches Wort auszusprechen und ist geneigt, an die elementarsten Grundregeln geschwisterlichen Umgangs zu appellieren, ohne die doch niemand ein solches Amt mit christlichem Anstand begleiten kann.

23 M. Barros, *Dominando Jesus e apasentando o Spírito* (Manuskript); der Titel ist von der italienischen Übersetzung übernommen: *Gesù è stato catturato e lo Spirito mandato in pensione.*

FAZ veröffentlichte (Ratzinger 2000b). Ich möchte ihn kurz analysieren und ihn dann mit dem Dokument *Dominus Iesus* konfrontieren.

1. Verlust der Wahrheit

In vielem spricht der Artikel für sich selbst. Sein Titel lautet: »Der angezweifelte Wahrheitsanspruch. Die Krise des Christentums am Beginn des dritten Jahrtausends«. Damit ist die Leitperspektive seines Autors klar. Nach wie vor befindet sich das gegenwärtige Christentum in, wie er sagt, »einer tiefgehenden Krise«, denn dessen Wahrheit, oder besser: sein Wahrheitsanspruch ist in Gefahr. Ich gehe hier nicht auf die Tatsache ein, dass der Verteidiger römischer Territorien nur das westliche Christentum zu meinen und zu kennen scheint. Nehmen wir diese Beschränkung einmal an. Sein Krisenbewusstsein ist immer noch sehr ausgeprägt. Es bricht, wie wir sahen, in den Jahren nach dem Konzil durch. Es artikuliert sich zum ersten Mal – und in paradigmatischer Weise – bei seiner früheren Auseinandersetzung mit der historischen Bibelkritik, etwa in seiner Christologievorlesung vom Jahre 1967 – und hält sich später durch, bis auf den heutigen Tag. Die gegenwärtige Krise berührt nach Ratzinger die Grundfesten des christlichen Glaubens, weil nicht (nur) die Wahrheit(en) des Christentums, sondern dessen Wahrheitsanspruch selbst angegriffen wird. Nach dem Kardinalpräfekten hat auch diese Wahrheitsbestreitung noch einen tieferen Grund. Die heutige Kultur, die Menschen von heute, der Zeitgeist oder wie man es sonst noch nennen mag, halte die Erkenntnis und die Formulierung von Wahrheit überhaupt nicht mehr für möglich. »Relativismus« wurde diese von Rom entdeckte und behauptete Haltung schon im Syllabus des nun seligen Pius IX. umschrieben. Nun sei nicht geleugnet, dass es eine philosophische Strömung des Relativismus gegeben hat. Das Problem ist nur, dass sich die von Rom so Beschimpften nur selten dieses Etikett anhaften lassen. Auch dieser Artikel macht also von Anfang an deutlich: Im römischen Kampfprogramm für eine restaurierte Kirche geht es nicht um Nuancen, sondern um alles oder nichts.

Natürlich hat der Zensor aller katholischer Theologen mit seinem Hauptanliegen Recht, und wer wollte ihm widersprechen? Wenn das Christentum nicht mehr aus der Perspektive der Wahrheit betrachtet werden kann, dann hat es sich selbst aufgegeben. Dabei macht er sich die Analyse in seinem Artikel nicht leicht; sie liest sich jedenfalls anspruchsvoll. Denn seiner oben genannten Methode gemäß liegt ihm daran, die Verschleierungstaktik des Unternehmens »Relativismus« und »Wahrheitsbestreitung« bloßzustellen; der Ideologe betreibt sozusagen Ideologiekritik. Dann greift er historisch weit zurück. Er sieht den »ersten Grundgedanken« dieses falschen Denkens bei Porphyrios[24], der in einem berühmten Wort sagt: *Latet omne verum* – alle Wahrheit ist verborgen. Es ist ein Gedanke, in dem sich nach Ratzinger Buddhismus, Neuplatonismus und eben unsere Gegenwart begegnen. Diesem Grundgedanken gemäß gibt es über die Wahrheit und über Gott nur Meinungen, keine Gewissheit. Wieder greift Ratzinger auf frühe Zeiten zurück: *»In der Krise Roms im späten vierten Jahrhundert hat der römische Konsul Symmachus die neuplatonische Auffassung auf einfache und pragmatische Formeln gebracht. Wir können sie in seiner 384 vor Kaiser Valentinian II. gehaltenen Rede zur Verteidigung des Heidentums und für die Wiederaufstellung des Altars der Göttin Victoria im römischen Senat finden. Ich zitiere nur den entscheidenden und berühmt gewordenen Satz: ›Das Gleiche ist es, was alle verehren, eines, das wir denken, dieselben Sterne schauen wir, der Himmel über uns ist eins, dieselbe Welt umfängt uns; was macht es aus, auf welche Art von Klugheit der Einzelne die Wahrheit sucht? Man kann nicht auf einem einzigen Weg zu einem so großen Geheimnis gelangen‹.«*[25]

Der entscheidende Punkt und die entscheidende Verschleierungsstrategie in Ratzingers Analyse besteht nun darin, dass er solche Sätze eben nicht genau untersucht, nicht differenziert, geschweige denn fragt, ob andere genau dasselbe sagen. Nein, bei Ratzinger geraten solche Aussagen sofort zur Denunziation einer schlechten Haltung. So deutet er immer nur Richtungen an; er

---

24 Porphyrius, bekannt als neuplatonischer Philosoph (234–302/306), Biograph Plotins und Herausgeber seiner Schriften; er identifizierte das »Eine« mit dem »Sein selbst« und gewinnt damit starken Einfluss auf die christliche Theologie. Es fällt auf, dass Ratzinger mit Porphyrius und Symmachus (s. folgende Anm.) sich ausgerechnet Beispiele wählt, die sich in einer Zeit als Kritiker des Christentums hervorgetan haben, da das römische Heidentum unterging. An sich sind die Äußerungen beider Denker unangreifbar.

25 Zitat des Symmachus: »Aequum est, quidquid omnes colunt, unum putari. Eadem spectamus astra, commune caelum est, idem nos mundus involvit. Quid interest, qua quisque prudentia verum requirat? Uno itinere non potest perveniri ad tam grande secretum« (Symmachi Relatio III, nr 10), kritisch herausgegeben und übersetzt in: Klein, 104/106.

setzt kritischen Verdacht in Gang. Er zitiert nicht einmal einen repräsentativen Denker der Moderne oder des 20. Jahrhunderts. Wer auch immer – ob im Gnostizismus oder im Buddhismus, ob in der Aufklärung oder im modernen Religionsdialog – den Gedanken einführt, die Wahrheit sei verborgen und im Letzten nicht erkennbar, vielleicht gar unaussprechlich, macht sich dieses Relativismus und der Unfähigkeit schuldig, den Wahrheitsanspruch des Glaubens zu entdecken[26]. Könnte es nicht sein, dass Ratzinger nur antike Herren zitiert, weil er die Zeitgenossinnen und Zeitgenossen weniger genau studiert hat?

2. Wahre Religion – *die* wahre Religion

Ein zweiter Gedankengang Ratzingers verläuft wie folgt: Ursprünglich hat das Christentum Elemente der philosophischen Aufklärung übernommen. Dadurch hat es das Judentum überwunden und aus ihm einen universalen Wahrheitsanspruch entwickelt; mehr noch, als einzige der existierenden Religionen hat es ausdrücklich die Wahrheitsfrage gestellt. Deshalb kann, so der Autor, das Christentum als *vera religio*, als wahre Religion, verstanden werden. Wir haben Ähnliches bei der Beurteilung der Hellenisierung des Christentums schon gehört. Wieder stellt sich ein allgemein sympathischer Effekt ein. Wer nämlich wollte sich dieser Analyse entziehen und wer wollte leugnen, dass die christliche theologische Tradition die Frage nach der Wahrheit immer wieder, mit größtmöglicher Schärfe und auch mit großer Leidenschaft gestellt hat? Die Leistungen eines Origenes und Klemens von Alexandrien, der Kappadokier, eines Hieronymus und eines Augustinus, später eines Thomas von Aquin oder Nikolaus Cusanus waren ungeheuer. Aber die Fußangeln der Argumentation sind nicht zu übersehen.

Zur Abgrenzung vom Judentum argumentiert Ratzinger zunächst formal und kaum widerlegbar. Zu Beginn haben sich die

26 Anlass zum Protest müssten schon Ratzingers Ausführungen in einem 1998 erschienen Bändchen sein, in dem sich seine vereinfachende und damit sublim polemische Auslegungstechnik mit Händen greifen lässt. Was er dort unter dem Begriff »mystische Religionen« umschreibt, geht an aller religiösen Realität vorbei. In Anlehnung an A. Cuttat nennt er die Suche nach einer Vereinigung »vielleicht die subtilste luziferische Versuchung«. Damit wird nicht etwa ein konkretes Projekt oder Modell verurteilt, sondern gegen die positive Neuentdeckung fremder Religionen Stimmung gemacht (Ratzinger 1998, vor allem 99–108).

Christen der Synagoge angeschlossen. »Bei diesem Anschluss an die Synagoge blieb ein unbefriedigender Rest: Der Nichtjude konnte doch immer nur ein Außenstehender sein und nie ganz zugehörig werden.« Das Judentum bleibt also eine partikulare Religion. »Diese Fessel war im Christentum durch die Gestalt Christi, wie Paulus sie auslegte, gesprengt.« Erst in Jesus also geschieht der entscheidende Durchbruch. Er lautet: Universalität und Wahrheit, Versöhnung von Religion und Philosophie, und dies weiß Ratzinger in einem großen historischen Bogen, sozusagen mit gekonnten Strichen, anzudeuten: *»Nun erst war der religiöse Monotheismus des Judentums universal geworden und damit die Einheit von Denken und Glauben, die* religio vera *(wahre Religion), allen zugänglich. Gerade ein Philosoph, Justin der Märtyrer nämlich (gestorben 167), kann als symptomatische Figur für diesen Zugang zum Christentum als einer* vera philosophia *(wahren Philosophie) gelten. Mit seiner Christwerdung hatte er seiner eigenen Überzeugung nach die Philosophie nicht abgelegt, sondern war erst ganz Philosoph geworden*[27]*. Die Überzeugung, dass das Christentum Philosophie sei, die vollkommene, das heißt zur Wahrheit durchgestoßene Philosophie, blieb noch weit über die Väterzeit hinaus in Geltung. Sie ist im vierzehnten Jahrhundert in der byzantinischen Theologie bei Nikolaus Kabasilas*[28] *noch ganz selbstverständlich gegenwärtig. Freilich hatte er Philosophie nicht als akademische Disziplin rein theoretischer Natur verstanden, sondern vor allem auch praktisch als die Kunst des rechten Lebens und Sterbens, die jedoch nur im Licht der Wahrheit gelingen kann.«* Auf den Übergang vom Judentum zur (griechischen) Philosophie komme ich weiter unten zu sprechen. Im Übrigen wirft die großräumige Skizze natürlich Fragen auf. Immerhin liegen zwischen Jesus und Justin 130 bis 140 Jahre, und bis die christliche Philosophie die Epoche des Nikolaus Kabasilas erreicht hat, war das Christentum von einigen Krisen erschüttert. Die entscheidende Schwäche der Argumentation liegt

27 Mit diesen Thesen wiederholt Ratzinger im Kern die Darlegungen seiner Einführung in das Christentum (126–138). Schon die Tatsache, dass er nach über dreißig Jahren bei diesem historischen Thema keinerlei Differenzierung hinzufügt oder spätere Forschungen berücksichtigt, zeigt, dass er es als dogmatisches behandelt.

28 Nikolaus Kabasilas (1319/23- nach 1391), lebte in Konstantinopel, wurde 1353 als eheloser Laie Kandidat für den Patriarchenthron. Seine Hauptwerke sind: Über das Leben in Christus *(Eis ten theian litourgian)* sowie Über die göttliche Liturgie *(Peri tes en Christo zoes)* (Kabasilas 1967, 1990). Von diesen Werken gibt es deutsche, englische und französische Übersetzungen. (Anmerkung H. H.)

an einem anderen Punkt. Der besorgte Zeitkritiker behauptet, erst im Übergang zum Griechentum habe man die Frage nach der Wahrheit dieser Religion gestellt. Aus dieser Frage wird für ihn unversehens die Wahrheit dieser Religion selbst. Oder umgekehrt gesagt: da keine andere Religion (auch das Judentum nicht) die Frage nach der Wahrheit so gestellt habe, könne sie auch nicht die wahre Religion sein. So kann wohl nur argumentieren, wem die Wahrheit anderer Religionen nie zum Gegenstand selbstkritischer Überlegungen geworden ist. Ist Ratzingers Argumentation also doch Ausdruck eines binnenchristlichen Provinzialismus?

3. Verlust der Metaphysik

Die auffallendste Eigenschaft des genannten Artikels sind wohl das uneingeschränkte Lob der Aufklärung sowie die außerordentliche Hochschätzung von Verstand und Rationalität. Allerdings unterscheidet der Glaubenshüter streng zwischen der Aufklärung in der Antike und jener schlechten Aufklärung, von der die Neuzeit geprägt ist. Wie kann Ratzinger die Aufklärung der Antike so loben, der Aufklärung der Neuzeit dann aber eine entscheidende Absage erteilen? Der geübte Polemiker entwickelt eine Argumentationsfigur, die sich bei ihm immer öfters wiederholt und mit der er unbefangene Zuhörer immer wieder überrascht. Es ist ein Argument, das er gegen alle (vermeintlichen) katastrophalen Fehlentwicklungen ins Feld führt. Die Antwort lautet: Die Krise des Christentums geht auf den Verlust der *Metaphysik* zurück. Ratzinger schreibt: *»Die philosophische Grundlage des Christentums ist durch das ›Ende der Metaphysik‹ problematisch geworden, seine historischen Grundlagen stehen infolge der modernen historischen Methoden im Zwielicht. So liegt es auch von daher nahe, die christlichen Inhalte ins Symbolische zurückzunehmen, ihnen keine höhere Wahrheit zuzusprechen als den Mythen der Religionsgeschichte – sie als Weise der religiösen Erfahrung anzusehen, die sich demütig neben andere zu stellen hätte. In diesem Sinn kann man dann – wie es scheint – fortfahren, ein Christ zu bleiben; man bedient sich weiterhin der Ausdrucksformen des Christentums, deren Anspruch freilich von Grund auf verändert ist: Was als Wahrheit verpflichtende Kraft und verlässliche Verheißung für den Menschen gewesen war, wird nun zu einer kulturellen Ausdrucksform des allgemeinen religiösen Empfindens, die uns durch die Zufälle unserer europäischen Herkunft nahe gelegt ist.«*

Damit sind Leserin und Leser von großen Worten und Erinnerungen umstellt. Die Terminologie Heideggers blitzt auf (»Ende der Metaphysik«) und globale Urteile zum Gang unserer Epoche wecken bei vielen Erstaunen. Das vage Gefühl, heute sei vieles nicht in Ordnung, bekommt hier eine Stimme; er, der kundige und weise alte Herr, muss es wohl wissen. Bei näherem Zusehen platzt die Seifenblase jedoch schnell. Was soll es denn heißen, dass die Metaphysik zu Ende sei? Aber warten wir zu. Später gibt er indirekt eine Umschreibung dessen, was er unter Metaphysik versteht. Dabei zeigt sich, dass er den komplizierten Begriff »Metaphysik« höchst global mit dem Glauben an einen letzten Sinn identifiziert. Wer Metaphysik also ablehnt, glaubt – man kann nur staunen – nicht an einen letzten Sinn der Wirklichkeit. Die Alternative zu Metaphysik lautet Nihilismus. Im Text heißt es: *»Letzten Endes geht es um die Frage, ob die Vernunft beziehungsweise das Vernünftige am Anfang aller Dinge und auf ihrem Grunde steht oder nicht. Es geht um die Frage, ob das Wirkliche auf Grund von Zufall und Notwendigkeit, also aus dem Vernunftlosen entstanden ist, ob mithin die Vernunft ein zufälliges Nebenprodukt des Unvernünftigen und im Ozean des Unvernünftigen letztlich auch bedeutungslos ist oder ob wahr bleibt, was die Grundüberzeugung des christlichen Glaubens und seiner Philosophie bildet.«* Jetzt ist der Boden für den Höhepunkt des Artikels bereitet. Ratzinger schreibt: »In principio erat verbum – *am Anfang aller Dinge steht die schöpferische Kraft der Vernunft. Der christliche Glaube ist heute wie damals die Option für die Priorität der Vernunft und des Vernünftigen. Diese Letztfrage kann nicht mehr durch naturwissenschaftliche Argumente entschieden werden, und auch das philosophische Denken stößt hier an seine Grenzen. In diesem Sinn gibt es eine letzte Beweisbarkeit der christlichen Grundoption nicht. Aber kann die Vernunft auf die Priorität des Vernünftigen vor dem Unvernünftigen, auf die Uranfänglichkeit des Logos verzichten, ohne sich selbst aufzuheben? Die Vernunft kann gar nicht anders, als auch das Unvernünftige nach ihrem Maß, also vernünftig zu denken, womit sie implizit doch wieder den eben geleugneten Primat der Vernunft aufrichtet. Durch seine Option für den Primat der Vernunft bleibt das Christentum auch heute ›Aufklärung‹«.*

Man mag von diesen Ausführungen, zudem gekonnt formuliert, begeistert sein. Die Begeisterung verfliegt jedoch schnell, wenn man Gegenfragen stellt und damit auf genaueren Auskünften besteht – vielleicht die Folgenden: Ist es richtig oder nicht in höchstem Maße eine Simplifikation, wenn man dieses »Ja zum Vernünftigen und Sinnvollen« pauschal und ohne weiteres mit »Metaphysik« identifiziert? Die Antwort lautet eindeutig »Nein«. Natürlich kann man auch ohne Metaphysik im strengen Sinn und außerhalb ihrer bejahen, dass die Welt sinnvoll ist. Hat das denn die übergroße Mehrheit von Christinnen und Christen über die Jahrhunderte hin anders getan? Nach Ratzingers Ansatz leugnet jeder Mensch einen Weltsinn, der ein kritisches Verhältnis zur Metaphysik hat. So macht sich der selbsternannte Philosophenkritiker einer erstaunlichen, einer unerlaubten und für seine Gegner katastrophalen Vereinfachung schuldig. Sie ist deshalb verwerflich, weil er mit dieser Strategie all denjenigen den wahren Glauben abspricht, die »Metaphysik« ablehnen. Das ist ein Standpunkt, der seit Descartes, spätestens jedoch seit Kant selbst für philosophisch geschulte Menschen falsch und zudem billig ist.

Eine weitere Gegenfrage kann lauten: Wie beurteilt der oberste Glaubenswächter diejenigen, die gerne glauben möchten, aber mit der grauenhaften Wirklichkeit, mit ihrem Elend nicht mehr zu Rande kommen? Hiob, Auschwitz, der frühe Tod geliebter Menschen? Haben wir nicht – spätestens nach der Schoah – gelernt, uns unser Unvermögen einzugestehen, das Problem des Bösen zu lösen? (Häring 1999a, Kreiner) Ratzinger unterscheidet nicht zwischen Metaphysik als einem Basissystem oder Bezugsrahmen, innerhalb dessen von Wahrheit gesprochen wird, und einer konkreten Wirklichkeitserfahrung, die mit Verzweiflung und Sinnverlust konfrontiert sein kann. Diese mangelnde Sensibilität in Ratzingers Schema von Freund und Feind gehört zu dem Gefährlichsten, das seine Botschaft ausstrahlt.

Die folgende Frage lautet: Was sollen wir zu Ratzingers Umschreibung von Metaphysik überhaupt sagen? Auch nur geringste Kenntnis von Begriff und Sache besagt, dass »Metaphysik« eine höchst undeutliche und differenzierte, eine historisch beladene, eine mit der griechischen Philosophie eng verschwisterte Angelegenheit ist. Es ist zudem eine Angelegenheit, die den Glauben immer wieder mit falschen Vorstellungen belastet, mit Theoriesystemen überladen und mit dem Anschein höheren Wissens verfälscht hat. Soll wirklich behauptet werden, dass das Christentum von der »Metaphysik« dieses Zuschnitts abhängt? Schon jedes allgemeine Wörterbuch von einigem Informationsanspruch zeigt, wie kompliziert die Geschichte der Bestätigung, Kritik und Neuformulierung von Metaphysik zumal in der Neuzeit verlaufen ist. Hört sie mit Kant oder mit Heidegger auf? Verstehen wir unter ihr ein bestimmtes historisches System oder den Versuch, letzte Antworten auf letzte Fragen zu finden? So selbstverständlich es sein mag, dass für uns nicht mehr Aristoteles der Philosoph schlechthin ist, wie dereinst für Thomas von Aquin, so banal wäre es zu behaupten, heute würden letzte Wahrheitsfragen nicht mehr gestellt. Im Gegenteil, mehr denn je brechen sie an allen Ecken und Enden wieder neu auf, oft unter deutlicher Kritik an und unter Abkehr von einem Denken, das wir im klassischen Sinn des Wortes metaphysisch nennen würden (Heimsoeth, Vattimo 1990, 1997). Die Stärke von Ratzinger war schon immer, dass er komplexe Zusammenhänge einfach und durchsichtig auf den Punkt bringen kann. Seine große Gefahr (der er hier erneut erliegt) ist dabei: Aus der Konzentration wird Simplifikation, aus der Kritik pure Ideologie. Wenn Kant etwa die Metaphysik kritisiert, dann stellt er eben ein erkenntnistheoretisches Problem, keinen Glauben zur Debatte. Wenn Hegel umgekehrt sein System der Dialektischen Philosophie entwirft, dann stellt er philosophisches Denken zwar in Ehren wieder her; er lässt damit aber die griechische und klassische mittelalterliche Metaphysik hinter sich. Wenn Heidegger schließlich vom »Ende der Metaphysik« spricht, dann denkt er eben ans Ende eines objektivierenden, verdinglichenden, hermeneutisch naiven Sprechens von der letzten Wirklichkeit (das er »onto-theologisch« nennt) und eröffnet dem Glauben damit wieder einen neuen elementaren Weg. Kurz, ein solcher Begriff eignet sich gerade nicht dazu, mit einem großen Gestus die ganze Epoche der Neuzeit in den Orkus des Unglaubens zu verbannen.

Hinzu kommt schließlich das ungeklärte Verhältnis von Metaphysik und Religion. Zur wahren Universalität findet der Glaube nach Ratzinger erst bei der Begegnung mit der Metaphysik. Jener ungeduldige und ohne Bibliothek umherwandernde Prophet namens »Jesus« ist offensichtlich zu jener Würde noch nicht aufgestiegen. Zwar mag man auf solchen Überzeugungen eine elitäre Religionsphilosophie aufbauen, nur hat diese wenig mit Jesus zu tun[29].

29 Ein Vergleich etwa mit W. Pannenberg – der ebenfalls ein konservativer Denker ist und die Metaphysik verteidigt –, der ungleich differenzierter über Metaphysik redet, ist sehr erhellend (Pannenberg). Pannenberg macht die Religion gerade nicht wie Ratzinger von der Akzeptanz der Metaphysik abhängig: »Die Frage nach der

Und schließlich: Der geübte Rhetor Ratzinger lässt seine Ausführungen zur Metaphysik im ersten Vers des Johannesprologs (Joh 1,1) kulminieren. Will und kann er aber jenen Logos des Beginns wirklich so unkritisch mit Metaphysik identifizieren? Hat er im Blick auf Metaphysik nicht Johannes mit Platon und Aristoteles verwechselt? Dieses waghalsige Unterfangen verbietet sich in jeder Hinsicht. Zu behaupten, dass man den »Logos« des Johannesevangeliums mit »Vernunft« oder gar »Rationalität« übersetzen müsse und dass Dissidenten mit der Kritik an metaphysischen Systemen die Grundlage des Christentums aufgäben, das ist schon ein starkes Stück Geschichtsklitterung, Verfälschung unserer Denkgeschichte. Zudem ist die Diskussion über die Herkunft und Bedeutung des Johannesprologs noch lange nicht ausgestanden. Viele sehen in ihm einen deutlichen hellenistischen Einfluss. Andere lehnen diese These ab. In jedem Fall wird seine philosophische Herkunft (und Affinität) stark bezweifelt. Wollte man behaupten, der Schöpfungsbericht von Gen 1, in dem die Welt durch Gottes Wort geschaffen wird, sei vom Hellenismus geprägt? (Vielleicht hätte Ratzinger R. Bultmann doch einmal sorgfältiger lesen müssen [Bultmann]). Und selbst wenn dem so wäre, dann bietet das Neue Testament noch immer eine Fülle anderer Ansätze, die der Christologie als Ausgangspunkt hätte dienen können. Es hätte – wie bekannt – auch zu einer Weisheits- oder Geist-, zu einer deutlichen Nachfolge- oder einer Ebed-Jahwe-Christologie, zu einer Menschensohnchristologie oder einer Christologie vom letzten Propheten kommen können. An diesem Punkt ist Ratzinger ein schwerer Vorwurf zu machen: er missbraucht den wunderbaren Satz des Johannesprologs zur Verteufelung all derer, die nicht der johanneischen oder der hellenistischen Christologie folgen.

Konstitution alles Endlichen aus der absoluten Wirklichkeit des Göttlichen beschäftigt vor der Metaphysik schon die Religion.« Deshalb wirkt Metaphysik als »kritisches Prinzip gegenüber der Religion. Es kommt aber dabei etwas aus der Religion selbst der Metaphysik entgegen, ein Bewusstsein der Einheit des Göttlichen. Wäre es nicht so, dann würde auch die Wahrheit der Metaphysik zweifelhaft oder, was dasselbe wäre, sie würde auf das Bedürfnis der Vernunft nach unbedingter Einheit zurückfallen« (a.a.O. 56f.).

III. Rolle und Bedeutung der Alten Kirche

Diese unkritische Identifikation von Christentum und – durchaus griechischer – Metaphysik führt zum Kern der Argumentation. Diese Identifikation hat zwei wichtige Voraussetzungen. Die erste Voraussetzung lautet: Die Metaphysik wurde aufgegeben, zunächst von einer erkenntniskritischen Philosophie, später von dem Anspruch der Naturwissenschaften abgelöst. Schließlich hat die Evolutionstheorie die frühere Bedeutung der Metaphysik übernommen. Diese gilt jetzt, wie Ratzinger sagt, als die »Erste Philosophie«. Der Autor präsentiert ein Modell des kontinuierlichen Abfalls, bekannt aus früheren Formen einer Geschichtsschreibung sowie protestantischer Kirchenhistorie, die im Anfang das Paradies bzw. die reine Kirche und in der Gegenwart – mit Tendenz nach unten – das Verderben sieht. Ich weiß nicht, welche Historiker, Kulturwissenschaftler und Theologinnen diese Überzeugung noch teilen. Diese Krisenhermeneutik wirft schließlich alles in einen Topf – von Descartes über Spinoza, Leibniz und Kant bis hin zu Darwin und der modernen Genetik. Sie alle bezeugen gemäß Urteil des katholischen Glaubenshüters den Weg des Unglaubens. Ratzinger bedient damit ein ausweglos konservatives, wenn nicht gar ein reaktionäres Klischee, das zudem einer gegenwärtig verbreiteten innerkirchlichen Stimmung dient und auf eine resignierende Geschichtsinterpretation zurückgreift. Sie lautet: Seit der Aufklärung geht es mit dem Abendland kulturell und religiös bergab. Für Ratzinger beginnt der Niedergang gar mit der Reformation und wird mit der Französischen Revolution endgültig besiegelt (Ratzinger 2000e). Am Beginn des neuen Jahrhunderts gibt es überhaupt keine Orientierung mehr; innerhalb und außerhalb der Kirche driftet das Boot steuerlos ab.

Die Struktur solcher Anti-Visionen ist nicht unbekannt. Sie beginnt für unser kulturelles Kurzzeitgedächtnis mit dem Kulturpessimismus eines O. Spengler (Spengler, Pauen). Faktisch übernimmt Ratzinger dessen Prognosen, wenn auch nicht die biologistische Begründung und stimmt den Bestrebungen zu, ein Europa auf der Basis christlicher Werte neu zu bauen. Er zitiert den 2. Satz der Präambel der Europäischen Charta der Grundrechte vom 14. Oktober 2000: »Im Bewusstsein ihres geistig-religiösen und sittlichen Erbes gründet sich die Union auf die unteilbaren und universellen Werte des Menschen, der Freiheit, der Gleichheit und der Solidarität.« Er betont zu Recht, dass die Unbedingtheit der Menschenwürde aus eigenem Recht existiert und letztlich »auf den Schöpfer« weist, macht aber auch deutlich, dass die Erneuerung eines sich selbst hassenden Abendlandes nur bei Rückkehr in den alten Glaubensgehorsam zu haben sei. Diese Kombination von extremem Kulturpessimismus und römischem Heilsangebot macht die Position dieses mächtigen Glaubensmannes aus und erklärt hinreichend seine wachsende Neigung zu mentaler Inquisition. Mit solchen Gedanken gewinnt Ratzinger all jene Leser, die im Felsen Petri das erste und letzte Bollwerk gegen die Stürme der Zeit sehen. Allerdings setzt er in seiner Krisenanzeige eine komplizierte Gedankenkonstruktion, mit der er das zugleich universale und spezifisch neuzeitliche Phänomen der »Aufklärung« zweiteilt und damit den Grundimpuls des Aufklärens abwehrt. Zwar sei, so das zensierende Argument, das Christentum die Frucht der antiken Aufklärung; diese habe dem neuen Glauben die Frage nach der Wahrheit eröffnet. Doch davon müsse jene zweite Aufklärung der Neuzeit unterschieden werden, die zwischen Denken und Glauben einen Graben aufgeworfen hat. Warum und wie das geschehen ist, das erklärt Ratzinger leider nicht. Deshalb besteht auch dringender Tatverdacht: Vielleicht hat Ratzinger diese Unterscheidung doch nur eingeführt, um sich die Definitions- und Urteilshoheit über die Frage anzueignen, was wahre und legitime Aufklärung ist. Eine solche Strategie kann jedoch nicht überzeugen, denn es gehört zur Eigenart einer jeden Aufklärung, dass die sich die Mündigkeit der Selbstbeurteilung und der Selbstkritik nicht aus der Hand nehmen lässt.

Wir sind mit den Voraussetzungen beschäftigt, die Ratzinger zur Identifizierung von Christentum und Metaphysik bringen. Die zweite Voraussetzung lautet: Das Christentum findet seine Identität erst in dem Augenblick, da sich die religiösen, noch mythischen Traditionen des Judentums (und Jesu?) mit der philosophischen Tradition des Griechentums verschwistern und sich von ihr läutern lassen. Dieser Gedankengang zeigt sich schon in der Einführung in das Christentum. Dort umschreibt Ratzinger die Sache des Glaubens zunächst in schöner, durchaus noch gültiger und biblisch inspirierter Weise: »Glauben ist die nicht auf Wissen reduzierbare, dem Wissen inkommensurable Form des Standfassens des Menschen im Ganzen der Wirklichkeit, die Sinngebung, ohne die das Ganze des Menschen ortlos bliebe, die dem

Rechnen und Handeln des Menschen vorausliegt und ohne die er letztlich auch nicht rechnen und handeln könnte, weil er es nur kann im Ort eines Sinnes, der ihn trägt.« Kurz darauf aber kommt eine unerwartete, schon genannte Präzisierung hinzu. Glaube ist, so der Kenner der Kirchenväter, auch »das Bekenntnis zum Primat des Unsichtbaren als des eigentlich Wirklichen, das uns trägt«. Diese Terminologie erstaunt, denn auf diese Weise würden wir die Sache Jesu nicht unbedingt zusammenfassen. Er kündigte Gottes Reich an, das wir jetzt zwar noch nicht kennen, das aber durchaus sichtbare und erfahrbare Dimensionen hat. In diesem Reich geht es ja gerade um die Entdeckung des Verborgenen: »Eine Stadt, die auf dem Berge liegt, kann nicht verborgen bleiben« (Mt 5,14), so wie »überhaupt nichts verborgen ist, was nicht bekannt wird« (Mt 10,26). Zwar spricht Paulus davon, dass wir nach dem Unsichtbaren ausblicken sollen (2 Kor 4, 18), aber auch dieses wird dereinst enthüllt werden.

Doch kehren wir zur »Einführung in das Christentum« zurück. Kurz darauf nämlich wird klarer, was der Autor mit diesem Unsichtbaren meint (S. 66). Es geht um das Unsichtbare, das der sichtbaren Wirklichkeit zugrunde liegt, um den »Logos«, den »Grund«, den »Sinn« der Dinge. Diese Umschreibungen sind nun eher griechisch als biblisch inspiriert, und es folgt der für Ratzingers Denken unverzichtbare Schlüsselsatz: »Ich bin der Überzeugung, dass es im tiefsten kein bloßer Zufall war, dass die christliche Botschaft bei ihrer Gestaltwerdung zuerst in die griechische Welt eintrat und sich hier mit der Frage nach dem Verstehen, nach der Wahrheit verschmolzen hat« (Ratzinger 2000a, 66, 69, 70). Auf diesem Punkt wird Ratzinger später noch deutlicher bestehen. Genau das ist aber der Punkt, der dem Wahrheitsmodell von Ratzinger die entscheidenden Konturen gibt: erst im Kontakt mit der *griechischen* – einer faktisch platonischen – Metaphysik hat das Christentum seine für die Wahrheit tragfähige, seine entscheidende Gestalt erhalten. Diese Vermutung kristallisiert sich später immer deutlicher zur entscheidenden These, zur geradezu zentralen Kampfparole von Ratzingers Theologie heraus.

Nun mag man diese Botschaft für tiefsinnig, hochgeistig oder kenntnisreich, für äußerst interessant halten, die – wie gesagt – in der katholischen Theologie tiefere Wurzeln hat. Auch werden sich Theologinnen und Theologen in der Regel nicht dem Hinweis verweigern, dass wir der Denkgeschichte der Alten Kirche weder ausweichen können noch ausweichen wollen. Natürlich hat die Christologie etwa damals eine Gestalt erhalten, der auch wir uns nicht entziehen können. Die Frage bleibt allerdings, ob diese damalige Gestalt für uns vielleicht eine mäeutische Funktion oder die Funktion einer Sprachregelung, die Funktion eines universalkirchlichen Verständigungshorizonts oder die Funktion bleibend normierender Inhalte hat. Im letzteren Fall sind sicher Fragen zu stellen. Zudem wird die Botschaft viel nüchterner, wenn man sie – unmittelbar und ohne die Anstrengung kultureller Übersetzungen – auf den konkreten gegenwärtigen Alltag von Kirche und Theologie bezieht. Für Ratzinger nämlich wurde die Einsicht in den bleibenden Vorsprung der Alten Kirche zum Schutzschild gegen ungefähr alle Neuerung, die sich theologisch in den vergangenen vierzig Jahren angemeldet hat. Sie bedeutet schlicht und einfach: Erst in der Entwicklung von Lehre und Theologie in der Alten Kirche kam die Wahrheit des christlichen Glaubens voll ans Licht (Ratzinger 1968, vgl. 1982). Deshalb bleibt diese Lehre der Alten Kirche unabänderlich und für alle späteren Generationen bindend; die Interpretation der Schrift bleibt ihrem Maßstab bleibend unterworfen. Es geht, wohlgemerkt, um Gott und Christus, um Kirche und Bischofsamt, um Sakramente und Heil, um den Missionsauftrag, um Engel, Jungfrauengeburt und Teufel, um die Verdammung aller Menschen, die nicht getauft sind sowie um die Tatsache, dass es nur eine wahre Religion, dass es außerhalb dieser Kirche kein Heil gibt. Diese Lehren sind so anzunehmen, wie sie in der Alten Kirche vor- oder ausformuliert worden sind. Es ist diese altkirchliche Bindung, die spätere Interpretationen sofort dem Verdacht aussetzt, da werde nur angepasst, das Unsichtbare missachtet, da werde einfach »herunter«-interpretiert. Alle anderen philosophischen Voraussetzungen, die zu Änderungen dieser Lehre führten, können von dieser Voraussetzung her nur Abfall von der Metaphysik und darum Abfall von der Wahrheit des Glaubens bedeuten.

Ankerpunkt für die christliche Wahrheit sind nach diesem Konzept, konkreter gesagt, die großen vier Konzilien der ersten fünf Jahrhunderte (es geht um den so genannten *consensus quinquesaecularis*). Deren Legitimität und normative Rolle für die Gesamtkirche aller Zeiten ist für Ratzingers Theorie von Metaphysik und griechischer Kultur so grundsätzlich begründet, dass über einzelne Punkte nicht mehr zu diskutieren ist. Mögliche Ausnahmen (etwa zur Unfehlbarkeit ausgerechnet des Patriarchen von Rom) bestätigen dann nur die Regel. Historische Analysen können dann die Bedeutung konziliarer Beschlüsse bzw. gesamt-altkirchlicher Überzeugungen nur noch illustrieren, vielleicht präzisieren. Ansonsten werden sie als im Grunde unhistorische, als monolithische Blöcke interpretiert. Die weitere Glaubens- und Theologiegeschichte, in der sich der Glaube erweitern, differenzieren, anders ausformulieren, vielleicht auch angesichts neuer Menschheitssituationen korrigieren kann, hört im Grund mit der Alten Kirche auf. Mit anderen Kulturen und Religionen, mit anderen Konzeptionen von Wahrheit und Verstehen ist ein wirklicher Dialog nicht mehr möglich.

Die Konsequenz und Härte von Ratzingers Folgerungen aus dieser Monopolisierung wird aus einer anderen Bemerkung deutlich. Er stellt die Wahrheitsfrage – noch einmal – in einen Zusammenhang des Alles oder Nichts, also einer integralistischen Position. So kann er im folgenden Zitat ganz grundsätzlich fragen: *»Ist demnach der Anspruch des Christentums,* religio vera [wahrer Glaube] *zu sein, durch den Fortgang der Aufklärung überholt? Muss es von seinem Anspruch heruntersteigen und sich in die neuplatonische oder buddhistische oder hinduistische Sicht von Wahrheit und Symbol einfügen, sich – wie Troeltsch es vorgeschlagen hatte – damit bescheiden, die den Europäern zugewandte Seite des Antlitzes Gottes zu zeigen? Muss es vielleicht sogar einen Schritt weiter gehen als Troeltsch, der noch meinte, das Christentum sei die für Europa angemessene Religion, während doch heute gerade Europa an dieser Angemessenheit zweifelt? Dies ist die eigentliche Frage, der sich heute Kirche und Theologie zu stellen haben«* (Ratzinger 2000b). Angesichts solch grundsätzlicher Fragewucht werden natürlich alle anderen Probleme relativiert und die Wiedergeburt des überwunden geglaubten Integralismus legitimiert. Auch erhalten Leserinnen und Leser gratis und ungefragt eine Erklärung für ihr Interesse an Buddhismus und Hinduismus mitgeliefert, nämlich: nichts als Zweifel am eigenen Glauben! Nun misst Ratzinger seinem Argument in der Tat ein zentrales Gewicht bei; ihm geht es um nichts als die Wahrheit. Sollten wir unseren obersten Glaubenshüter für diese Konsequenz nicht preisen? Es ist die integralistische Konsequenz, die Oskar von Nell-Breuning einmal »religiösen Totalitarismus« nannte und die unter Pius X. einen unseligen Höhepunkt erreicht hatte, als der Prälat Benigni ein System »perfekter

Spionage« organisiert und zu Höchstleistungen angetrieben hatte (Stegmann). So ist es nur konsequent, wenn es dann heißt: »*Alle Krisen im Inneren des Christentums, die wir gegenwärtig beobachten, beruhen nur ganz sekundär auf institutionellen Problemen. Die Probleme der Institutionen wie der Personen in der Kirche rühren letztlich von der gewaltigen Wucht dieser Frage [nach der Wahrheit] her.*« Undifferenzierter Wahrheitsanspruch oder Glaubensverlust, das ist die Alternative. Jede weitere Position scheidet offensichtlich aus.

Institutionelle Probleme sind für den Kardinalpräfekten also sekundär. Ich zweifle daran, mag es vorläufig aber akzeptieren. Auch mag dies für die Betroffenen zwar tröstlich klingen, mit denen sich der Glaubenspräfekt bisweilen anlegt, die er gelegentlich exkommuniziert oder mit einem Bußschweigen belegt, denen er Lehrstühle entzieht, nicht zugesteht oder ein schlichtes Gespräch verweigert. Er bescheinigt ihnen nämlich: Sie führen keinen Kampf um subjektive Zielvorstellungen oder persönliche Privilegien, sondern sie streiten um die Wahrheit. Aber wieder sieht man sich enttäuscht, denn Ratzinger zieht seine Schlüsse in genau der entgegengesetzten Richtung. Härteste Konsequenz ist auch gegenüber Personen vonnöten; kein Zugeständnis ist erlaubt, institutionelle Reaktion gilt als unabdingbar. Denn wer aus der Reihe tanzt, wer also herunterinterpretiert und sich Subjektivismen erlaubt, bringt das Wahrheitsgebäude der Kirche selbst in Gefahr. Wer – wiederum empfindlich konkret – den altkirchlichen Überzeugungen des Systemwächters widerspricht, hat damit schon bewiesen, dass er die Wahrheitsfrage verraten hat. Ratzingers Heuristik wirkt messerscharf; es ist die Mäeutik des Analytikers der Ketzerei.

Deshalb steht die Erklärung *Dominus Iesus* auch bruchlos in der Verlängerung jenes Artikels, mit dem der *praeceptor fidei* das neue Jahrtausend scheinbar so aufklärungsfreundlich, in Wirklichkeit aber aufklärungsfeindlich und höchst bedrohlich eröffnet hat. Was am 08. Januar 2000 mit fein geschliffenen und kenntnisreichen Formulierungen den Leserinnen und Lesern der Frankfurter Allgemeine angepriesen wird, das erscheint in *Dominus Iesus* dann ohne Hülle freundlicher Formeln. Es gibt höchstens noch einen Unterschied zwischen einer Außen- und einer Innenperspektive. Während der Artikel zur Welt hin die Botschaft verbreitet, die katholische Kirche biete sich als letzter Zufluchtshafen an in einer Zeit, da die Metaphysik zu Ende ist, redet *Dominus Iesus* nach innen hin Tacheles, denn die Katholiken haben dieses Versprechen der endgültigen Wahrheit wirklich einzulösen. Da gelten keine Umschreibung, keine Höflichkeit und keine Verzierungen mehr[30]. Wenn wir schon Quelle aller Wahrheit sind, dann, bitte schön, haben wir sie mit dem nötigen Selbstbewusstsein auch nach außen zu tragen und durchzusetzen. Jetzt erfahren wir, dass die römisch-katholische Kirche Quelle aller Wahrheit ist. Zum Jahrtausendbeginn gab sich Ratzinger noch epochal und konkret zugleich: *»Dies ist die grundsätzliche Herausforderung am Beginn des dritten christlichen Jahrtausends. Die Frage kann nicht rein theoretisch beantwortet werden, wie denn Religion als das Letztverhalten des Menschen nie nur Theorie ist. Sie verlangt jenes Zusammenspiel von Einsicht und Tun, das die Überzeugungskraft des* Christentums der Väter(!) *begründete.«* Jetzt gibt er sich in seinen Formulierungen eher schmucklos: »Relativismus« wird an verschiedenen Orten konstatiert. Gegeißelt wird der »Subjektivismus jener, die den Verstand als einzige Quelle der Erkenntnis annehmen und so unfähig werden, den Blick nach oben zu erheben, um das Wagnis einzugehen, zur Wahrheit des Seins zu gelangen« (Nr. 4). Der Druck der denunziatorischen Sprache ist kaum zu überbieten. Gegen diese »relativistische Mentalität, die sich immer mehr ausbreitet«, ist »Abhilfe« zu schaffen (Nr. 5). Deshalb ist wieder »fest zu glauben« (eine Formel, die öfters wiederkehrt und strenge Glaubensverpflichtung anmahnt; Nr. 10, 11, 13, 14, 16, 20). Woran? Dass etwa in Christus allein die Fülle der Wahrheit wohnt, dass die Erfahrungen anderer Religionen nicht mit dem »Glauben« der christlichen Kirche gleichzusetzen sind, dass nur die biblischen Bücher (und nicht die anderer Religionen) inspiriert sind, dass Jesus Christus wahrer Gott ist, dass es nur die eine Heilsordnung gibt, die in Jesus Christus begründet ist, dass er der einzige Erlöser ist, dass es nur eine, nämlich die von Jesus Christus gestiftete Kirche gibt, dass die katholische Kirche mit dieser ursprünglichen Kirche in Kontinuität steht, dass die evangelischen Kirchen (weil ihnen Bischofsamt und Eucharistie fehlen)

---

30 Man könnte geneigt sein, die nicht-katholischen Kirchen dazu aufzufordern, das ökumenische Gespräch endlich wieder selbstbewusster und kritischer in die Hände zu nehmen. Zu viele Freundlichkeiten wurden ausgetauscht und zu oft hat man es zugelassen, dass die katholische Kirche die Beantwortung von Fragen aufgeschoben und an neue Studienkommissionen delegiert hat. Dass Fragen des Amtes und der Lehrautorität neu zu untersuchen sind, wurde inzwischen zur Standardformel, mit der ungefähr alle wichtigen Konsens- und Konvergenzdokumente schließen.

keine wirkliche Kirche, sondern – wie das 2. Vaticanum sage – nur »kirchliche Gemeinschaften« sind. E. Jüngel fragt dazu entsetzt: »Doch sollte das wirklich das Gesetz des ökumenischen Fortschritts sein: inmitten noch so großer Annäherung eine noch immer noch größere Entfremdung? Was wird nun aus der Ökumene?« (Jüngel)

In einem hat sich der Eiferer für den reinen Glauben leider verraten. Ihn interessieren nur noch Einzigkeit und Ausschließlichkeit, der Vorrang und die Superiorität von Religion, Glaube, Kirche und der genannten Metaphysik. Gerade damit hätte die Metaphysik wohl ihre Probleme gehabt, weil sie ihren Wahrheitsanspruch grundsätzlich dem Diskurs aller zur Überprüfung überlässt. Man kann das Dokument auch schlicht mit einer anderen Formel zusammenfassen, die Kritiker unter der Decke der mehr verbindlichen Worte von früher schon immer vermuteten: *Es gibt nichts Neues zu verkünden,* und an dem Alten wird nicht gerüttelt. Die Kernaussagen des christlichen Glaubens sind dieselben geblieben. Sie müssen und sie werden es bleiben. Das 2. Vatikanische Konzil war im Grund ein Irrtum; jedenfalls hat es Missverständnissen Tür und Tor geöffnet. Selbst jene berühmte Formel, die zwar niemand verstand, die aber eine Öffnung versuchte: »Die Kirche Jesu Christi subsistiert in der katholischen Kirche«, selbst diese Formel wird wieder in einer Weise interpretiert, wie wir das aus früheren Zeiten kannten: die katholische Kirche *ist* eben die Kirche Christi. Um dies zu verdeutlichen, hätte man die Last dieser neuen Formel nicht auf sich zu nehmen brauchen (Jüngel, N. Klein, Boff 2001 und viele andere).

IV. Schluss: Wenn Jesus etwas zu sagen hätte

Deshalb kann man die Operation des alternden Präfekten auch nüchterner sehen: Die alten Behauptungen werden wiederholt und der Lobpreis der Metaphysik gerät zur Legitimation des eigenen Rechthabens. Nun hat Ratzinger in einem gewiss Recht: Er persönlich hat sich in nichts geändert, auch nicht im Geringsten. Der Geist des 2. Vaticanum hat ihn kaum inspiriert. Er erfährt die Starrheit und Unbeweglichkeit von System und eigener theologischer Biographie leider nicht als Problem. Genau diese Unbeweglichkeit macht ihn unangreifbar. Man kann darüber streiten, ob er das *Christentum der Väter* gut wiedergibt; Ratzingers Selektion und einseitige Auslegung sollte man nicht unterschätzen; es ist die Selektion des spätneuzeitlichen Katholizismus. Man kann allerdings nicht bestreiten, dass sein (Verständnis von) Christentum älter ist als jenes antike Väter-Christentum, das im vierten Jahrhundert so richtig begann. Was bedeutet für Ratzinger die vorhergehende Zeit, sagen wir von 35 (oder von 80) bis 250? Manches Mal weiß er noch Paulus und dessen Universalisierungspraxis zu nennen (Ratzinger 2000a, 129). Von späteren Entwicklungen hören wir nur noch Endformulierungen, und zwar von konziliaren Beschlüssen, die – wohlgemerkt – von den kirchlichen Gemeinden erst akzeptiert werden mussten, bevor sie Gültigkeit erhielten. Das eigentliche Problem aber entsteht wohl aus der Tatsache, dass sich Jesus nicht mit Metaphysik beschäftigte. Sollte die Wahrheitsfrage ihn nicht umgetrieben haben? Entstand die wahre Religion wirklich erst Jahrhunderte später?

Ich weiß natürlich, dass ich den Glaubenshüter mit dieser Frage nicht überraschen kann. Für ihn erstrahlt der Sohn Gottes schon im Neuen Testament, insbesondere im Johannesevangelium, und die spätere Kirchenstruktur ist für ihn im Amt des Apostels vorgebildet; Frauen durften schon in Alexandrien nicht ordiniert werden, deshalb auch heute nicht – weil (wie die klassische Formulierung lautet) die Kirche von Jesus dazu nicht ermächtigt sei. Die historischen Grenzen und Ungereimtheiten solcher Argumentationen sind hinreichend erwiesen. Ratzingers hermeneutische Strategie ist zudem recht undramatisch und Insidern bekannt. Er braucht die Evangelien nur in die bekannten altkirchlichen Interpretationsrahmen zu stellen und die historische Bibelkritik selektiv zu ignorieren; er braucht wissenschaftliche Detaildiskussionen nur als Ausdruck allgemeiner Verwirrung zu interpretieren und sich notfalls auf scholastische, frühkirchliche oder orthodoxe Theologie zu berufen. Er hat es nicht nötig, so spannende und elementare Neuinterpretationen wie die von Elisabeth Schüssler-Fiorenza zu lesen. Wir sollten die Kraft und die innere Konsistenz solch früheren theologischen Denkens nicht unterschätzen – solange nur der hermeneutische Blickwinkel unverrückbar vorausgesetzt wird. Deshalb ist auch diese Theologie viel mehr als brüchiger Verputz.

Es gibt aber einige Fragen, die der Hüter der Dogmen wohl nicht so gut beantworten kann, etwa die Frage nach Jesu Selbstbewusstsein, nach seinem Verständnis des Dreifaltigen Gottes oder nach der Geschichtlichkeit der Auferstehung sowie die Frage, nach welcher Perspektive denn die armen Christen des 2. oder 3. Jahrhunderts ihren Glauben hätten interpretieren müssen sowie nach der Rolle der Frauen in der Jesusbewegung. Es kann doch nicht sein, dass praktisch alle vornizänischen Theologen in Sachen Christologie am Rande einer Häresie vorbeischrammen oder gar Häretiker sind. Ratzinger muss wohl auch zugeben, dass ihn der Jesus der Geschichte nicht sonderlich interessiert. Jesus hätte auch andere Gleichnisse erzählen, die Synoptiker hätten auch eine andere Bergpredigt präsentieren können. So müsste Ratzinger endlich einmal darauf festgelegt werden, wie falsch und parteiisch er gerne Bultmann auslegt, wie respektlos er von der wissenschaftlichen Exegese spricht und wie wenig ihn notfalls historische Gegebenheiten interessieren, wenn sie nicht ins Prokrustesbett seiner patristischen Amtshermeneutik passen. Es müsste die Frage näher untersucht werden, warum er gerade die Christologie von unten so unaufhörlich attackiert und mit einem Krisenbewusstsein belegt, das mehr seine eigenen Ängste als die Gefahren solchen Denkens verrät. Dem Problem einer geschichtlich verantworteten Theologie des Beginns (nennen wir es eine »Theologie von unten«), einer Ekklesiologie der frühen Gemeinde oder eines kontextuellen Heilsverständnisses ist er immer ausgewichen. Und weil wir mit solcher Gegenargumentation leicht eine oder zwei Generationen zu spät kommen, müsste hier der Ball den emanzipatorischen und den kontextuellen Theologien, einer synchronen Exegese sowie einer Theologie der Religionen zugespielt werden, die sich mitten in einem Erneuerungsprozess befindet, weil sie die konkreten Erfahrungen der Menschheit zur Kenntnis nimmt. Eine Theologie, die dabei nicht einmal fähig ist, der Kirche als solcher Schuld zuzusprechen (obwohl von Balthasar schon 1961 von ihr als einer »keuschen Hure« spricht), nimmt die gegenwärtige Wirklichkeit wohl nicht ernst.

Allerdings gilt auch ein anderer Aspekt, und dies ist ins Stammbuch »fortschrittlicher« Theologien westlichen Zuschnitts zu schreiben. Vermutlich hat der Theologe vom Fach viel besser verstanden als Ungezählte in den deutschsprachigen Landen, was etwa Schillebeeckx, Küng, L. Boff oder jüngere Theologinnen mit ihren Christologien von unten und mit dem Programm einer historisch und exegetisch verantworteten Theologie, was E. Schüssler-

Fioranza mit ihrem wunderbaren Buch »Zu ihrem Gedächtnis« (Schüssler-Fiorenza 1988) meinten. Die meisten interessierten und weltoffenen Christen unseres Kulturraums sind in dieser Sache bis heute zwar liberal und offen, aber auch hoffnungslos naiv. Die in den siebziger Jahren neu konzipierten Ansätze und die bald folgenden Entwürfe von Frauen und aus verschiedensten Kontinenten wollen ja nicht einfach die traditionelle hochkirchliche Theologie etwas aufpolieren und an einigen Punkten fortschreiben, nicht einfach einige Ecken abschleifen und das Ganze modernen Menschen zugänglicher machen. Das wäre ein sehr oberflächliches Bild des von Johannes XXIII. geforderten *Aggiornamento*. Es geht um eine Erneuerung, die im Sinne der ursprünglichen Botschaft Korrektur und Bekehrung, in vielem auch ein neues Denken mit einschließt. Deshalb stellen die neuen Theologien immer wieder klar, dass die Theologien vergangener Epochen im Rahmen einer Metaphysik erarbeitet sind, die in der Regel heute nicht mehr verstanden wird und die nachweisbar zu unabweisbaren Missverständnissen führt. Gleichzeitig machen sie deutlich: Dieses altehrwürdige, gewiss von Wahrheitssuche getragene Denken, wird heute zur Legitimation eines Kirchensystem missbraucht, das sich seit dem 19. Jahrhundert strukturellen Erneuerungen hartnäckig widersetzt hat, obwohl sich die gesellschaftlichen Kontexte radikaler denn je veränderten. Oft wird gesagt, Küng und Konsorten, feministische Theologinnen zudem, könnten gegenüber Rom doch etwas höflicher, freundlicher und verbindlicher sein. Aber darum geht es nicht; der Zensor misst seine Kontrahenten nicht am Ton, sondern an den Inhalten, an der Gefährlichkeit ihrer Theologie für die Kirchenordnung sowie an der gesellschaftlichen Verunsicherung, die von ihnen ausgeht.

Wichtig ist deshalb für eine kommende Theologengeneration sowie für eine kommende Generation von ökumenisch engagierten Christinnen und Christen dies: Das Rom, das vom Präfekten seiner Inquisitionsbehörde verkörpert wird, hat von seiner vorkonziliaren Linie nie Abstand genommen und man denkt vorerst nicht daran, davon Abstand zu nehmen. Es wäre deshalb angemessen, statt eines erneuten Sturms der Entrüstung die römischen Ansprüche endlich nüchtern und konsequent, ohne höfliche oder höfische Vermittlungsversuche und so zurückzuweisen, dass die Christenheit nicht erneut der Faszination eines Amtes erliegt, das sich auf die Macht der Jahrhunderte beruft. Karl Barth sagte einmal, er habe keine Probleme, dem römischen Papst die Ehre zu erweisen, wenn er von dort wirklich »die Stimme des Guten Hirten« höre. Vielleicht ist die Frage an Ratzinger deshalb ganz einfach: Können wir aus seinen Dokumenten, aus seinem Regime und in der Weise, wie er mit Andersdenkenden innerhalb und außerhalb der Kirche umgeht, die Stimme des Guten Hirten und der frühen Jesusbewegung hören? Ich fürchte, dass die Antwort vorläufig noch negativ sein muss. Warum ist das so? Vielleicht hat sich in ihm wirklich ein Trauma seiner frühen Karriere festgesetzt. Aber noch wahrscheinlicher ist: Er ist der Faszination der Alten Kirche, der Spiritualität des Platonismus und den Verheißungen eines weltweiten Kirchenmonopols einfach so erlegen, dass er die Fragen unserer Gegenwart nicht mehr wahrnehmen kann. Je säkularer und je getriebener allerdings diese Welt wird, umso mehr wird er – so ist zu fürchten – von ihr fliehen, statt uns eine intensive Zuwendung zu ihr zuzugestehen.

Zum Schluss mit B. Brecht noch dies zu einem denkwürdigen Wiedersehen mit Herrn Keuner: »Ein Mann, der Herrn K. lange nicht gesehen hatte, begrüßte ihn mit den Worten: ›Sie haben sich gar nicht verändert.‹ ›Oh!‹, sagte Herr K. und erbleichte.«

Oder sollte Ratzinger sich doch geändert haben? Prominente Theologen und eine heute prominente Theologin, die ihn in frühen Jahren kannten, versichern mir, dass es damals noch einen anderen, einen offenen und zumindest kritikbereiten Ratzinger gab. Ausgerechnet Hans Küng ist es, der sich bisweilen auf ihn beruft, wenn in der katholischen Kirche Skandale zu benennen sind. 1966 ließ sich der damalige Professor Ratzinger noch wie folgt vernehmen: »Selbstgemachter und so schuldhafter Skandal ist es, wenn unter dem Vorwand, die Rechte Gottes zu verteidigen, nur eine bestimmte gesellschaftliche Situation und die in ihr gewonnenen Machtpositionen verteidigt werden ... Selbstgemachter und so schuldhafter Skandal ist es, wenn unter dem Vorwand, die Unabänderlichkeit des Glaubens zu schützen, nur die eigene Gestrigkeit verteidigt wird ... Selbstgemachter und so schuldhafter Skandal ist es auch, wenn unter dem Vorwand die Ganzheit der Wahrheit zu sichern, Schulmeinungen verewigt werden, die sich einer Zeit als selbstverständlich aufgedrängt haben, aber längst der Revision und der neuen Rückfrage auf die eigentliche Forderung des Ursprünglichen bedürfen. Wer die Geschichte der Kirche durchgeht, wird viele solcher sekundären Skandale finden – nicht jedes tapfer festgehaltene Non possumus [wir können nicht] war ein Leiden für die unabänderlichen Grenzen der Wahrheit, so manches davon war nur Verranntheit in den Eigenwillen, der sich gerade dem Anruf Gottes widersetzte, der aus den Händen schlug, was man ohne seinen Willen in die Hand genommen hatte« (Ratzinger 1969a, 318). Dem ist nichts hinzuzufügen.

Teil B

Dominus Iesus – Analyse eines Dokuments

I. Hinführung

1. Zur Situation

Die römische Glaubenskongregation hat in ihre Website des Internet die folgende Erklärung aufgenommen, die eine der gegenwärtigen Hauptsorgen ihres Präfekten illustriert. Es geht darum, dass ein indischer, inzwischen verstorbener Jesuit seine religiösen Ansichten in offensichtlicher Nähe zu indischer Religiosität formuliert und sich damit – abgesehen von seiner scharfen Kirchenkritik – vom christlichen Glaubensgut in bedenklicher Weise entfernt. Oder muss man sagen: »... seine christlichen Überzeugungen im Gewande indischer Überzeugungen formuliert«? Wer verstanden hat, was hier vor sich geht, hat den Bezugsrahmen verstanden, in dem sich die römischen Sorgen und Nöte augenblicklich abspielen. Diese Bekanntmachung vom 24. Juni 1998 sei dem Versuch einer Textanalyse von *Dominus Iesus* vorangestellt. Sie zeigt die Hauptgefährdung, der katholischer Glaube im Augenblick aus römischer Perspektive ausgesetzt ist. In vielfältiger Weise haben Theologinnen und Theologen aus nichtwestlichen Kulturen mit der Neuformulierung (Fachjargon: mit der »Inkulturation«) des christlichen Glaubens begonnen. Dass dieser umfassende Prozess nicht ohne Grenzverlegungen und Experiment, nicht ohne ungezählte Überraschungen und Missverständnisse vonstatten geht, ist selbstverständlich. Dazu gehört auch, dass die überkommene und uns geläufige Kulturform des christlichen Glaubens auf ihre Grenzen und Missverständnisse hingewiesen, bisweilen in ihre Grenzen verwiesen wird. In diesem neu aufbrechenden Übersetzungs- und Kommunikationsprozess liegt – auf Weltebene gesehen – die spannende Herausforderung gegenwärtiger Theologie. Es geht um eine Verhältnisbestimmung von Lokalität, Globalität und wirklicher Universalität (Sedmak). Doch zunächst der römische Text:

Bekanntmachung
zu den Schriften von Pater ANTHONY DE MELLO, SJ

Der indische Priester und Jesuit, Pater Anthony de Mello (1931–1987), wurde mit seinen zahlreichen Publikationen sehr bekannt. Sie sind in verschiedenste Sprachen übersetzt und fanden in vielen Ländern der Welt weithin Verbreitung, auch wenn der Autor nicht all diese Texte zur Veröffentlichung freigab. Seine Werke, meistens in Form von kurzen Geschichten geschrieben, enthalten gültige Elemente östlicher Weisheit. Sie können helfen bei der Vollendung der Selbstdisziplin, beim Durchbrechen von Grenzen und Gefühlen, die uns vom Sein fernhalten, beim gelassenen Umgang mit den Wechselfällen des Lebens. Pater de Mello hielt sich vor allem in seinen frühen Schriften innerhalb der Grenzen christlicher Spiritualität, auch wenn diese schon vom Einfluss des Buddhismus und des Taoismus geprägt sind. In diesen Büchern behandelte er die verschiedenen Arten des Gebetes: Bittgebet, Fürbitte und Lobpreis ebenso wie die Betrachtung der Geheimnisse des Lebens Christi usw.

Aber schon in bestimmten Passagen dieser frühen Werke, in höherem Maße dann in seinen späteren Publikationen, spürt man eine wachsende Entfernung von wesentlichen Inhalten des christlichen Glaubens. An die Stelle der Offenbarung, die in der Person Jesu Christi zu uns gekommen ist, rückt er eine Intuition Gottes ohne Form oder Bild, bis dahin, dass er von Gott als einer reinen Leere spricht. Um Gott zu sehen, reiche es, direkt nach der Welt zu schauen. Nichts könne über Gott gesagt werden; das reine Kennen sei ein Nichtkennen. Es sei schon Unsinn, die Frage nach Gottes Existenz zu stellen.

Dieser radikale Apophatismus führt sogar zur Leugnung der Überzeugung, dass die Bibel gültige Aussagen über Gott enthalte. Die Worte der Schrift seien Hinweise mit dem Ziel, eine Person zum Schweigen zu führen. An anderen Stellen wird das Urteil über heilige religiöse Texte, die Bibel eingeschlossen, sogar noch ernster. Behauptet wird, diese hielten Menschen davon ab, ihren eigenen Überzeugungen zu folgen, sie machten stumpf und grausam. Religionen, das Christentum eingeschlossen, gehörten zu den wichtigsten Hindernissen, um zum Glauben zu finden. Diesen Glauben bestimmt der Autor in seinen genauen Inhalten jedoch nie. Zu denken, der Gott der eigenen Religion sei der einzige, sei reiner Fanatismus. »Gott«

wird als eine kosmische, vage und allgegenwärtige Wirklichkeit betrachtet; die persönliche Natur Gottes wird ignoriert und in der Praxis geleugnet.

Pater de Mello erweist Jesus viel Hochschätzung und erklärt sich selbst zu einem seiner »Jünger«. Aber er betrachtet Jesus als einen Meister neben anderen. Der einzige Unterschied zu anderen Menschen sei, dass Jesus »wach« und völlig frei sei, was andere nicht sind. Jesus wird nicht als der Sohn Gottes anerkannt, sondern einfach als einer, der uns lehrt, dass alle Menschen Kinder Gottes sind. Hinzu kommt, dass die Aussagen des Autors über das endgültige Geschick des Menschen verwirrend sind. Einmal spricht er davon, dass wir uns in den unpersönlichen Gott »auflösen« wie Salz in Wasser. Bei verschiedenen anderen Anlässen wird die Frage nach dem Schicksal nach dem Tod für irrelevant erklärt; allein das gegenwärtige Leben sei von Interesse. Im Blick auf dieses Leben gebe es keine objektiven Regeln der Moral, wobei das Böse reines Nichtwissen ist. Gut und Böse seien rein mentale Wertungen, die wir der Wirklichkeit auferlegen.

Im Blick auf diese Darlegungen lässt sich verstehen, dass gemäß dem Autor jeder Glaube oder jedes Glaubensbekenntnis zu Gott oder zu Christus den persönlichen Zugang zu Gott nur behindern kann. Die Kirche mache das Wort Gottes in der Heiligen Schrift zu einem Abgott und halte Gott schließlich vom Tempel fern. Infolgedessen habe sie die Autorität verloren, im Namen Christi zu lehren.

Mit dieser Verlautbarung erklärt die Glaubenskongregation zum Schutze des christlichen Glaubensguts, dass die oben erwähnten Auffassungen mit dem Katholischen Glauben unvereinbar sind und Anlass zur Sorge geben.

Man begreift unmittelbar, dass das Schrifttum dieses Jesuiten keine Glaubensformeln repetiert, wie es von Rom bisweilen erwartet wird. Aber A. de Mello legt auch keine Neuinterpretation des christlichen Glaubens im Sinne einer Theologie vor, die Jahrhunderte lang von westlicher Tradition geprägt war. Kein Küng, Schillebeeckx oder Drewermann steht hier am Pranger. Hier geschieht etwas anderes. Ein christlicher Theologe hat sich den Einflüssen und Inspirationen indischen (früher hätte man gesagt: »heidnischen«) religiösen Denkens geöffnet. Damit erfährt ein theologisches System eine umfassende neue Orientierung. Für »Gott« werden neue Worte und Bilder gesucht, seine Unergründlichkeit und Unaussprechlichkeit – schon immer, aber weniger intensiv auch Teil westlichen Glaubensverständnisses – treten in den Vordergrund. Neue Formulierungen auch für das Geheimnis und die Bedeutung Jesu Christi werden aus dem Kosmos indischer Symbolwelten übernommen. Schließlich formulierte A. de Mello kritische Worte über den Missbrauch biblischer Texte, die – auch nach westlicher Überzeugung – immer wieder von Gott und von der Wahrheit wegführen; sie werden etwa fundamentalistisch missbraucht, aus dem Zusammenhang gerissen, also nicht im »Geist« der Wahrheit verstanden, sondern als »Buchstaben« instrumentalisiert. Die Fragen nach Tod und Leben, nach moralischen Werten und nach dem Bösen werden in größere Zusammenhänge eingeordnet und damit – aus westlicher Perspektive – relativiert. Rom warnt und bekundet seine Sorge.

Die Glaubenskongregation sieht nicht nur Einzelverstöße gegen den Glauben, sondern die allgemeine Gefahr des Glaubensverlusts. Auch im Westen sind Grundoptionen in Diskussion geraten, man nehme nur die Enzyklika zu Fragen der Moraltheologie, die ebenfalls unter starkem Einfluss von J. Ratzinger zustande kam[31]. Aber weder den vielen Neuansätzen aus nichteuropäischen Ländern noch den vielen kritischen Reaktionen von Seiten der westlichen Theologie hat sich Rom bislang offen gestellt. Kirchenkritik, auch wenn sie aus gutem Willen geschieht, steht noch immer unter Tabu. Schließlich hat sich Rom den großen Herausforderungen eines interkulturellen Austauschs noch nicht wirklich gestellt. Das ist schade, denn in den umfassenden Globalisierungsprozessen könnte das universale Sprecheramt einer weltweiten Kirche eine höchst bedeutsame und hilfreiche – eine informierende und kommunikative, eine inspirierende und warnende – Funktion übernehmen. Hat Rom mit dieser Aufgabe einen Anfang gemacht? Und wird es der katholischen Kirche gelingen, sich in diesem neuen globalen Lebensraum der Kulturen und Religionen zu situieren? Immerhin verfolgt man das Weltgeschehen mit wachem Auge. *Dominus Iesus* zeigt, wie sensibel man auf die neue Situation reagiert; die Fragen der Einzigkeit bzw. Einzigartigkeit und der Universalität treten in den Mittelpunkt. Die Gesamtthematik wird in einzelnen Lehrstücken durchgespielt, die aus römischer

---

31 Enzyklika *Veritatis Splendor* vom 6. August 1993, sowie die Enzyklika *Evangelium Vitae* vom 25. März 1995.

Perspektive von zentraler Bedeutung sind: Offenbarung und Logos, Heil und Jesus Christus, Kirche im Blick auf ihre eigene Gespaltenheit und im Verhältnis zum Reich Gottes und schließlich im Verhältnis zu den anderen Religionen. Welch spannende Thematik ist das, könnte man denken, zu der Rom, das Informationszentrum einer weltweiten religiösen, zumal christlichen Kommunikation, Neues und bislang Ungehörtes beitragen könnte.

Das zitierte Dokument spricht jedoch eine andere, eine ängstliche und warnende Sprache. Sie zeigt wenig Verwandtschaft mit dem Paulus, der die Tore seines überkommenen Judentums öffnete und sich nach Europa rufen ließ, sondern viel Affinität mit dem damals zögerlichen und ängstlichen Petrus, der zusammen mit Jakobus auf der Wahrung überkommener Praxis bestand. Das war nicht immer so, denn ursprünglich konnte sich Paulus auf Jerusalem berufen. »Deshalb gaben Jakobus, Kefas und Johannes, die als ›Säulen‹ Ansehen genießen, mir und Barnabas die Hand zum Zeichen der Gemeinschaft. Wir sollten zu den Heiden gehen, sie zu den Beschnittenen« (Gal 2,9). Später allerdings wendete sich das Blatt. Nachdem Leute vom Kreis um Jakobus, dem damaligen Leiter der Jerusalemer Gemeinde, in Antiochien eingetroffen waren, zog sich Petrus »von den Heiden zurück und trennte sich von ihnen, weil er die Beschnittenen fürchtete. Ebenso unaufrichtig wie er verhielten sich die anderen Juden, so dass auch Barnabas durch ihre Heuchelei verführt wurde« (Gal 2, 13). Doch sehen wir zunächst von diesem Hintergrund ab.

2. Stil und Struktur des Dokuments (allgemeine Überlegungen)

Eindeutig ist die Dynamik, die der Aufbau dem Dokument *Dominus Iesus* vorgibt. Ein weiter Bogen vom Allgemeinen zum Besonderen wird geschlagen: Es beginnt mit der Offenbarung, die sich im Logos (und Geist) konkretisiert und zum Heilswerk der Erlösung führt. Dieses aber ist in der Kirche verwirklicht, so dass sie auch in ihrem Verhältnis zu Gottes Reich zu berücksichtigen sind. Vor allem dürfen die Religionen von diesen Zusammenhängen nicht ausgenommen werden; auch sie stehen in geheimnisvoller Weise in Beziehung zu Christus. »Die Pflicht und die Dringlichkeit, das Heil und die Bekehrung zum Herrn Jesus Christus zu verkünden, wird durch die Gewissheit des universalen Heilswillens

Gottes nicht gelockert, sondern verstärkt« (Nr. 22 Ende). Es geht darum, den universalen missionarischen Auftrag der Kirche klarzustellen und zu klären.

Mit dem Dokument *Dominus Iesus* hat die römische »Kongregation für die Glaubenslehre« – ehedem »Heiliges Officium«, zuvor »Inquisition« genannt – eine Erklärung vorgelegt, deren formaler Anspruch den gebräuchlichen Regeln entspricht. Es ist eine »Erklärung« (»Deklaration«), hat also den höchsten Verbindlichkeitsgrad, den eine Kongregation beanspruchen kann – nicht weniger, aber auch nicht mehr. Die Erklärung ist vom Präfekten der Kongregation, Joseph Kardinal Ratzinger, unterzeichnet. Allerdings wird – wie üblich – darauf hingewiesen, dass die Erklärung von der »Vollversammlung« der Kongregation für die Glaubenslehre beschlossen wurde. Dabei ist also ungefähr alles, was an der Kurie Rang und Namen hat. Das ist an sich nichts Besonderes. Allerdings weiß man, dass solche Dokumente in diesem hochrangigen Gremium auch wirklich besprochen und diskutiert, insbesondere auch auf ihre längerfristige theologische und kirchenpolitische Bedeutung hin beurteilt werden. Gemäß weit verbreiteten Hintergrundinformationen ging die Verabschiedung des vorliegenden Dokuments nicht ohne Kritik und Bedenken vonstatten. Ratzinger weist später ausdrücklich darauf hin, dass Präfekt und Sekretär des Sekretariats für die Einheit der Kirchen, Kardinal Cassidy und der (damals noch) emeritierte Bischof W. Kasper, vermutete Kritiker des Dokuments, bei den entscheidenden Sitzungen nicht anwesend waren. Ratzinger weist auch darauf hin, dass in diesem Gremium jede Stimme gleich zähle; zudem seien die Textunterlagen den genannten Herren beizeiten zur Stellungsnahme zugegangen (Ratzinger 2000d).

Schwerer wiegt der Hinweis, dass das Dokument vom Papst selbst auf einer Audienz »mit sicherem Wissen und kraft seiner apostolischen Autorität bestätigt und bekräftigt« wurde, dass er die Veröffentlichung angeordnet hat. Auch das ist an sich gängiges Verfahren des römischen absolutistischen Hofstils, also nichts Besonderes; man gewährt da noch Audienzen und reagiert huldvoll oder eben ungnädig. Allerdings ist auch bekannt, dass dieser Ritus für Ratzinger von großer Bedeutung ist. Wichtig ist für Ratzinger der inhaltliche Hinweis, der Papst bestätige die Veröffentlichung »mit sicherem Wissen«; d.h. auch jetzt weiß der Papst noch, was er gut heißt. Für die Spätphase des gegenwärtigen Regimes ist ein solcher Hinweis gewiss notwendig[32]. Später weist Ratzinger noch darauf hin, der Papst habe das Entstehen des Dokuments aufmerksam begleitet (Ratzinger 2000d). Wichtig ist für ihn ferner der formale Hinweis, der Papst bestätige das Dokument und ordne dessen Veröffentlichung »kraft seiner apostolischen Autorität« an. Hofstil auch dies, gewiss, aber zugleich auch die Inanspruchnahme höchster päpstlicher Autorität. Bekannt ist zudem Ratzingers Überzeugung und Verlautbarung, die in der Theologie z.T. heftigen Widerspruch erfuhr, die Kurie partizipiere an der päpstlichen Lehrautorität, bis hin zu dessen unfehlbarer Qualität. Vermutlich bleibt auch Ratzinger im Entscheidenden die Argumente für diese seine Position schuldig; die Fachleute konnte er bislang kaum überzeugen. Aber von dieser geliehenen Autorität macht der Glaubenspräfekt notfalls Gebrauch[33]. Wie schon in früheren Dokumenten, so verweist Ratzinger auch hier unablässig auf das »ordentliche Lehramt«, eine Aussage, der der Sache nach hinzuzufügen ist: »und dessen unfehlbare Qualität«, wie dies im

---

32 Es gibt einen Fall, bei dem Ratzinger über eine päpstliche Verlautbarung offensichtlich nicht glücklich war. Das war das – gut gemeinte, seinerseits aber höchst umstrittene – Dokument des Papstes über die Würde der Frau (*Mulieris dignitatem*) vom 15. August 1988. Ratzinger bemühte sich nachdrücklich, dieses Dokument zu einem »geistlichen Brief« herabzustufen (Häring 1992).

33 Den Katholischen Katechismus mitgerechnet, zitiert das Dokument insgesamt zehnmal Kurientexte aus der Ära Ratzinger. Viermal zitiert der Glaubenspräfekt seine eigenen Produkte. Dazu gehört die umstrittene Interpretation der Aussage, die Kirche Christi »subsistiere« in der katholischen Kirche. Die Interpretation, der durch Zitat der Anschein authentischer Lehre vermittelt wird (Anm. 56 des Dokuments), stammt aus dem skandalösen Dokument, mit dem L. Boff verurteilt wurde. Für dieselbe Interpretation wird auf eine Passage aus dem entscheidenden Kampfinstrument zur Verurteilung von H. Küng, der Erklärung *Mysterium Ecclesiae* Bezug genommen (Anm. 58). Dieses Dokument spielte schon damals eine fatale, rechtlich jedenfalls anfechtbare Rolle. Der Prozess gegen Küng war bereits in vollem Gang; nachdem dann *Mysterium Ecclesiae* verfasst war, berief man sich auf dieses Dokument als »authentischer Lehre«. Zurecht wurde das Dokument von Anfang an eine »Lex Küng« genannt. Dasselbe Dokument wird noch einmal zitiert zur Widerlegung von Behauptungen, die ich jedenfalls in dieser Simplizität bislang noch nicht lesen konnte (Anm. 64). Und noch einmal wird der genannte Kampftext gegen Boff bemüht, um zu behaupten, die Einheit der Kirche wäre schließlich da (Anm. 67 des Dokuments). Schon diese Beobachtungen zeigen, woher der Wind weht. Der Katholische Katechismus wird zur Bestätigung des Gehorsamscharakters des Glaubens bemüht (Anm. 17–20) und dazu, den missionarischen Charakter der Kirche herauszuheben (Anm. 96). Dagegen wäre nichts einzuwenden, wenn auch andere Dimensionen des Glaubens und gegenteilige Meinungen diskutiert und gemäß ihrem argumentativen Gewicht ernst genommen würden. Bleibt noch Anm. 7 zu erwähnen, in der ein wirklich schöner Text des Rats für den Interreligiösen Dialog aus dem Jahre 1992 zitiert wird. Dort geht es nämlich, was man im Dokument öfters hätte erwarten dürfen, um Verständnis und gegenseitige Kenntnis, um wechselseitige Bereicherung und um Respekt vor der Freiheit: ein weißer Rabe im durchaus schwarzen Szenario von Informationen und Aufforderungen.

2. Vaticanum beschrieben ist[34]. Darauf verweist die wiederholte Formel, die im deutschen Text jeweils kursiviert erscheint, es sei *»fest zu glauben«*. Diese Formel *»firmiter credo«* taucht im Zusammenhang des Glaubensbekenntnisses auf und deutet auf Aussagen, die zum unverrückbaren Glaubensbestand gehören. Einmal hat Ratzinger dieses Argument zu hoch gespielt und sich dabei die Finger verbrannt; nämlich bei seiner Qualifikation des Ordinationsverbots der Frauen als einer unfehlbaren Aussage, über die nicht mehr diskutiert werden dürfe. In der kirchlichen Öffentlichkeit hat er damit das Gegenteil erreicht; erst jetzt nahm die Diskussion einen ungeahnten Aufschwung (zum Diskussionsstand Häring – Schüssler-Fiorenza). Umso härter wird das Prinzip zum Berufungsverbot von Theologinnen auf theologische Lehrstühle durchgesetzt, begleitet von Ratzingers wahrhaft zynischer Bemerkung, niemand habe das Recht auf einen theologischen Lehrstuhl (Ratzinger 2000d).

Diese Hinweise zeigen hinreichend, mit welchem Lehr- und Rechtsanspruch, auch mit welchem Krisenbewusstsein der oberste Glaubenshüter auftritt. Die Zeit der Diskussion und des Suchens ist offensichtlich vorbei; jetzt müssen bestimmte Dinge endlich beim Namen genannt und klargestellt werden. Darauf verweist der Stil zwar entschiedener und bestimmter, aber – wie bereits aufgewiesen – sehr allgemeiner Diskriminierungen. Der Text zeigt deutlich die Tendenz, nicht positive Aussagen klarzustellen, sondern vermeintliche Abweichungen aufs Korn zu nehmen und endgültig zu diskreditieren. Das Dokument hat nicht nur eine destruktive Wirkung für das Verhältnis zu den nichtchristlichen, zumal zu den reformatorischen und nachreformatorischen Schwesterkirchen, sondern auch für die Maßnahmen, die innerhalb der Kirche – etwa bei Bischofsernennungen und bei der Zensurierung von Seelsorgerinnen und Seelsorgern, von Theologinnen und Theologen – zu erwarten sind. Wir haben wiederum ein Dokument, an dem die Herrn und vor allem die Damen auf

34 LG 25: »Die einzelnen Bischöfe besitzen zwar nicht den Vorzug der Unfehlbarkeit; wenn sie aber, in der Welt räumlich getrennt, jedoch in Wahrung des Gemeinschaftsbandes untereinander und mit dem Nachfolger Petri, authentisch in Glaubens- und Sittensachen lehren und eine bestimmte Lehre übereinstimmend als endgültig verpflichtend vortragen, so verkündigen sie auf unfehlbare Weise die Lehre Christi. Dies ist noch offenkundiger der Fall, wenn sie auf einem Ökumenischen Konzil vereint für die ganze Kirche Lehrer und Richter des Glaubens und der Sitten sind. Dann ist ihren Definitionen mit Glaubengehorsam anzuhangen.«

Missliebigkeit und schuldigen Glaubensgehorsam gemessen werden können. Gerade die Tatsache, dass niemand und nichts, dass (außer L. Boff) keine Person genannt und keine Textbeispiele vorgelegt werden, macht dieses Dokument auslegbar für vieles und alles, Hauptsache – das ist der Eindruck, der sich aufdrängt – man sieht den wahren Glauben bedroht. Dass es zur weiteren Disziplinierung eingesetzt wird, zeigen die inzwischen erfolgten Prüfungsverfahren gegen den hochverdienten und gewiss kirchlich gesinnten Theologen J. Dupuis (Dupuis a, b). Zwar musste der Betroffene sich in nichts korrigieren, aber der Gestus der Unterwerfung wurde durch die Unterzeichnung eines Papiers vollzogen.

Die Struktur des Dokuments ist klar und unmittelbar einsichtig. Es beginnt mit einer umfassenden Einleitung, die sozusagen alle Register christlicher, genauerhin römisch-kirchlicher Vollmacht zieht: »Mir ist alle Macht gegeben im Himmel und auf Erden« (Nr. 1); »Weh mir, wenn ich das Evangelium nicht verkünde!« (Nr. 2). Auf dem Spiel stehen keine nebensächlichen Dinge, sondern »unumgängliche lehrmäßige Inhalte« und »Wahrheiten ..., die zum Glaubensgut der Kirche gehören« (Nr. 3). Rom kämpft also für die »absolute und universale Heilswahrheit«. Es geht um Wahrheit und Heil schlechthin, um einen umstrittenen, aber unaufgebbaren Auftrag der Kirche, um die Entlarvung bedrohter Wahrheiten. Fülle, Endgültigkeit, Universalität und Einzigkeit werden in den Überschriften und zentralen Texten dann zu tragenden Schlagworten. Die sechs Kapitel ziehen einen konsequenten Bogen von der Offenbarung (I), über den fleischgewordenen Logos (II) und die Universalität des Heils in Christus (III) zur Einzigkeit und Einheit der Kirche (IV). In diesem kurzen vierten Kapitel, das auch quantitativ in der Mitte des Dokuments steht (Seite 9 von 18) und das den eigentlichen Ärger verursacht hat, kulminiert für die westlich ökumenische Wahrnehmung das Dokument. Allerdings werden bei solcher Beurteilung Kapitel V (das undeutlichste aller Kapitel, das über Kirche, Reich Gottes und Reich Christi spricht) und Kapitel VI zur behaupteten Relativierung der Religionen übersehen. Aus römischer Perspektive ist wohl darin die eigentliche Stoßrichtung zu sehen. Der interreligiöse Dialog ist das große Thema des beginnenden Jahrtausends. Ein kurzer Schluss zur Wahrheit der christlichen Religion, der Gedanken des oben besprochenen Artikels wieder aufnimmt, schließt das Dokument ab. Diese Struktur ist in guter Dramaturgie und Logik gewählt, weil sie die Leser von allgemeinen Wahrheiten über die Offenbarung (die man gerne akzeptiert) zu konkreteren Wahrheiten hinführt: zu Fragen einer hoch angesetzten Christologie, dann zur Frage der Erlösung und der Kirche, schließlich zur zentralen Bedeutung der christlichen Religion und deren Vorrangstellung gegenüber den anderen Religionen. Der Rest ergibt sich wie selbstverständlich.

Es ist aber auch deutlich, dass der Endpunkt des Dokuments sein Ziel angibt. Ratzinger selbst würde wohl den Vorwurf nicht akzeptieren, dass er die Würde der christlichen Offenbarung, die Würde Christi und seines Heilswerks zugunsten institutioneller Interessen instrumentalisiert. Aber widerlegen wird er ihn kaum können. Unterbaut werden schließlich die Einzig(artig)keit und Würde der Kirche sowie der christlichen Religion. Die Frage, ob und inwieweit Kirche und christlicher Glaube nicht auch vom je größeren Gott oder vom persönlichen Gewissen her zu relativieren sind, interessiert nicht. Wahrscheinlich würde man sich bereits diesem Begriff verweigern.

Den normalen und zur Bescheidenheit erzogenen Theologen erstaunt der Titel des Dokuments. Es geht um zwei Qualifikationen, die parallelisiert werden; sie lauten Einzigkeit und Heilsuniversalität und werden auf Jesus Christus und die Kirche bezogen. Die Parallelisierung von Einzig(artig)keit und Universalität ist alles andere als selbstverständlich. Einzigartiges braucht nicht universal und Universales braucht nicht einzig(artig) zu sein: Im normalen Wortverständnis schließen sie einander eher aus. Aus dem Text des Dokuments ergibt sich zudem, dass gerade die Zuordnung von Einzigkeit und Universalität umstritten ist, sonst wäre die Erklärung nicht notwendig. Vielleicht ist Jesus einzigartig, angesichts der anderen Religionen aber nicht von universaler Bedeutung? Vielleicht zeigt sich in der christlichen Botschaft universal Gültiges, ohne einzigartig zu sein, weil es zutiefst menschlich ist? Oder genauer gesagt, in einer Epoche wachsender Globalisierung von Information und Gespräch muss die Universalität des – für Christen gewiss einzigartigen – Christus erst noch erwiesen und auf die neuen konkreten Qualitäten des Universalen hin erprobt werden. Oder umgekehrt: Angesichts der erst jetzt erkannten ungeheuren Vielfalt religiöser Angebote, der Heilskonzepte, auch verschiedenster Kirchentümer, muss sich neu und in nie dagewesener Deutlichkeit erweisen, ob, dass oder in welcher Weise dasjenige wirklich einzigartig ist, was der christliche Glaube als universal bedeutsam präsentiert[35]. Zu Recht versteht G. Ebeling Glaubenssätze und Dogmen als »Vorurteile«. Das kann ein Vorteil sein, denn solche Vorurteile gehen aus der Erfahrung hervor, die Christen mit diesem Glauben gemacht haben. Andererseits entsteht daraus eine neue Herausforderung. Wenn sich die Qualität dieses Glaubens nämlich aus der Erfahrung der Glaubenden erweist, dann müssen solche Glaubenssätze immer dann neu bewährt werden, wenn sich Erfahrungszusammenhänge drastisch verändern. Wer vom eigenen Glauben zutiefst überzeugt ist, fürchtet solche Erprobung nicht. Warum also nicht der Aufruf, diese Universalität (und Einzigartigkeit zugleich) nicht einfach vorauszusetzen, sondern neu zu erweisen? Der Begriff der Universalität wurde in einer Epoche dramatischer Globalisierung zu einem höchst undeutlichen Begriff. So hätte es zumindest einiger Begriffsbestimmungen, Unterscheidungen oder einiger Klärungen von Missverständnissen bedurft. Ratzinger hätte sich dabei auf die Frage konzentrieren müssen, welche neuen Inhalte die Frage nach Einzigkeit und Universalität erhalten hat. Seine spätere Verteidigung des Tons des Dokuments trifft deshalb ins Leere. Es gehe um keinen autoritären Stil, heißt es da im Kommentar zur Sache Dupuis, vielmehr gehöre der Ton des Dokuments »zum typischen literarischen Genus jener lehrmäßigen Verlautbarungen«. Ich glaube nicht, dass wir Theologen halbjährlich eine Mahnung über die Gefährlichkeit bestimmter Aussagen nötig haben, auch nicht die erneute Zusammenfassung dessen, was »fest zu glauben« ist; in der Notifikation Dupuis wird es in Punkten festgelegt. Theologie ist in unserer Gesellschaft nur noch dann ein attraktives Geschäft, wenn man der Sache selbst mit Haut und Haaren verpflichtet ist. Deshalb entlarvt dieses »typische literarische Genus« eher das in Rom herrschende schleichende Misstrauen, als dass es einem Geist lebendigen Glaubens entspricht[36].

Noch größere, weil theologisch schon oft durchdachte Schwierigkeiten bereitet vielen Christen die Parallelisierung von Jesus

35 S. dazu E. Schillebeeckx (1975), 527–554. »Nicht-theoretisierbarer, universaler Verstehenshorizont«.

36 Dupuis b, Nr. 6. Die Feststellung der Glaubenskongregation, man befleißige sich keines autoritären Tons, sondern eines lehramtlichen literarischen Genus, wirkt geradezu hilflos. Genau die Fixierung auf dieses Genus, d.h. genau die Unfähigkeit dieser Behörde zur sachbezogenen Kommunikation ist ja das Problem.

Christus und Kirche, wie der Titel nahe legt. Natürlich wird eine solche Aussage unmittelbar als unerhörte Insinuation zurückgewiesen. Ratzinger hat es in seinem ersten Interview unter Verweis auf 1 Kor 8,6 schon getan (Ratzinger 2000d). Doch angesichts der konkreten Aussagen ist unbestreitbar, dass Ratzinger beide Begriffspaare ohne weitere kritische Unterscheidung parallelisiert. Ferner werden die Rede von der Universalität der Offenbarung, von der Einzigartigkeit des Logos und von der Universalität des Heils eingeführt und besprochen, um letztlich die Einzigartigkeit und Universalität der (römisch-)katholischen Kirche zu begründen, als wirke diese inzwischen als das einzige und unersetzliche Bollwerk gegen jede interreligiöse Relativierung des Christentums. Übrigens zeigt das Dokument in diesem Punkt eine erstaunliche Konsistenz. Es wird schwierig sein – wie einige evangelische Theologen und Kirchenleiter es tun – die ersten drei Kapitel zu loben, Kapitel IV zur Kirche aber plötzlich abzulehnen, Kapitel V und VI hingegen vornehm zu übersehen. Eine Lesung wird von Anfang an kritisch sein und zeigen müssen, dass sich Kapitel IV mit einiger Stringenz aus dem Christusmonismus der vorhergehenden Kapitel ergibt.

Genau deshalb ist es unverständlich und für den m.E. ideologischen Charakter des Dokuments bezeichnend, dass Ratzinger den Titel des Dokuments im Nachhinein ganz anders interpretiert. Bei *»Dominus Iesus«* (»Der Herr Jesus«) gehe es um ein Zitat aus 1 Kor 8, 6: »Und einer ist der Herr: Jesus Christus. Durch ihn ist alles …« Ihm sei es also um den Vorrang Jesu vor allem anderen gegangen. Ich vermag es kaum zu glauben. Die Konstitution etwa, die die Zustände der Kurie regelt, heißt: »Christus Dominus«! Solche Titel müssen Bedeutsamkeit und Würde ausstrahlen; oft genug dienen sie der Kosmetik und Selbstbestätigung. Es sind zudem – wie überall bekannt – die ersten Worte des Textes selbst. Aus dem Deutschen erhellt das nicht unmittelbar; der Titel müsste lauten: »Bevor der Herr … [in den Himmel aufgefahren ist]«. Der lateinische Text aber – immer noch der authentische, auch wenn ihm vermutlich eine deutsche Fassung vorausging – beginnt mit den Worten *»Dominus Iesus, antequam in coelum ascenderet …«*. Vom Pathos des Korintherzitats ist da nachweislich nichts zu spüren. Durch solch nachträgliche Interpretationen verliert der Text eher an Glaubwürdigkeit, als dass er sie gewinnt. Die Struktur des Textes treibt also auch auf die Frage zu, wie sich Jesus

Christus und die Kirche zu anderen, wirklichen oder vermeintlich konstruierten Heilsordnungen verhalten.

II. Zum Text

Einleitung: Gefährdung der christlichen Wahrheit (Nr. 1-4)

Das Dokument beginnt im klassischen lehramtlichen Stil; es gibt sich umfassend und unumstößlich. Mit dem Missionsbefehl wird der Diskurs eröffnet; es folgt das Konstantinopolitanische Glaubensbekenntnis in voller Länge; schließlich wird auf die Notwendigkeit des interreligiösen Dialogs verwiesen. Ziel der Erklärung ist die Hilfestellung bei der Lösung der schwierigen Fragen, die daraus entstehen – nicht indem man sich auf theologische Argumentationsgänge einlässt, sondern indem man »die Lehre der katholischen Kirche« erneut darlegt, also nicht, indem man die katholische Lehre angesichts einer neueren Situation weiterentwickelt, sondern indem man die Erinnerung an die bekannten und bewährten, vielleicht aber auch missverständlichen Formeln wachruft. Allerdings sieht Rom aktuelle Gefährdungen, die in massiver Gedrängtheit in einem Abschnitt von etwa achtzehn Zeilen dargestellt werden. Das Problem dieses Szenarios ist, wie schon gesagt, seine Allgemeinheit, seine Undifferenziertheit und seine teils pathetische Sprache. Was etwa soll »die metaphysische Entleerung des Ereignisses der Menschwerdung des ewigen Logos in der Zeit« bedeuten? Ratzinger hat sich dazu in seinem Artikel vom Januar 2000 geäußert; in ein Lehrdokument gehören solche Diagnosen wohl nicht. Was heißt, die Heilige Schrift werde »ohne Rücksicht auf die Überlieferung« und gar ohne »das kirchliche Lehramt« gelesen? Die Leseweisen sind – danken wir es Gott – so vielfältig, dass Schriftverständnis dem Lehramt hoffentlich immer vorausläuft; oder sollte nicht auch das Lehramt die »Schrift atmen«, wie es in der Konstitution über die Offenbarung heißt? Oder was soll die Behauptung bedeuten, das Mysterium der Kirche verliere ihre universale Heilswahrheit oder werde »wenigstens mit einem Schatten des Zweifels behaftet«? Ich weise noch einmal darauf hin, dass die katholischen Theologinnen und Theologen in übergroßer Mehrheit aus kirchlichem Engagement leben und in ihren Gemeinschaften und Gemeinden Gottes Geist erfahren. Man erinnert sich, welche Tonlage in diesem Zusammenhang in *Gaudium et Spes* angeschlagen wird[37], oder wie anders man es von Johannes Paul II. noch im Jahre 1978 hörte: »Fürchtet Euch nicht!«[38] Die Einleitung weckt allgemeine und nicht präzisierte Verdächte; sie macht misstrauisch gegenüber der Theologie im Allgemeinen und sie stimmt auf eine apologetische Gedankenführung ein. Aus einer solchen Grundstimmung kann nur wenig Gutes kommen.

1. Kapitel I: Fülle der Offenbarung (Nr. 5-8)

a) Zum theologischen Kontext

Die Konstitution über die Offenbarung gehört zu den wichtigsten und grundsätzlichen Dokumenten des 2. Vatikanischen Konzils; vermutlich ist ihre langfristige Wirkung bedeutsamer als die der Kirchenkonstitution (Waldenfels). Sie entsprach in der damaligen Situation einem doppelten Bedürfnis.

1. Es galt, die Identitätskoordinaten von Christentum und (katholischer) Kirche neu zu sortieren. Konzentration auf die entscheidenden Quellen des christlichen Glaubens schien geboten. Es ging um die Selbstversicherung, kraft derer das Christentum sich in einer neuen Zeit des Aufbruchs auf eine wahrhaft göttliche Legitimation berufen kann. Auf der Tagesordnung standen – jedenfalls im katholischen Raum – noch nicht die Probleme der Säkularisierung, der Rolle der Frau, nicht die Entdeckung der anderen Religionen, es sei denn des Judentums als Ausgangspunkt und Nährboden des eigenen Glaubens. Die Konstitution über die Offenbarung ergibt also einen schlüssigen Sinn, wenn zur Qualifikation der Einzigkeit, der Fülle und der Endgültigkeit konsequent der Index »gemäß unserer Überzeugung«, »für uns Christen«, »für den christlichen Glauben« oder »gemäß christlicher Erfahrung« eingefügt wird. Dieser Index relativiert nicht, sondern benennt den eigenen Standpunkt, sozusagen den Nullpunkt

37 GS 1: »Freude und Hoffnung, Trauer und Angst der Menschen von heute, besonders der Armen und Bedrängten aller Art, sind auch Freude und Hoffnung, Trauer und Angst der Jünger Christi. Und es gibt nichts wahrhaft Menschliches, das nicht in ihren Herzen seinen Widerhall fände. Ist doch ihre eigene Gemeinschaft aus Menschen gebildet, die, in Christus geeint, vom Heiligen Geist auf ihrer Pilgerschaft zum Reich des Vaters geleitet werden.«

38 Ansprache des Papstes bei seiner Amtseinführung im Oktober 1978.

des gesamten Sinngebungssystems, über das sich das Konzil erneut vergewisserte.

2. Es galt, diese Konzentration und Identifikation in der Neuentdeckung der Schrift zu konkretisieren. »Offenbarung« ist gerade nicht die abstrakt-reflexe Größe, die das relativ späte Kunstwort im Singular suggeriert, sondern eine konkrete Gesamtheit von Worten, Taten oder Texten. In sich sind diese nicht immer eindeutig, aber aus der umfassenden Perspektive christlicher Letztinterpretation schlüssig. Spitze der Neuentdeckung war für die Katholiken in der Mitte des 20. Jahrhunderts eine Entdeckung, die bis dahin als typisch evangelisch galt, dass nämlich die Bibel die einzige Offenbarungsquelle ist. Es gibt also neben der Schrift keine anderen inhaltlich bzw. hermeneutisch unabhängigen Quellen[39]. Es hat sich die Überzeugung durchgesetzt, dass zur Kenntnis der Offenbarung inhaltlich die Bibel mit dem Gesamt ihrer Texte genügt (im Fachjargon »Realsuffizienz« genannt). Ratzinger weist in seinem Kommentar zur Konstitution darauf hin, dass die Bibelbewegung bei vielen Christen schon eine neue Grundeinstellung zur Heiligen Schrift geschaffen habe (LThK, 2. Aufl. Erg. Bd. II, 499). Diese wird von der Konstitution legitimiert und zugleich interpretiert.

Wegen dieser Neuentdeckung der Schrift (nicht wegen der abstrakten Überlegungen zur Offenbarung an und für sich) hatte die genannte Konstitution langfristig ungeahnte Auswirkungen. Sie hat für Kirche und Theologie aufs ganze gesehen eine reinigende Wirkung erzielt, für die Annäherung an die evangelischen Kirchen eine ungeheure Rolle gespielt und – auch Rom muss das zugeben – überall auf der Welt für eine ungeahnte neue Kreativität im Gebet, im öffentlichen Wort und in der solidarischen Praxis gesorgt. Ein Geheimnis dieses Erfolgs speiste sich aus der Entdeckung: Das Lehramt steht nicht über dem Wort Gottes, sondern hat ihm zu dienen (Nr. 10). Gefordert wurde deshalb ein gründliches Schriftstudium (Nr. 25), denn »die Schrift nicht kennen

39 Konkret wurde eine intensive Diskussion zur Frage geführt, ob – gemäß der alten, tridentinisch legitimierten Formel von »Schrift und Tradition« – die Tradition neben der Schrift als weitere, inhaltlich ergänzende Offenbarungsquelle anzusehen ist. Konkret wurde der Streit bei der Frage, ob der Titel zur Apostolischen Konstitution lauten müsse: »Über die Quellen[!] der Offenbarung« (de fontibus revelationis) oder »Über die göttliche Offenbarung« (de divina revelatione). Zum theologiegeschichtlichen Hintergrund: Geiselmann.

heißt Christus nicht kennen«. Auch der Theologie wurde eindrücklich ins Stammbuch geschrieben, dass sie sich als Auslegung der Schrift zu begreifen habe. Das hat sie sich in vielfältiger Weise zu Herzen genommen; von der neuen Kenntnis der Schrift hat sich die Glaubenskongregation wohl nicht ausnehmen wollen. Dies ist aber nur sinnvoll, wenn deren Neuentdeckung auch für das Lehramt heilsame Überraschungen birgt.

Allerdings folgt an diesem Punkt auch die kritische Grenze der Konstitution. In vielen Absätzen ist das intensive Bemühen zu erkennen, Schrift und Tradition, Schriftauslegung und das kirchliche Lehramt so intensiv miteinander zu verknüpfen, dass jede Möglichkeit des Konfliktes, also einer konkreten Vorrangsoption der Schrift gegenüber dem Lehramt, weit aus dem Gesichtsfeld rückt[40]. Beispielsweise wird unter Nr. 7 der Konstitution darauf hingewiesen: »Was Gott zum Heil der Völker geoffenbart hatte, das sollte ... für alle Zeiten unversehrt erhalten bleiben«. Darum habe er »den Aposteln geboten, das Evangelium ... allen zu predigen«. Ein Satz später wird gesagt, das sei »treu ausgeführt worden«. Übersehen wird die Frage, wie und in welcher Weise das geschah, welche hermeneutischen Prozesse des Neuverständnisses, der Erweiterungen und der Verengung sich dabei abgespielt haben. Es sind dies Fragen, die im Jahr 1965 in der wissenschaftlichen Exegese schon durchaus gestellt und verhandelt wurden. Oder es werden in Nr. 9 »Überlieferung« und »Hl. Schrift« einander gegenübergestellt. Obwohl zuvor gesagt ist, dass die Überlieferung in der Schrift ihren Ausdruck findet, werden Schrift und Überlieferung dennoch parallelisiert: »Demselben göttlichen Quell entspringend, fließen beide gewissermaßen ineins zusammen und streben demselben Ziel zu.« Ziel dieser Metapher ist die Harmonisierung von Schrift und Tradition, die von möglichen Konflikten ablenkt und einen sachgemäßen Umgang mit ihnen unmöglich macht. Das dramatische und im kirchlichen Alltag immer neu zu regelnde Verhältnis beider Größen wird im Grunde verdeckt (Knoch). In Nr. 10 wird klargestellt, dass das Lehramt »nicht über dem Gottes stehe«, sondern ihm »dient«. Aus dieser Verhältnisbestimmung werden aber keine Folgerungen für den Fall gezogen, dass sich das Lehramt einmal über das Wort stellt. Auch darauf hätte eingegangen werden müssen, nachdem die

40 Zur hermeneutischen Problematik s. Jeanrond 1991b.

Frage spätestens seit den Zeiten der Reformation eine brisante Bedeutung erhalten hat[41].

Von dieser halbherzigen Hermeneutik her kann sich Ratzinger natürlich auf diese Konstitution berufen. Allerdings hat er damit – zusammen mit der Konstitution – spätere Konflikte programmiert. Wer nämlich dazu aufruft, die Schrift wieder ernst zu nehmen, darf sich nicht wundern, wenn die Schrift später auch an Punkten ernst genommen wird, an denen sie sich der Unterordnung unter ein Lehramt widersetzt oder eine solche Unterordnung ad absurdum führt. Ich erinnere mich noch gut an einen Freund, der von einem Generalvikar zur Rede gestellt wurde: er haben seine Kinder nicht taufen lassen. Unter Berufung auf die Schrift und einen interpretierenden Text von W. Kasper wies er darauf hin, dass vieles in der Schrift auf die Praxis der Erwachsenentaufe deute. Die Antwort des Generalvikars lautete: »Uns interessiert nicht die Schrift, sondern das Kirchenrecht.« Solche Naivität hat verheerende Wirkungen. In den späteren Jahren sind vergleichbare Situationen ungezählte Male auch unter verschärften Bedingungen eingetreten. Sie treten immer neu dann ein, wenn sich Theologinnen und Theologen auf die Schrift berufen und damit in Widerspruch zum späteren katholischen Lehramt und der Tradition geraten. Ein theologisch legitimes Krisensignal wäre gegeben, wenn etwa Schrift und Schriftaussagen, wenn genauerhin der Geist der Schrift im Blick auf die Gegenwart und deren neue Herausforderungen nicht mehr ernst genommen wird (Queiruga, Schoenborn, Steven). Wie sind diese Herausforderungen zu bewältigen? Gibt es Standards, an denen wir die christliche Botschaft messen können? Werden die vielfältigen neuen Ansätze einer zeitgemäßen, methodisch verantworteten Theologie

---

41 Eine der legitimen Gründe für die Kritik von Seiten des Dekonstruktivismus an der traditionellen Hermeneutik ist deren Neigung, sich für harmonisierende und damit konservativ stabilisierende Zwecke missbrauchen zu lassen. Sehr deutlich kann das in der ökumenischen Theologie und in der Praxis vieler ökumenischer Kommissionen abgelesen werden. Zur prinzipiellen Kritik: Chatelion Counet. Voll zuzustimmen ist dieser Kritik bei Definitionen, wie sie in der jüngsten Auflage des LThK (X, 2001, 155f.) zu finden sind. Definiert wird Tradition als »Selbstüberlieferung Gottes durch Jesus Christus im Hl. Geist zu beständiger Gegenwart in der Kirche« (so W. Kasper), ferner als »jenes wesentliche Gottgeschehen, in dem der Mensch kraft der Selbstmitteilung Gottes in der Zeit da ist und jeweils aus den Vorgegebenheiten der Vergangenheit in einem unableitbaren geschichtlichen Freiheitsprozess seine Zukunft gewinnt und so Gegenwart hat« (so Hünermann). Bei so viel Selbstbestätigung, Selbstabschließung und Überreflexion wird das Nachdenken über Tradition schon wieder verzichtbar, weil dessen Resultate, genau besehen, nichtssagend und tautologisch sind.

zur Kenntnis genommen? (Arens, Dalferth, Tracy 1981, 1993) Auf solche Krisensituationen hat die Konstitution aber trotz bester Ausgangspunkte nicht vorbereitet (Möder).

b) Zum Dokument

Wenden wir uns dem ersten Kapitel von *Dominus Iesus* zu. Es nimmt zunächst die Behauptungen des vorhergehenden Abschnitts auf. Es würden, so die amtliche Feststellung, zuweilen »theologische Vorschläge erarbeitet, in denen die christliche Offenbarung ... ihren Charakter als absolute und universale Heilswahrheit verliert oder wenigstens mit einem Schatten des Zweifels und der Unsicherheit behaftet« wird (Nr. 4). Nun müssten solche Behauptungen, wenn man sie einvernehmlich besprechen will, zumindest belegt und konkretisiert werden. Der erste Satz des Kapitels fügt diesem Krisenbewusstsein allerdings eine psychologisierende Variante hinzu. Jetzt ist die Rede von einer »relativistischen Mentalität, die sich immer mehr ausbreitet«. Hier sei Abhilfe zu schaffen, deshalb müsse »vor allem der endgültige und vollständige Charakter der Offenbarung Jesu Christi bekräftigt werden.« Unmittelbar anschließend wird auf den »fest zu glaubenden« Satz hingewiesen: »im Mysterium Jesu Christi ist die Fülle der göttlichen Wahrheit geoffenbart«. Der folgende Mittelteil des Kapitels leuchtet diese Überzeugung und deren Bestreitung in vielfältiger Weise aus. Am Ende von Nr. 5 wird dann eine erste Folgerung gezogen: »Nur[!] die Offenbarung Jesu Christi führt also in unsere Geschichte eine universale und letzte Wahrheit ein.«

Über die Struktur des ersten Satzes mit seinem Krisenbewusstsein ist schon einiges bemerkt. Die Schwierigkeit einer angemessenen Reaktion ergibt sich nicht aus der Tatsache, dass die Unterstellungen schlechthin unrichtig und schlicht beleidigend sind. Sie ergibt sich vielmehr aus der Tatsache, dass fällige Differenzierungen und Problemanzeigen, dass Vorstöße in Neuland und die Konfrontation mit unangenehmen Fragen, dass Versuche neuer Inkulturation und eines verständnisvollen Gesprächs unter der Kategorie »Relativismus« wahrgenommen und abgehakt werden, bevor auch nur ein Halbsatz näherer Interpretation möglich ist. Es gibt sehr viele Theologinnen und Theologen, die im Einsatz für die christliche Botschaft alle Möglichkeiten der Sprache und des Denkvermögens ausloten, aber ihre Positionen, Reflexionen und Hilfeversuche werden von Rom aus als Teil dieser »relativistischen« Mentalität begriffen und angefeindet. Dieser Verdacht bedeutet für sie Unverständnis, Verkennung ihrer tiefsten Intentionen, im Grunde eine Verachtung ihres christlich theologischen Ethos. Wie diese Passage zeigt, haben sich Ratzinger und seine Mitzensoren einige Fragen wohl nie gestellt: (a) Was heißt es, dass die Theologie heute weltweit viele und verschiedenartigste Adressaten hat? Mit traditionell glaubenden Christen wird sie anders umgehen müssen (und gerne umgehen wollen) als mit kritischen Wissenschaftlern, mit diesen wiederum anders als mit Menschen, die in einer säkularisierten Welt groß geworden sind, mit Frauen anders als mit Männern, mit westlichen Menschen wird anders zu reden sein als mit Indern und Indios, mit Afrikanern anders als mit Menschen von der Südsee. (b) Was bedeutet die allgemeine Erfahrung, dass Unsicherheit, Zweifel und Verzweiflung in der Regel nicht durch das Insistieren auf alte Formeln überwunden werden kann, sondern vielleicht dadurch, dass man sie ernst nimmt und durchträgt? (c) Vor allem hat man sich nie der Frage gestellt, dass – unbeschadet aller darin beheimateten Wahrheit – auch die Sprache Roms eine höchst zeitgebundene, begrenzte und androzentrische, zudem eine für Autoritäten anfällige Sprache ist. Letzteres scheint der Hauptgrund für die monolithische, zwingende, geradezu unterdrückende Weise zu sein, mit der Rom redet.

Vor diesem Hintergrund sei auf einige Perspektiven verwiesen, die das Dokument hätte verarbeiten müssen, wenn es im theologischen Diskurs denn ernst genommen werden will.

1. Unter anderen hat P. Eicher vor Jahren dargelegt, wie grundlegend sich der Begriff der Offenbarung in der Neuzeit änderte. Erst jetzt wurde er – wie heute üblich – in der Einzahl verwendet (Eicher). »Offenbarung« ist zum reflexiven, bisweilen inhaltsleeren Kunstbegriff geworden. Er fasst die Gesamtheit dessen zusammen, was, worin und wie Gott sich uns »mitgeteilt« hat. Diesem Begriff ist das Dokument verfallen. Es verwendet »Offenbarung« in einer Weise, die die alte Überzeugung geradezu ausschließt, dass Gott auch in seinen Offenbarungen, d.h. in seinen vielfältigen Mitteilungen und Begegnungen sein Geheimnis wahrt, sich also nie »ganz« und als solcher offenbart. Überdies wurde über Jahrzehnte hin die Frage diskutiert, wie Gottes »Selbst-mitteilung« zu verstehen

sei (Seckler 1985, Rahner 1976): nicht als Mitteilung semantischer Inhalte, nicht einfach als eine Mitteilung zeichenhafter Wirklichkeit, sondern eher als eine Selbstübergabe, mit der er oder sie sich selbst in unsere Hände begibt. Gerade die letzte und weithin akzeptierte Konzeption lässt völlig unverständlich werden, warum im Dokument als letzte Folgerung stehen kann, nur die Offenbarung Jesu Christi führe ein in eine »Letzte Wahrheit, die den Verstand des Menschen dazu herausfordert, niemals stehenzubleiben«. Gehört denn dieser Appell »niemals stehenzubleiben«, nicht zu den Grundforderungen einer jeden großen Religion? Es ist geradezu mit Händen zu greifen, dass ein Begriff wie »Letzte Wahrheit« nie endende Verstehensfragen herausfordert, dies auch außerhalb des religiösen Bereichs. Pikant ist in diesem Zusammenhang das Engagement Ratzingers für Fatima, dessen Geheimnissen Ratzinger prophetischen Charakter zuschreibt und womit er gegen sein eigenes Ausschließlichkeitskonzept von Offenbarung verstößt, indem er nämlich – gemäß gängiger Sprachregelung – zwischen »öffentlicher Offenbarung« und »Privatoffenbarung« unterscheidet. Immerhin wird dort die Privatoffenbarung als »eine Hilfe« zum Glauben umschrieben; sie erweise sich gerade dadurch als »glaubwürdig«, dass sie »auf die eine, öffentliche Offenbarung verweist« (Fatima, Kommentar Nr. 2). Allerdings sieht sich der Opponent von vornherein im Nachteil, denn Ratzinger begreift auch solcherart Fragen unmittelbar als »relativistische Mentalität«. Gerade angesichts der neuen interreligiösen Situation wäre entweder der Begriff der göttlichen Selbst-Mitteilung konsequent anzuwenden oder der alte Sprachgebrauch von »Offenbarungen« wieder ernst zu nehmen. Im ersten Fall ist unbestreitbar, dass Gott sich den Menschen nicht nur im Rahmen des christlichen Glaubens mitteilt, im zweiten Fall wird das Bewusstsein wieder wach, dass Gott sich in der Menschheit auf vielfältige Weise mitgeteilt hat und wohl immer wieder mitteilt.

2. Was meinen Ausdrücke wie »unüberholbar«, »erfüllt und abschließt«, »in vollendetster Weise«, »endgültige Selbstoffenbarung«? Nirgendwo gibt sich das Dokument Mühe, solche komplexen Worte auch nur annähernd zu erklären, vor Missverständnissen zu schützen oder auf solche hinzuweisen. So

etwa kann eine »endgültige« Offenbarung endlos viele Interpretationen herausfordern; in einer geschichtlichen Perspektive kann dasselbe vielleicht nur dann seine Identität bewahren, wenn es in veränderten Kontexten seine Sprachhandlungen und Inhalte ständig ändert (Schillebeeckx 1983). Auch versucht das Dokument nirgendwo zu zeigen, dass die »Offenbarung« immer neu zu verstehen, auszulegen, zu vollziehen ist. Schließlich kann »Offenbarung« wohl kaum als objektives Konstrukt verstanden werden, als stecke es objektiv und bedingungslos in bestimmten Buchstaben. Sie beinhaltet in jedem Fall einen Prozess, der immer auf Menschen bezogen ist und nur so zur aktuellen Offenbarung wird. In diesem Sinn trägt die Rede von einer einmaligen und endgültigen, definitiv verbürgten Offenbarung immer ein verkürzendes Element in sich. Endgültigkeit erweist sich nur als ein immer neues Geschehen. Sie kommt nur dann in den Blick, wenn auch die sprachlichen, rituellen oder ethischen Angebote anderer Religionen beachtet werden. Nicht das Bestehen auf einer göttlichen Objektivität belebt Theologie und Seelsorge neu, sondern der Umgang mit je gegebenen Zweifeln sowie die Entdeckung, dass diese Offenbarung immer in geschichtliche, hermeneutische und existentielle Prozesse verstrickt bleibt. Von solchen Erfahrungen ist in Ratzingers Dokument nichts zu spüren.

3. Ist »Offenbarung« ein archivarisches Sediment oder ein relationaler Prozess, ein Begriff der festgelegten Semantik oder der kreativen Erfahrung oder des Sprachhandelns? Es ist inzwischen gängige Überzeugung in der Theologie: Wer von Gottes endgültiger Offenbarung, von der Einzigkeit Jesu Christi oder von dem Einen redet, der vor Abraham ist, gibt keine theoretisch erarbeiteten Überzeugungen wieder, sondern das Ergebnis glaubender Erfahrung. Wer Jesus als »Weg, Wahrheit und Leben« erkennt, macht damit noch keine objektive Aussage über Wege, Wahrheit und Leben anderswo. Unbedingter Glaube an die christliche Offenbarung schließt die Suche oder Entdeckung von Wahrheit an anderem Ort nicht aus. Glaubenswahrheiten sind immer in Kontexte und konkrete Erfahrungen eingebettet. Es sind Beziehungswahrheiten; nur in dieser Relativität erhalten sie unbedingte Bedeutung. Auch von solchen hermeneutisch gängigen Überle-

gungen ist bei Ratzinger nichts zu spüren. Vielleicht spricht das für Ratzingers persönlichen Glauben. Für ihn gilt die Unbedingtheit einer Aussage, die so sehr in die Erfahrung des eigenen Standhaltens und eigener Identität eingebunden ist, dass eine mögliche Relativität im Blick auf andere vielleicht nicht in den Blick kommt (Pruyser, Winnicot). Für die je persönliche Identität und Stabilität mag das unter Umständen gut sein. Für die Kommunikation und Gemeinschaftsfähigkeit des Glaubens gilt das jedoch nicht. Es gibt übrigens neben der Sprache des Glaubens die Sprache der Liebe, deren intensive Verwandtschaft nicht zu unterschätzen ist. Wenn ich etwa mit voller Überzeugung sage, meine Ehefrau und Lebensgefährtin sei die beste Person der Welt, dann ist das völlig ernst gemeint und bedarf – als Bekenntnis meiner Beziehung – keiner weiteren Erklärung. Zugleich schließe ich damit dieselbe Aussage einer anderen Person über ihren Partner nicht aus. Ebenso sinnlos wäre die – logisch konsequente – objektivierende Folgerung, es gebe also viele »beste« Personen und dies zeuge von Relativismus. Nicht zu vergessen ist, dass die Sprache des Glaubens in ihrem Ursprung den Gestus der Anrede kennt und im Zweifelsfall der Interpretation auf ihn zurückgreifen muss[42].

Dies gilt auch für Kapitel VI, wo vom Verhältnis des Christentums zu anderen Religionen gesprochen wird. Ähnliches ist zum Gehorsam des Glaubens (Nr. 7) und zur Inspiration der Bibel zu sagen, die nach Ratzinger die Inspiration anderer Schriften ausschließt (Nr. 8). Dabei wäre es doch auch für ihn ein Leichtes, sich der inspirierenden Kraft anderer Schriften zu versichern. Warum eigentlich kann nicht sein, was nicht sein darf? Letzteres wurde in der Theologie übrigens nie geleugnet, aber Ratzinger gibt der Frage eine Lösung, die – von den Fachleuten »inklusivistisch« ge-

42 Veranschaulichen lässt sich dies im Vergleich der Perikope von der Taufe Jesu bei Markus/Lukas und bei Matthäus. Gemäß der ursprünglichen Form ruft die Stimme von oben im ersten Fall: »Du[!] bist mein geliebter Sohn …« (Mk 1,11; Lk 3,22). Bei Matthäus wurde der Anruf schon auf die Bedürfnisse von Bekenntnis und Lehre in der Gemeinde umorientiert; aus der Anrede wird Information: »Das[!] ist mein geliebter Sohn …« (Mt 1,17). Nachdem solche Transformationen der Sprachhandlung – im Blick auf die u.a. expressiven und referentiellen Aspekte – in der Linguistik gut untersucht sind, wäre es reizvoll und fruchtbar zu zeigen, wie in *Dominus Iesus* alle Bekenntnisaussagen und die entsprechenden Schriftzitate ihren ursprünglichen pragmatischen Zusammenhängen entnommen und als kontextfreie Informationen rein semantischer Art benutzt werden.

nannt – heute kaum mehr überzeugte Anhänger findet. Zu trickreich hört sich die Lösung an: »Die heiligen Bücher anderer Religionen, die faktisch das Leben ihrer Anhänger nähren und leiten, erhalten also vom Mysterium Christi jene Elemente des Guten und der Gnade, die in ihnen vorhanden sind.« Diese Antwort, die in ihrer Struktur später noch einmal auftaucht (Nr. 14 und 21), sei hier nicht banalisiert. Aber man wird doch bemerken dürfen, dass sie konkret denkenden Menschen einige intellektuelle Mühe bereitet, vielleicht nur deshalb, weil Ratzingers Argumentation verschiedene Sprachebenen – die Ebene empirischer Wahrnehmung und die Ebene subjektbezogener Deutung – vermengt. Warum denn sollten solche Schriften nicht in sich inspiriert und aus sich selber inspirierend sein? Vielleicht wird mit solchen Theorien doch nur ein Vorrang des Christlichen verteidigt, den es faktisch eben nicht gibt, der aber aus institutionellen Interessen aufrecht zu erhalten ist.

c) Die vielen Erfahrungen und die eine Wahrheit

Im ersten Kapitel wird im Grunde die Frage verhandelt, ob und wie es eine, genauerhin: die eine, von Gott gegebene Wahrheit geben kann. Ist sie angesichts unserer vielfältigen Welt so überhaupt möglich? Wie sollen wir uns diese Einheit vorstellen oder denken? Nun ist diese Frage theologisch vielleicht interessanter und drängender, als das Dokument erkennen lässt. Das Hauptproblem des Dokuments besteht ja darin, dass die konkreten, die täglich in Praxis und Theorie drängenden Fragen überhaupt nicht gesehen, geschweige denn genannt werden (Kühn, Oberhammer, Schreiter 1992). Natürlich gehen wir – sagen wir: Christinnen oder Christen und Theologinnen oder Theologen im Alter von mindestens 45 Jahren – von einem Ideal und von einer Sehnsucht aus, die unser Leben lange Zeit geprägt hat: Es gibt eine Wahrheit, und diese eine Wahrheit erfahren wir als von Gott gegeben. Die großen theologischen Entwürfe, seien sie von Augustinus, von Thomas von Aquin oder Martin Luther, von G. W. F. Hegel oder F. Schleiermacher, von R. Guardini oder P. Tillich, von K. Barth oder K. Rahner – alle diese großen theologischen Entwürfe haben ihren Anhängern ja das Gefühl gegeben, dass es so etwas wie eine umfassende, eine alles überwölbende, zutiefst philosophische, zugleich aber göttliche Wahrheit gibt. Darin haben sich über viele Jahrhunderte hin Glauben und Verstehen in faszinierender Weise gefunden. Das ist das Ideal auch der päpstlichen Enzyklika über das Verhältnis von »Glaube und Vernunft« vom 14.9.1998, und das ist wohl die spannende Erfahrung, aus welcher der Kardinalpräfekt der Glaubenskongregation seit seiner frühen Theologenzeit lebt. Sie hat sich bei ihm wohl mit der Erfahrung einer liturgisch lebendigen und heilenden Kirchenrealität verbunden. Das gibt seinem theologischen Konzept bis zum heutigen Tag vielleicht eine unerschütterte, wohl auch unerschütterliche Beständigkeit, wir können ihm dazu nur gratulieren.

Nur haben sich solche Erfahrungen inzwischen zur Erfahrung von westlichen und klerikalen Eliten verengt. Sie entfalten einen gefährlich beengenden Zwang, wenn sie als Ideal aufgedrängt werden. Denn genau diese eine heile Welt ist – ob wir Christen es wollen oder nicht – zerbrochen. Die neue Welt mit ihren rasanten und zugleich paradoxen, äußerst widerspruchsvollen Entwicklungen zeigt sich zumindest in einer Buntheit und Vielfalt, die der Hellenist oder Thomaner, der Hegelianer oder Anhänger Schleiermachers, der Barthianer oder Rahnerianer (Mann oder Frau) als Fragmentierung erlebt. Allerdings liegt der Grund dafür nicht unbedingt bei Thomas oder Klemens von Alexandrien, bei Rahner oder Karl Barth, denn natürlich haben wir auch diese theologischen Universalentwürfe immer schon von einem Ideal universaler Einheit und Einzigkeit aus betrachtet, die der Neuzeit eigen sind. Die Brüche bei Augustinus, die Ungereimtheiten in der Aristotelesrezeption des Thomas oder die unverständlichen Eruptionen bei Luther, auch die Gegensätze im Neuen Testament, dies alles haben wir längst verdrängt. Die großen Entwürfe faszinierten uns, weil sie das Bild der Einheit und Universalität auch zuließen, vielleicht als Illusion sogar provozierten. Denn jede Kennerin und jeder Kenner der Materie gestehen auch zu, dass diese Einheitsmodelle oft mehr die Folge unserer Sehnsüchte als das zwingende Ergebnis unserer Konzepte sind. Eines nämlich war immer schon klar: Einheit und Universalität sind abstrakte Begriffe, und so sehr wir Gott als den einen Schöpfer der einen Welt begreifen, so wenig kann er *in* seiner Einheit begriffen und dargestellt werden, nicht ohne Grund gilt die Trinität als Geheimnis im theologisch strengen Sinn. Gerade Einheit und Universalität zwingen uns dazu, Vielfalt zuzulassen und zu besprechen.

Wie steht es mit der jüngeren Generation? Es ist keine Frage: Ihr Zugang zur Wirklichkeit ist, pauschal gesprochen, nicht mehr im

Ideal der einen Universalität verwurzelt, sondern in der Erfahrung von Vielfalt und Gegensätzen, von ständiger Überschreitung und Abbrüchen, von der Fülle verschiedenster (individueller und kollektiver, kulturell überlieferter und neu zu erarbeitender), oft gegensätzlicher Erfahrungen. Dies sei hier aus neutraler Perspektive vermeldet. Dass dabei die Faszination der Fülle und die ungeheure Last der Orientierungslosigkeit einander die Waage halten, ist nicht zu verdrängen.

Für Glaube und Theologie sind deshalb neue Aufgaben zu entdecken. Wer sich dem Wahrheitsanspruch des christlichen Glaubens stellt, hat sich zu fragen, was Einzigkeit und Universalität in der Dimension des Glaubens heute bedeuten. Nicht die Sache an sich ist das Problem, sondern deren Konkretheit, nicht die universale Dimension, sondern deren Fragmentierung, nicht kontinuierliche Entwicklung, sondern neue Aufbrüche. Es gibt nicht nur die überraschenden Entdeckungen neuerer, kritischer und zugleich inspirierender Schriftinterpretationen, man denke nur an die feministische Theologie (Schüssler-Fiorenza 1988, 2000), sondern auch die unerwarteten Perspektiven eines neuen Schriftverständnisses, das sich aus der Begegnung mit anderen Religionen und religiösen Bewegungen ergibt (Hemplmann). Neuere Hermeneutik spricht in diesem Zusammenhang gerne von den »großen« und den »kleinen« Geschichten. Die »große« Geschichte berichtet von dem Weltganzen insgesamt. Als Mythos oder als Schöpfungserzählung umfasst sie alles, Beginn und Ende zugleich; der Einzelne mag sich darin aufgehoben fühlen, oft geht er darin unter. Die eine »große« Geschichte des Christentums kennt die eine Wahrheit und den kosmischen Christus, den Zusammenhang von Weltentstehung und Apokalyptik, von Sündenfall und Letztem Gericht, mit Christus als entscheidender Mitte. »Offenbarung« gerinnt dann zum einen und umfassenden Weltgeschehen, und »Erlösung« will dann sagen, dass ich schlechthin erlöst bin; Details sind nicht mehr so wichtig. Die »kleinen« Geschichten hingegen berichten vom Hier und Jetzt, das sich heute anders darstellt als morgen. Sie wissen von einer Einzelerfahrung, die mein Mitmensch in anderer Weise machen muss. Sie können mit der Erfahrung eines einzelnen Gleichnisses leben, während für andere ein Wort der Tora gilt. Sie stellen fest, dass ein Thai »Buddha« nennt, was für mich mit »Christus« gemeint ist.

Ist das vom Übel oder für Christen gefährlich? Ich kann es mir nicht vorstellen. Man lese doch die synoptischen Evangelien: Geschichte um Geschichte, Gleichnis um Gleichnis, Jesuswort um Jesuswort, und die Bibel insgesamt: Enthüllungen um Enthüllungen, Gottesbilder gegensätzlichster Art und Moralvorstellungen, die kein Mensch der Welt zusammenbringt (Miles). Es sind noch »Offenbarungen« mit ihren verschiedensten Aspekten: präsentiert als verbindliche »Mitteilung« (»Ich bin, der ich da bin«) oder als überwältigende Erfahrung (die Mauern Jerichos stürzen ein), als unscheinbares Geschehen (Gott im leisen Wind) oder als ambivalentes politisches Ereignis (das Großreich Davids) und schließlich als ein Bericht, dessen historische Korrektheit irrelevant wird (Exodusbericht) oder als ein Bericht, von dessen historischem Kern alles abhängt (Jesu Tod am Kreuz). Es gibt nach biblischem Sprachgebrauch nicht »die Offenbarung«, sondern »Offenbarungen«, »Gesichter« und pfingstliche Träume (Apg 2,17), am Ende der Zeiten vielleicht die große »Apokalypse«, wofür etwa die neutestamentliche »Offenbarung des Johannes« einen Vorgeschmack bietet.

Es ist unbestritten: Der Charakter des Fragmentierten und des Fragmentes, der Verzettelung, vielleicht sogar der Wahrheitsfetzen wird in der heutigen Zeit als besonderes Problem erfahren. Wir leben in einer Kultur, die zumindest den Anschein gibt, als löse sie sich auf. In Wirklichkeit formt sie sich zutiefst um; vielleicht geht vieles unter, um Neuem Raum zu geben. Das schafft neue Probleme und zwingt uns, die neuzeitliche Idee von der einen, universalen Wahrheit neu zu durchdenken. Dass das seine Auswirkungen auf theologisches Denken hat, ist unbestritten. Gerade die christliche Theologie mit ihrer jahrhundertelangen Verwobenheit in philosophisches Denken kann dabei einen unersetzlichen Beitrag leisten. Deshalb hat es kaum Sinn, den Verlust der Einheit zu bedauern und auf überholten Konzepten zu insistieren. »Einheit in Vielheit«, das ist eine Losung, die nicht nur für das konkrete Zusammenleben, sondern auch für die Suche nach der einen orientierenden Wahrheit und Offenbarung gilt. Im Dokument ist für diese Fragestellung keine Hilfe zu finden.

Vor diesem Hintergrund ist auch die Frage neu zu beantworten: Was bedeutet es, dass die Zeit erfüllt, die Offenbarung endgültig, Gottes Zusage an die Welt vorbehaltlos an uns ergangen ist? Vermutlich tun wir gut daran, gemäß der ursprünglich biblischen Botschaft nicht an der Kategorie von einer Wahrheit festzuhalten, die abstrakt von oben kommt, sondern neu auf die Kategorie der Zeit zu achten, wie das am Beginn des Christentums der Fall war. Bald werden Leserin und Leser dann auf die offene und beunruhigende Bedeutung dieses Begriffs stoßen: Zwar ist mit Jesus die Zeit erfüllt; dennoch ist Gottes Reich erst verborgen anwesend. Mit Jesu Auferweckung beginnt zwar der neue Äon; dennoch warten wir auf die Wiederkunft Christi. Der Kunstbegriff des »Eschatologischen« – warum gelang es noch nicht, ihn einzudeutschen? – hat einen zwiespältigen Zeitindex, nämlich »schon« und »noch nicht«. Für eine Rationalität, die klare eindimensionale Folgerungen liebt, ist das ein Problem. Ratzinger muss sich fragen lassen: Verteidigt er nicht eine Theologie des Endes, die das »noch nicht«, den letzten Vorbehalt von Erkennen und Orientierung also, vernachlässigt? In einer solchen Theologie wird das Konto des wirklichen Endes überzogen. Nicht ohne Grund macht Ratzinger das Johannesevangelium – im Zuge einer langen triumphalen Geschichte – zu seinem wichtigsten biblischen Zeugen. Nicht ohne Grund lässt er die Relativierung durch andere Evangelien nicht zu. Dass solche Vollendungstheologie aber der angemessene oder gar zwingend durchzusetzende Interpretationsrahmen der gegenwärtigen Epoche sei, ist mit Fug und Recht zu bezweifeln. Die Zeit der großen Völkerwallfahrt nach Jerusalem hat noch nicht begonnen; Rom mit seiner Verführung durch geistliche Macht wäre dafür nicht der geeignete Ort.

2. Kapitel II: Der fleischgewordene Logos (Nr. 9-12)

Es bedarf intensiver Lektüre, will man Inhalt und Stoßrichtung des zweiten und des dritten Kapitels sachgemäß unterscheiden. Die beiden Kapitel hängen eng zusammen und stehen beide in einem, traditionell gesprochen, christologischen Bezugsrahmen. Allerdings wirkt sich in dieser Gliederung die traditionelle Doppelung des Christusgeheimnisses in eine menschliche und in eine göttliche Seite aus. Gemäß seiner »menschlichen Natur« ist Jesus Christus ein jüdischer Mann, Kind seiner Zeit, vielleicht Sohn eines mittelständischen Handwerkers, vielleicht Mittelpunkt einer Bewegung von verarmten Fischern, vielleicht ein mittelloser charismatischer Bauer (v. Tilborg). Gemäß seiner »göttlichen Natur« ist er dagegen die zweite Person der göttlichen Trinität, ewiger Logos, mitbeteiligt an der Schöpfung der Welt, Vollzieher des Heilswerks im Abstieg zur Erde, die nicht zu seiner Heimat wird und im Rückgang zum Himmel, dem zeitüberhobenen Ort Gottes. Keine der genannten Perspektiven ist einfach Unsinn, aber die gegenseitige Zuordnung von Oben und Unten, des Göttlichen und des Menschen, diese – bislang metaphysische – Zuordnung bildet das gegenwärtige Problem.

Der Einstieg ins zweite Kapitel wird von der Perspektive der »göttlichen Natur« bestimmt. Dabei nimmt das Dokument den Logos von vornherein schon als den Fleischgewordenen in den Blick. Insofern greift Kapitel II immer schon auf das folgende Kapitel voraus. Zwar könnten – in der Regel jedenfalls – »westliche« Leserinnen und Leser der Gedankenführung der beiden Kapitel in umgekehrter Folge wohl besser folgen. Damit allerdings zeigen sie in den Augen unseres Glaubenslehrers aber nur, wie bedenklich sie sich schon vom metaphysischen Denkrahmen der offiziellen Christologie entfernt haben. Nur wer »von oben« her denkt, kann den Abstieg des Heils in die Welt gut begreifen. Wer dagegen »von unten« beginnt, wird – ganz im Sinne K. Barths – dem Aufstieg des Begreifens nie ganz folgen können. Es geht also im zweiten Kapitel darum, dass das von Gott gegebene Heil umfassend und ohne jeden Vorbehalt als das im Logos und in dessen Fleischwerdung gegebene Heil verstanden und geglaubt wird.

a) Zum theologischen Kontext

Im zweiten Kapitel werden drei Gesichtpunkte besprochen und – prinzipiell, nicht bloß zufällig oder aus faktischen Gründen – miteinander verwoben. Es geht darum, dass (nur) Jesus der Sohn des Vaters ist (Nr. 10), dass es deshalb nur eine universale Heilsordnung gibt (Nr. 11), dass es deshalb auch keine Heilsordnung des Geistes gibt, die die Heilsordnung des Sohnes überschreitet (Nr. 12). Es bedarf hier keiner weiteren Illustration für die Tatsache, dass der erste der genannten Gesichtspunkte (Nr. 10) in den vergangenen Jahrzehnten in der Theologie und in den Kirchen des Westens bisweilen heiß diskutiert wurde. Allerdings bedarf die Feststellung einiger Präzisierungen.

1. Die klassischen dogmatischen Sprachregelungen kirchlicher Christologie wurden auf dem 2. Vatikanischen Konzil als selbstverständlich vorausgesetzt und in zahllosen Argumentationen und Darlegungen zum Ausgangspunkt genommen. Man findet das klassische christologische Modell in den gro-

ßen Dokumenten zur Offenbarung, zur Kirche und zur Liturgie sowie zur »Kirche in der Welt von heute«; es wird im Ökumenismusdekret und im Dekret zum Verhältnis von Christentum und Weltreligionen vorausgesetzt. Gerade deshalb wurde die Christologie auch nirgendwo in kritischer oder selbstkritischer Absicht diskutiert, auf ihre Voraussetzungen, genaue Interpretation oder auf mögliche Missverständnisse hin in den Blick genommen. Wer sich in Sachen Christologie also auf das 2. Vatikanische Konzil beruft, muss sich dieses Ausgangspunktes bewusst sein. Innovative Schritte hat es nicht gesetzt, deshalb sind für den Fortgang der Diskussion keine direkten Impulse zu erwarten.

2. Die späteren, zum Teil leidenschaftlich geführten christologischen Diskussionen vor allem der siebziger Jahre führten immer zu einem asymmetrischen Verhältnis. Die angefeindeten Theologen (etwa Küng und Schillebeeckx) akzeptierten nie, was ihnen von kirchenoffizieller Seite vorgeworfen wurde, dass sie nämlich die Grundaussagen der klassischen Christologie leugneten. Küng etwa wurde die Leugnung der Gottessohnschaft mit dem Argument vorgeworfen, er habe sich zu ihr nirgendwo ausdrücklich bekannt. Deshalb geriet für die Betroffenen der Streit um die Christologie bald zu einem Streit um die Kompetenz der Interpretation. Die kirchenoffiziellen Stellen beanspruchten zu wissen, was die Betroffenen meinten; diese aber fühlten sich von ihren veränderten Voraussetzungen her missverstanden. Diesen Kompetenzanspruch gaben Rom und nationale Bischofsgremien nie aus der Hand; so wurde die Auseinandersetzung von offizieller Seite aus monologisch geführt. Die Folgerung aus jenen Auseinandersetzungen kann also nur lauten: Ein Fortschritt in den Diskussionen ist nur als Streit um die Voraussetzungen zu erwarten. Zu klären sind philosophische und methodische Gesichtspunkte, die den christologischen Aussagen, streng genommen, vorausgehen[43]. Für die Vertreter einer Christologie »von unten« standen konkret immer das hermeneutische Gewicht der Schrift sowie die Beurteilung

43 Zu neueren Entwicklungen: Haight, Häring (1999b). Die Diskussionen um die Entwürfe von L. Boff, H. Küng und E. Schillebeeckx (um nur drei Wortführer zu nennen) sind noch nicht abgegolten, nachdem sie einseitig abgebrochen wurden.

der Hellenisierungsprozesse in den ersten Jahrhunderten zur Debatte. Welches Gewicht hat also eine Christologie neutestamentlicher Schriften, in die die Voraussetzungen hellenistischer Philosophie noch nicht eingegangen sind? Es ging also nie darum, wie gerne unterstellt wird, mit dem Glauben an Jesus Christus zu brechen oder ihn auf geringeres Maß zu reduzieren, sondern um eine genauere Unterscheidung zwischen dem unaufgebbaren Glaubens-Kern und einer veränderlichen Glaubens-Form. Gemeint ist mit diesen (wie immer missverständlichen) Metaphern eine Differenzierung zwischen einer Glaubenssprache, wie sie sich auf Grund der ursprünglichen Zeugnisse vor veränderten kulturellen Kontexten nahe legt, und einer Glaubenssprache, wie sie bislang (und unter den kulturellen Voraussetzungen des Hellenismus) als einheitsstiftende Sprachregelung in großen Teilen der Gesamtkirche gültig war.

3. Anders verhält es sich mit Äußerungen etwa der Befreiungstheologie (die inzwischen in die dritte Generation gekommen ist) und asiatischer Theologien. Sie nehmen in ihren Re-konstruktionen des Christusglaubens gegenüber der klassischen Christologie oft eine versöhnlichere Haltung ein; die klassischen Sprachregelungen werden oft als fruchtbar und inspirierend übernommen. Der Grund scheint mir darin zu liegen, dass diese Theologien nicht von der unmittelbaren Analyse semantischer Inhalte ausgehen, sondern von eindeutigen Kontexten einer solidarischen oder kulturell differenten Praxis. Wer etwa aus der täglichen Bedrohung des eigenen Lebens lebt und sich für seine Leidensgenossen im Kampf um Leben und Tod einsetzt, wird die Auferstehungsbotschaft sehr gut verstehen, ohne sich mit naturwissenschaftlichen Verstehensfragen eines »Auferstehungswunders« zu beschäftigen. Aber auch diese Beobachtung führt zu einer anderen, vielleicht noch gefährlicheren Asymmetrie. Zwar werden traditionell christliche Aussagen von anderen kulturellen Kontexten her nicht geleugnet, aber je eigenständiger sich christliche Gemeinden in diesen neuen Kontexten bewegen, umso nachdrücklicher werden dieselben Inhalte in andere Worte (Symbole, Geschichten, Utopien) gekleidet. Wenn dieser Prozess nicht mit einer verständnisvollen und inklusiven Hermeneutik begleitet wird, bricht das Gespräch

bald völlig ab, was noch schlimmer ist als ein zünftiger Streit.

4. Vor diesen Hintergründen kann die Symbolwelt der Inkarnation und eines dreifaltigen Gottes durchaus eine neue und wichtige Funktion erhalten. Nicht ohne Grund hat vor diesem Hintergrund das Nachdenken über den Dreifaltigen Gott auch einen neuen Auftrieb erhalten (Jeanrond 2001). Dieses sollte aber keineswegs als provinzielle Selbstbestätigung althergebrachter westlicher Theologiebildungen durchgeführt werden. Solange diese genannten Zusammenhangfragen nicht intensiv geklärt werden, besteht die Gefahr eines Rückfalls in ein Denken, dass sich dem Anspruch der Schrift entzieht[44]. Vielmehr ist bei dieser Reflexion genau die Frage von Universalität und Partikularität im Blick zu halten (Assmann) und auf das Verhältnis von Christentum und anderen Religionen zu beziehen (D'Costa).

Nicht ohne Grund behandelt das Dokument den zweiten der genannten Gesichtspunkte (Nr. 11: eine universale Heilsordnung) nur kurz und im Grunde sehr unscharf. Soweit ich die theologischen Diskussionsgänge übersehe, wird die These »Es gibt zwei oder mehrere Heilsordnungen« von Rom aus eher vermutet als konstatiert und als eine mögliche Konsequenz des ersten Gesichtspunkts befürchtet. Allerdings sind solcherart Diskussionen zumindest atmosphärisch nicht von der Hand zu weisen. Buddhistische oder hinduistische Ausgangspunkte wecken natürlich viel Sympathien für den Gedanken, dass Gott neben der christlichen Heilsordnung noch eine weitere, nämlich eine umfassende Heilsordnung ohne Bedingungen kennt. Die Polarität von einerseits vorbehaltloser Universalität hinduistischen Ursprungs und andererseits christlicher Partikularität monotheistischen Zuschnitts drängt sich nämlich mit dem beginnenden interreligiösen Gespräch immer nachdrücklicher auf. Alle bisherigen Lösungen der

44 Das scheint bei Greshake der Fall zu sein, dessen Trinitätslehre jeder biblischen Verankerung entbehrt. Im dürftig schmalen Paragraphen über die »ersten Entwicklungen des trinitarischen Glaubens« (51–59) bleibt es bei höchst vagen Hinweisen, darunter die Nennung von sechs Schriftstellen, von denen drei dem Corpus des Johannes zuzuordnen sind. Dass übrigens Küng behauptet habe, »die Trinität« sei »eine ›hellenistische Formel‹«, ist blanker Unsinn. Vielmehr setzt er sich an der von Greshake missverstandenen Stelle mit dem hellenistischen Begriffsapparat der klassischen Trinitätslehre auseinander (a.a.O. 52, Anm. 17). Es müsste auch Greshake klar sein, dass Küng und andere immer sauber zwischen Inhalt und Sprach- bzw. Denkgestalt unterschieden haben.

katholischen Theologie[45] werden angesichts anderer Religionen (ihrer Anschauung und konkreten Erfahrung) neu zur Diskussion gestellt. Radikal neu ist die Problemstellung allerdings nicht, denn schon in der Konzilskonstitution über »die Kirche in der Welt von heute« wurde die Rede vom Heil sehr optimistisch und weltfreudig interpretiert. Diesen weltoptimistischen Duktus haben Vertreter der *Nouvelle théologie* seit den fünfziger Jahren in die theologische Diskussion eingeführt; sie haben bis heute Nachfolger erhalten. Symptomatisch dafür ist eine Losung, die etwa E. Schillebeeckx gerne verwendete: »Außerhalb der Welt kein Heil«. Zu nennen sind natürlich auch all diejenigen, die dieses Heil der Welt in kritischer Weise, aber grundsätzlich auf diesem Verstehensniveau reflektieren. Gemeint sind die Vertreter der »politischen Theologie«.

Der dritte der genannten Gesichtspunkte (Nr. 12: Heilsordnung des Geistes) wendet den Blick auf neuere Theologien, etwa auf Vertreterinnen der feministischen Theologie und asiatischer Theologien. Hier wird in den vergangenen beiden Jahrzehnten dem Heiligen Geist in der Tat immer mehr Aufmerksamkeit geschenkt. Dafür gibt es vier Gründe und Konkretisierungen.

Erstens: In den vergangenen Jahrzehnten ist die Überzeugung gewachsen, dass seit etwa dem dritten Jahrhundert die klassische Christologie das Logos-Modell des Johannesprologs einseitig bevorzugt hat, das sogenannte Geist- oder Weisheitsmodell hatte das Nachsehen. Ein prominenter Vertreter dieser Richtung ist P. Schoonenberg, der das Modell einer Geist-Christologie unter akribischer Berufung auf die frühe Vätertheologie rekonstruierte (Schoonenberg). Die Kritiker solcher Neuansätze lassen sich stark vom herrschenden Konzept der Logos-Christologie leiten. Sie fürchten zu Unrecht, es komme zu einer Aufspaltung von partikularer Christozentrik und einer universalen Geistzentrierung. Natürlich sind diese Neuversuche stark vom Vorwurf geprägt, eine Logos-Christologie habe partikularistisch zu verengten Heilskonzeptionen geführt. Aber dieser Vorwurf ist als Kritik, nicht als Ziel der Christologie gedacht. Auch hier spielt die Asymmetrie

45 Beispiele dafür sind: der »ordentliche« und der »außerordentliche« Heilsweg, die Theorie vom »anonymen Christen«, die Frage der Erlösung aller, die vor Christus gelebt haben, das Schicksal der Ungetauften (Kinder und Erwachsene), der Abstieg Christi in die (Vor-)Hölle, um die Gerechten zu befreien.

zwischen den Opfern der Kritik und denen eine Rolle, die die Kompetenz der wahren Interpretation beanspruchen.

Eine *zweite* Konkretisierung geht von Vertreterinnen feministischer Theologie aus. Auch sie unterziehen die traditionelle Christologie einer intensiven Kritik. Diese Kritik beinhaltet nicht so sehr die simple Tatsache, dass Jesus von Nazaret faktisch ein Mann ist. Es geht vielmehr um die Beobachtung, dass die Logos-Christologie männlich-hierarchische Züge bevorzugt. Typisch für diese Christologie und das korrespondierende Gottesbild sind die Betonung einer hierarchischen Weltordnung, die weibliche Symbole und Konnotationen aus dem Gottesbild ausschließt und Frauen den Zugang zu kirchlichen Ämtern verwehrt. Aus biblischer Perspektive nimmt man gerne Zuflucht zu einer »Weisheitschristologie«, die vielen androzentrischen und spezifisch hierarchischen Elementen der Kirche ihre Legitimation entzieht. Vor diesem Hintergrund sind Begriffe wie Universalität und Einzigkeit zu Reizworten geworden. Der Grund liegt in der Tatsache, dass die gegenwärtige offizielle katholische Kirche die »Einzigkeit« und »Universalität« Christi konsequent in einen unnachsichtigen Kirchenzentralismus umdeutet, der nur noch eine Verhältnisbestimmung von oben nach unten, von lehramtlichem Sprechen und gehorsamer Annahme zulässt.

Eine *dritte* Konkretisierung, vielleicht schwieriger zu übersehen, ist in nicht-europäischen, vor allem in asiatischen Theologien zu suchen (Painadath, Strahm). Im Rahmen indischer, chinesischer, namentlich auch koreanischer religiöser Traditionen spielt der Geist als das einigende kosmische Prinzip eine große Rolle[46]. Es ist der Geist der Versöhnung und der Vorfahren, der Geist der Zukunft und der kosmischen Einheit. Es ist gerade nicht der Geist, der sich in personale Individuen zurückbinden lässt. Er überschreitet diese ebenso wie die Begriffe und Konzeptionen, die das westliche monotheistische Denken entwickelt hat. Es versteht sich von selbst, dass das Gespräch und die Auseinandersetzung mit solchem Denken kaum begonnen hat. Es schafft auf breiter Front Gefühle der Verunsicherung und der Bedrohung. Umso kostbarer müsste das Erstaunen darüber sein, dass Vertreterinnen

46 Erinnert sei an das Aufsehen, das die koreanische Theologin Chung Hyun Kyung mit ihrer Rede vom Geist auf der Vollversammlung des Weltkirchenrats in Korea erregt hat. (Chung Hyun Kyung)

solchen Denkens sich zugleich und ohne allen Vorbehalt Christinnen nennen. Ich habe das Gefühl, dass dem Christentum damit eine Dimension zuwächst, die wir aus eigenem Zutun nicht verdient haben.

Eine *vierte* und letzte Konkretisierung sei nur kurz erwähnt. Sie steht unserem Denken vergleichsweise nahe und besagt mehr Kritik an unseren westlich geprägten Grenzen als uns lieb sein kann. Es sind die vielfältigen und zahlenmäßig ungeheuer breiten Strömungen charismatischer Prägung, also die Geist-Bewegungen innerhalb der traditionellen Großkirchen sowie die klassischen Pfingstbewegungen, die aus einer afro-amerikanischen Kultur gewachsen sind und sich gegenwärtig in Nord- und vor allem in Südamerika eines ungeheuren Zustroms erfreuen. Auch dort findet eine Ent-grenzung und Ent-konzeptionalisierung unserer traditionellen Bilder von Gott und Geist statt, die wir vorläufig kaum mit unseren überlieferten Kirchenbildern auffangen können. Zwar mag man diesen Bewegungen mit starker Kritik begegnen, doch sind sie zu stark, zu vital und zu massenhaft, als dass wir sie einfach ablehnen und von einem westlich theologischen Konzept her verurteilen könnten. Auch Auseinandersetzung und Gespräch mit diesen Bewegungen stehen erst am Anfang.

Die Perspektiven sind also vielfältig und die Kontexte sind breit gelagert, weshalb es beinahe unmöglich ist, das Thema »Geist« kurz, bündig zu beurteilen. Wir können ihnen im Augenblick nur gerecht werden, wenn wir uns ihnen in aller Konkretheit zuwenden. Der Leisten gegenwärtiger westlicher Geistmodelle reicht dazu sicher nicht aus.

b) Zum Dokument

Im Dokument ist eine diffuse Konfrontation mit diesen verschiedenartigen Fragestellungen zu spüren, denn sie werden nur global und vage genannt. Eine gezielte Auseinandersetzung findet nicht statt; der Schein der theologischen Präzision trügt. Auch dieses Kapitel beginnt mit einem Unheils- und Verfallsszenario. Das Schreckenswort lautet hier »Pluralismus« (Nr. 9). Außerhalb der christlichen (»fleischgewordenen«) Heilsordnung werde eine Heilsordnung postuliert, die universaler sei als die erste. Nun hat das Dokument gewiss mit der Vermutung Recht, dass es hier viele neue, vielleicht unausgegorene Ansätze gibt. Fachkenner wissen zudem, dass die Diskussionen auf den verschiedenen genannten

Ebenen heftig und alles andere als friedvoll sind. Sie sind übrigens eher im angelsächsischen und im asiatischen Raum zu finden als im westlich europäischen Kulturkreis. Andererseits lässt sich gerade hier eindrücklich zeigen, wie unangemessen und unfruchtbar Ratzingers abstrakte Antwort ist. Sie bewirkt höchstens das Gegenteil dessen, was sie erreichen will.

Denn Ratzinger setzt den vermeintlichen Irrtümern alte, gewiss ehrfurchtgebietende, aber doch in langer theologischer Tradition geronnene Antworten entgegen; sie stammen vor allem aus dem Johannesevangelium (Nr. 10, Abs. 1). Er verbindet damit die Illusion, mit altehrwürdigen Formeln könne man neuen Fragen ein Ende setzen. In Wirklichkeit geht er aber auf die neuen Fragen überhaupt nicht ein, sondern reagiert durch Konfrontation von außen. Den Perspektiven eines neuen Kulturkreises weiß er nur die Erinnerung an eine ergraute Kultur entgegenzusetzen. Jedenfalls macht er sich nicht die Mühe, die Johanneszitate aus deren eigenem Zusammenhang heraus zu verstehen und fruchtbar zu machen; dabei wäre die Zeit für eine Neubewertung des Johannesevangeliums gekommen (Robinson, 74–81; v. Tilborg; Berger, § 516 u.ö.). Dasselbe gilt für die klassischen Zitate über Jesus Christus aus dem Nizänischen Glaubensbekenntnis und aus dem Konzil von Chalkedon. Jesus erscheint als der vor aller Zeit Gezeugte, nicht Geschaffene, mit dem Vater Wesensgleiche (Abs. 2), als »derselbe ... vollkommen in der Gottheit und derselbe vollkommen in der Menschheit; ... wahrhaft Gott und wahrhaft Mensch« (Abs. 3). Solche Vorstellungswelten sind den Kritisierten gewiss nicht fremd. Es ist nur zu fragen, ob sie heute noch verstanden werden. Wieder hat Ratzinger das Anliegen der verfemten Neuerer nicht ernst genommen.

Damit geschieht etwas Erstaunliches. Zum einen ignoriert der Autor immer noch die Tatsache, dass diese Formulierungen das Ergebnis höchst dramatischer Inkulturationsprozesse sind. Wenn solche Neuformulierungen damals möglich waren, warum sollten heute nicht vergleichbare Neuformulierungen möglich und notwendig sein? Wer heute also – im Bewusstsein der anders lautenden biblischen Quellen – die großen hellenistischen Konzilien als Norm verbindlichen Glaubens vorschreibt, gerät mit sich selbst in Widerspruch, denn er hat damit vergangene Inkulturationsprozesse in aller Form legitimiert, die er für unsere Zeit zurückweist. Zum anderen wiederholt die Kongregation eine Diskussion der siebziger Jahre im damaligen Stil; die dekretorischen Antworten von damals werden zum Versuch, die Diskussion wieder auf den damaligen Stand zurückzuzwingen. Wenn diese Kritik Ratzinger allmählich langweilt (Ratzinger 2000d), dann muss er auch zur Kenntnis nehmen, dass er seinerseits zum langweiligen Wiederholer geworden ist. An diesem Punkt scheiterte vor 25 Jahren das Gespräch; es kann auch heute nicht fruchtbar enden.

Nr. 11 erschöpft sich dann in der Wiedergabe von Schriftzitaten; über deren verantwortete, exegetisch begründete Interpretation verliert das Dokument kein Wort. In Nr. 12 wird das höchst vielfältige und komplexe Phänomen, das wir oben in vier Richtungen analysiert haben, mit den kurz angebundenen Worten umschrieben: »Von einigen wird auch die Hypothese einer Heilsordnung des Heiligen Geistes vertreten, die einen universaleren Charakter habe als die Heilsordnung des fleischgewordenen, gekreuzigten und auferstandenen Herrn. Auch diese Behauptung widerspricht dem katholischen Glauben, der vielmehr die Inkarnation des Wortes zu unserem Heil als ein trinitarisches Ereignis betrachtet« (Abs. 1). Ratzinger erkennt in den vielfältigen Neuaufbrüchen also nur die Trennung einer Heilsordnung des Geistes von der Heilsordnung Christi. Auch hier sind unmittelbar kirchliche Interessen im Spiel, denn wer der Heilsordnung des Geistes einen größeren und weiteren Bereich zuerkennt, relativiert damit die Heilsordnung Christi, die von der Kirche verwaltet wird. Hier nun ist ein klassischer Fall, wie – zum Zwecke zwingender Argumentation – vom »Lehramt« gesprochen und damit eine Aussage als unbestreitbar präsentiert wird: »Deshalb hat das Lehramt [?] der Kirche jüngst mit Festigkeit und Klarheit die Wahrheit in Erinnerung gerufen, dass es nur eine einzige göttliche Heilsordnung gibt.« Konkret ist mit diesem »Lehramt« aber ein Text des gegenwärtigen Papstes gemeint. Ein solches Vorgehen ist hermeneutisch zumindest unsensibel[47]. Denn wer bewahrt den Papst davor,

47 Nahezu unverständlich, wenn nicht gar unerträglich ist die Tatsache, dass Passagen dieses umstrittenen Dokuments schon im Januar 2001, also nur wenige Monate nach Erscheinen, in der Auseinandersetzung mit L. Dupuis als lehramtlich rezipierte Begründungen erscheinen. So erhärtet sich der zuvor schon geäußerte Verdacht, dass *Dominus Iesus* als eine Lex Dupuis zu lesen ist. – Inzwischen wurde der spanische Moraltheologe M. Vidal gemaßregelt, indem Rom erneut auf dem Verbot kontrazeptiver Methoden, der Verwerflichkeit der Homosexualität sowie der schweren Sündhaftigkeit der Masturbation besteht – dies, um in den Gläubigen »unerschütterliche Freude [zu] wecken« (Notifikation und Anmerkungen vom 22.2. bzw. 15.5.2001).

seine Privatmeinung mit allgemeiner Überzeugung zu verwechseln? Es wäre viel angemessener gewesen, die Qualifikation des »Lehramts« – wenn es denn schon sein muss – für einen Prozess zu reservieren, der sich mit großer Stabilität über einen längeren Zeitraum hin erstreckt. Aus einem solchen Prozess, der uns bevorsteht, wird gewiss aber ein ungleich differenzierteres Resultat hervorgehen, als uns hier vorgelegt wird.

c) Wie wird das Heil konkret?

Das Symbol von der Inkarnation des göttlichen Wortes gehört zweifelsohne zu den prägendsten und auch aussagekräftigsten Symbolen der christlichen Tradition. Das Bild ist eindrücklich und wird neuerdings wieder gerade in post-modernen, fragmentierten und pluralistischen Positionen herangezogen (Merrigan-Haers, Merrigan): Gott sendet sein Wort hernieder; es kommt zu uns in die Welt und geht einen wechselvollen Prozess der Annahme und der Ablehnung mit den Menschen ein. Allerdings setzt dieses Symbol ein bestimmtes Gottesbild voraus. Es ist weniger das Bild vom persönlichen, sondern das Bild des transzendenten Gottes, der sich uns zuneigt. Der Weg von oben nach unten ist der Weg des Ursprungs und der Begnadung. Er setzt den Weg von unten nach oben voraus, denn das ist der konkrete Weg der Erlösung und des Heils.

Es ist, wie mir scheint, klar und unbestritten, dass dieses Symbol der Fleischwerdung in der Begegnung von biblischem Denken und griechischer Philosophie zu einer der fruchtbarsten Gedankenwelten geführt hat. Es ist die klassische Christologie mit ihrem Versuch, Gott und Mensch in ihrer Begegnung zusammenzudenken. Es geht einerseits um die Menschwerdung eines Gottes, der sich zum Menschen herabneigt, andererseits um die Gottwerdung des Menschen, der in unerwarteter Weise geadelt wird. In gnostischen Systemen werden Abstieg und Aufstieg auf verschiedene Weise gedacht. In Auseinandersetzung mit der christlichen Tradition werden die vielfältigen Wege dann immer mehr reduziert, bis hin zur Erkenntnis, dass es nur einen Mittler gibt. Dies aber liegt ganz auf der Linie der biblisch-christlichen Erinnerung, in der Jesus Christus als die entscheidende Konkretisierung und Neuinterpretation des Heils erscheint.

Ist Jesus Christus nun der einzige Mittler? Laufen wir Gefahr, dass wir neben dem christlichen noch beliebig andere Heilswege etablieren und somit einem unverantwortlichen Pluralismus verfallen? Angesichts einer pluralen Welt von Kulturen geht es zunächst nur um die Frage, ob die Symbolik des göttlichen Abstiegs nicht von anderen Symbolen ergänzt, abgelöst oder korrigiert werden kann. Es geht also nicht um verschiedene Heilswege, sondern um verschiedene Symbolisierungen der Heilserfahrung, die damit zum Ausdruck kommen (Forward). Der biblische Hintergrund (einschließlich des Johannesevangeliums) macht nun deutlich: die frühe Betonung der Einzigkeit Christi ist zunächst auf das polemische Verhältnis zurückzuführen, das die aufkommende christliche Gemeinde gegenüber der jüdischen Gemeinde einnimmt. Endgültigkeit ist nicht bei Mose, sondern bei diesem letzten Propheten zu suchen[48]. Der weltgeschichtliche Hintergrund weist aber darauf hin, dass diese Endgültigkeit noch mit einem Vorbehalt versehen ist: Zwar hat das Ende der Zeiten angefangen, aber wir warten noch, denn für Gott sind tausend Jahre wie ein Tag (2 Petr 3,8). Solange schließlich der weltanschauliche Hintergrund von einer einzigen, ewigen, unveränderlichen Wahrheit und Idee ausgeht, muss das Geheimnis Christi an dieser Qualität des Unbedingten, Ewigen und Unveränderlichen teilhaben. Gleichzeitig aber lebt in der Alten Kirche noch ein deutliches Bewusstsein dafür, dass die Menschwerdung Christi nicht ein Geschehen ist, das sich auf die eine menschgewordene Person bezieht. Der komplementäre Prozess der Gottwerdung beschränkt sich gerade nicht auf den einen und universalen Mittler: wir *alle* werden Gott. Diese Universalität hat also alles mit Pluralität und nichts mit einem monolithischen Einzelprozess zu tun[49].

---

48 Auf dem Berg Nebo, dem Todesort des Mose, hatten Christen die Stirn, folgendes Johanneszitat in Stein zu meißeln: »Denn das Gesetz wurde durch Mose gegeben, die Gnade und die Wahrheit kamen durch Jesus Christus«.

49 Es ist keine Frage: Für den deutschsprachigen Raum werden für die Auseinandersetzung mit dem »Postmodernismus« inzwischen Standardpositionen entwickelt, die künftige Diskussionen im Sinne einer kirchlich legitimierten Sprachregelung steuern sollen. Eine solche Funktion hat offensichtlich der Artikel von »Bischof Dr. Walter Kasper, Kirche angesichts der Herausforderung der Postmoderne«, der im Internet ohne weitere Quellenangaben angeboten wird (www.kirchen.de/drs/bischof/postmod.htm). Zunächst überrascht schon der Titel, der eine umfassende, ausgereifte und übergreifende Positionierung der (katholischen?) Kirche nahelegt. Aber dieses Versprechen bedeutet die Überforderung des aktuellen Diskussionstands. Es ist jetzt wirklich noch nicht die Stunde der Hierarchen, zu dieser Frage Leitlinien und Grenzen aufzuzeigen, innerhalb derer sich spätere Auseinandersetzungen zu bewegen haben. Auch habe ich den Eindruck, dass sich die gesamte deutschsprachige Theologie der Fragestellung noch sehr tastend und vorläufig annähert. Kasper filtert aus der Analyse drei Kennzeichen der Postmoderne bzw. postmodernistischer Theorien heraus. Er spricht von einem pluralistischen, einem

Das Problem der gegenwärtigen Theologie beginnt mit einer tiefgreifenden Umwälzung: Die Wahrheit wird vielleicht als Ereignis wahrgenommen, als Moment interpersonaler Beziehung, als Ziel aller Kommunikation, als Konkretisierung individueller oder kollektiver Erfahrung. Die (post-)moderne Frage lautet aber nicht: Wie senke ich das menschgewordene Heil in den ewigen metaphysischen Weltgrund ein? Das war in der Tat die hellenistisch

---

ästhetischen (oder mystischen) und einem nihilistischen Grundzug. J. Hicks pluralistische Religionstheologie wird diesem Bezugsrahmen vorbehaltlos einverleibt. Mit seiner Verabschiedung des Einheitspostulats in Sachen Wahrheit und Offenbarung treffe er, so Kasper, Kirche und Theologie »mitten ins Herz«. Kasper steht damit in einem breiten Konsens deutschsprachiger Theologie. Dennoch ist dringend vor endgültigen Urteilen zu warnen. Kasper schreibt als Entgegnung etwa: »Dieses christliche Geschichtsverständnis ist kein Mythos, auch keine ›Meta-Erzählung‹, sondern memoria passionis, Überlieferung (Paradosis) von Tod und Auferstehung Jesu Christi«. Im Zusammenhang erweist sich eine solche Aussage als reine Beschwörungsrhetorik. Oder er weist darauf hin, dass »mit der Menschwerdung des ewigen Sohnes Gottes die Weisheit Gottes, in der alles geschaffen ist, in ihrer Fülle in die Geschichte eingetreten ist, so dass Gott in Jesus Christus nicht nur endgültig und unüberbietbar sich selbst geoffenbart hat ...« Mit solchen Äußerungen werden nur hellenistische Denkmodelle wiederholt, die auch aus anderen Gründen in die Diskussion geraten sind. Diese Antwort ist ebenso hilflos wie Ratzingers Idee, die christologische Grundfrage sei durch die Kursivierung eines Wörtchens gelöst, dass nämlich »Christus der einzige Sohn Gottes *ist*« (Ratzinger 2000a, 18; s.u. 108; 191). Ist es denn so schwer zu verstehen, dass angesichts neuer Fragestellungen auch altehrwürdige Formeln gerade nicht blind wiederholt werden können, sondern von neuen Kontexten her aufzuschlüsseln sind? 1972 hat Kasper noch die Freiheit, unter Berufung auf das Neue Testament zur Person Jesu festzustellen: »Es ist für Jesus geradezu charakteristisch, dass er sich völlig mit seiner Funktion identifiziert. Er *ist*, was er *bedeutet*. Seine Botschaft ist gedeckt durch seine Person. Man muss von ihm geradezu sagen: seine Person *ist* reine Funktionalität; Person und Funktion sind hier gar nicht zu trennen« (Kasper 1972, 54). Warum ist Kasper nicht konsequent bei dieser Erkenntnis geblieben? Anders gefragt: Warum können sich die Herren der römischen Selbstdarstellung nicht von der Idee trennen, die Kirche habe überzeitliche Antworten schon für Fragen parat liegen, die überhaupt noch nicht gestellt sind? Es wäre doch der Mühe der Prominentesten unter den Theologen wert, mit unstillbarer Neugier die Gegenfrage zu stellen, wie wir denn unter neuen Vorzeichen zu neuen, noch reicheren Antworten finden können. Wenn man sich nicht schon in den siebziger Jahren den neuen Fragen einer narrativen Christologie verschlossen hätte, dann könnte das Gespräch jetzt fruchtbarer verlaufen. So erzwingt eine Blockade die andere, die wieder einmal einer überzeugenden Weitergabe der christlichen Botschaft schweren Schaden zufügt. Wenn Kasper dann als »entscheidende Antwort der Kirche auf die Herausforderungen der Kirche« ein Leben der Nachfolge und aus dem Geist der Liebe fordert, dann können dem die Christen unter den postmodernistischen Denkerinnen und Denkern nur zustimmen in der Hoffnung, dass uns Christen dieses hehre Ideal endlich gelingt. Fatal ist die Gesamtargumentation jedenfalls deshalb, weil der ganze Denkstil von der Alternative »Kirche« versus »Postmoderne« her bestimmt wird. Kasper bedenkt dabei nicht, dass sogar die katholische Kirche aktuell – unabhängig von aller Diagnostik und Programmatik – eben eine Kirche *in* postmoderner Zeit ist. Gelebte Nachfolge und realisierter Geist der Liebe zeigen gerade keinen Bruch mit gegenwärtiger Lebenserfahrung, sondern machen diese besprechbar und befähigen uns, auch intellektuell die wirkliche Problematik dessen durchzuarbeiten, was gemeinhin mit »Postmodernismus« und mit »Postmoderne« umschrieben wird.

platonische Fragestellung. Heute lautet die Frage: Wie – in Gottes Namen! – wird das eine Heil in der unübersehbaren Vielfalt dieser Welt, seiner Menschen, Kulturen und Kontinente konkret? Das ist nicht nur die Frage des relativistischen Westens, sondern eine Frage, die sich im Blick auf alle Menschen wiederholt: Wie wird das in Jesus Christus vollzogene, vielleicht vollendete, vielleicht auf einzigartige Weise legitimierte Heil zu unser aller Heil? Ist Heil überhaupt etwas, das auf ein objektives historisches Geschehen reduziert und zugleich auf die ganze Menschheit bezogen werden kann? Schließlich ist es eine Frage nach der spezifischen Grenze von Denken und Vorstellung, die uns das hellenistische Denken auferlegt hat. Wenn letzteres aber der Fall ist, dann gilt auch unbestreitbar: Der als Bedingung vorausgesetzte Denkrahmen des Dokuments ist gerade das Problem, das neue Lösungsmöglichkeiten blockiert. Insofern blockiert das Denken von *Dominus Iesus* sich selbst, weil es jede Beschreibung von faktischer Pluralität schon als relativistischen Pluralismus denunziert. Diese Blockade ist nur aufzulösen, indem der Denkstil dieses Dokuments als solcher überwunden wird.

3. Kapitel III: Das Heilsmysterium Jesu Christi (Nr. 13–15)

a) Zum theologischen Kontext

Als Christ und zumal als Theologe am Beginn des 21. Jahrhunderts könnte ich in diesem Kapitel nun den Höhepunkt des anspruchsvollen Dokuments erwarten. Wenn es um den großen Wurf einer umfassenden Heilsverkündigung für alle Welt geht, und wenn es darum geht, dass diese Einzigartigkeit endlich wieder ins rechte Licht gerückt wird, dann müsste man in diesem Kapitel doch endlich zur Sache kommen; denn schließlich dreht sich der christliche Glaube um Jesus Christus. Dafür gibt es viele Gründe. Die Grundbewegung des 2. Vatikanischen Konzils kann als eine groß angelegte Neuentdeckung des Christusgeheimnisses gedeutet werden. Denn mit diesem Konzil wurde eine neue und in ihren Folgen immer noch unabsehbare Bewegung in Gang gesetzt, die als eine neue, kritische und selbstkritische Suche nach Jesus Christus umschrieben werden kann. Vor allem die katholische Kirche und Theologie haben seitdem Person und Werk Jesu Christi neu nach ihrer menschlichen und theozentrischen, nach ihrer jüdischen und allgemein religiösen, nach ihrer sozialkritischen und politischen, nach ihrer mystischen und zutiefst humanen Seite entdeckt. Feministische und sozialkritische, kontextuelle und neue spirituelle Theologien sind neu auf die Suche gegangen. Wir begannen, die Polarität zwischen dem Menschen Jesus und dem Gottessohn aufzulösen. Wir haben entdeckt, welch unendlich großes Geheimnis ein Mensch in sich bergen kann, welch unendliches dieser Mensch Jesus in sich birgt. Wir haben die großen Umbrüche und Befreiungen vom hohen Christusbild zum nahen Menschen, von der klassisch-hellenistischen Christologie zu einer »Christologie von unten« miterlebt und in die Auseinandersetzung mit dieser Alternative oft unseren eigenen Standpunkt gefunden. Wir haben gelernt, dass es im Verlauf der Kirchen- und der Frömmigkeitsgeschichte viele und verschiedene Jesus- und Christusbilder gab (Küster). Uns wurde klar, dass die Christologie der ersten Konzilien einen sehr allgemeinen und weiten Rahmen für die späteren Jahrhunderte gesteckt hat. Wichtige Aspekte lernten wir im Laufe der Jahrzehnte begreifen: psychologische und sozialtheoretische, human-anthropologische und literarische Interpretationen. So war uns aufgegangen, wie ungeheuer fruchtbar, wie vielseitig und endlos die Beschäftigung mit diesem Menschen ist, der in sich die Nähe Gottes entdecken lässt (Schüssler-Fiorenza 1997). Dabei wurde uns auch deutlich, dass diese Neuentdeckung, Jesus von Nazaret genannt, nicht einfach frommen Gefühlen und Beliebigkeiten entsprang, sondern anthropologisch höchst bedeutsam war, wissenschaftlich analysierbar, weil er an die Wurzeln menschlicher Mitteilung und Selbstmitteilung rührte: Bericht und Erinnerung, Gleichnisse und kurze Geschichten konnten das Mysterium vielleicht besser fassen als komplizierte Diskurse (Cook, Zager).

Vor allem: Die Geschichte Jesu ließ sich mit Erfolg auch solchen erzählen, die nicht mehr von vornherein ein theologisches System verinnerlicht haben. Wir haben sie wieder erzählt und die erstaunliche Entdeckung gemacht, dass ein neuer Zugang möglich wurde. Was vor 25 Jahren noch als halb häretisch galt, ist heute Gemeingut geworden. Zudem stehen gegenwärtig andere Diskussionen im Vordergrund. Es sind die Möglichkeiten einer interkulturellen und einer interreligiösen Christologie und es bleiben damit natürlich mit wachsendem Nachdruck die Fragen, die an den hellenistischen Charakter der offiziell verbindlichen Christologie zu stellen sind. Wer heute die damalige Metaphysik als unabdingbare Mitgift unseres Glaubens an Christus begreift, verurteilt nicht nur jede westliche nach-metaphysische Ontologie, sondern auch alle nicht-westlichen religiösen Konzepte, innerhalb derer das Geheimnis Christi formuliert und zur Sprache gebracht werden kann. Die eingangs erwähnte Verurteilung des Anthony de Mello bringt das beredt zum Ausdruck. Dass solche Neuversuche konfessionelle Grenzen schon seit langer Zeit überschreiten, braucht hier nur kurz erwähnt zu werden.

b) Zum Dokument

Nach diesen spannenden Neuentdeckungen also und nach all den durchstandenen Kämpfen wäre es doch interessant gewesen, aus kompetenter und souveräner Feder von der kundigen Zentrale einer kirchlichen Weltorganisation zu hören, wie der Glaube an Jesus Christus in der Welt lebt, was seine zentralen Motive und Möglichkeiten sind. Vor diesem Hintergrund hätten wir uns auch gerne mit den Grenzen etwa der westlichen, der feministischen oder der befreiungstheologischen Christologie konfrontieren lassen.

Aber nichts von alledem ist hier zu finden. Stattdessen wiederum Verurteilung: »Gemäß einer wiederholt vertretenen Auffassung wird auch die Einzigkeit und die Heilsuniversalität des Mysteriums Jesu Christi geleugnet« (Nr. 13). So? Wie denn, von wem denn und aus welchen Gründen? Vor dem Hintergrund welcher Kultur und in Auseinandersetzung mit welchen Religionen? Das etwas detailliert zu hören, wäre doch interessant und für eine Auseinandersetzung höchst fruchtbar gewesen. Aber nein, die einzige abweisende Antwort, die bleibt, lautet: »Diese Auffassung hat keinerlei biblische Grundlage«. Dieses Mal hagelt es zusammenhanglose Zitate, vor allem von Johannes, aber auch von Paulus. Nichts ist also an konkreter Diskussion zu finden. Im Gegenteil, nach Einleitung und zwei warnend einstimmenden Kapiteln zu Offenbarung und Logos hat sich die Struktur der Kapitel verfestigt. Das Dokument kennt auch hier nur eine Perspektive: Einzigkeit und Universalität, die Rettung allein durch ihn, sie seien nicht aufzugeben. Er ist der Endgültige, der allgemein Bedeutsame. Dies wird nicht vermittelt, mit Überzeugungskraft dargelegt, sondern behauptet, geradezu mit Hammerschlägen eingetrommelt. Das Kapitel ist bis hin zur Stummheit auf diese formale Fragestellung fixiert. Die spannendste der neuzeitlichen Herausforderungen, die Frage nach der Menschlichkeit Jesu und der Geschichtlichkeit seiner Erinnerung, wird nicht einmal erwähnt. Stattdessen werden Schriftzitate wie isolierte Felsbrocken aus ihrer Umgebung geholt[50]. Nun liegen sie da, monolithisch, passend oder nicht, gleich dem Ruinenfeld antiker Städte, aus denen schon seit zwei Jahrtausenden alles Leben gewichen ist. Keiner der kostbaren Schriftverse wird aus seinem Zusammenhang begriffen, geschweige denn dargelegt. Das vorbildliche Dokument, das die Päpstliche Bibelkommission im Jahre 1993 verfasste, wird im Grund missachtet. Was hier geschieht, ist missbrauchte Exegese. Es ist, als hätte der Verfasser des Dokuments noch nichts von Hermeneutik, nichts von Geschichtlichkeit, nichts von narrativen, mythischen, literarischen oder paränetischen Strukturen gehört. Nicht ein Minimum evangelischer Exegesekultur wurde herübergerettet, und das ausgerechnet im christologischen Kapitel.

Diese Fehlanzeige ist umso bedauerlicher, als gerade in der gemeinsamen Erinnerung an Jesus Christus die entscheidende versöhnende Mitte der westlichen Ökumene liegt, die zugleich aus ihren jüdischen Wurzeln lebt (Feneberg, Frankemölle). Es liegt ein Schleier der Verkrampfung über dem Text, der von seiner formalen Fixierung auf diese Einzigkeit nicht loskommt. Er wird unfähig, das Einzige, die gewiss universale Bedeutung Jesu Christi, konkret zu befragen, zu benennen, vielleicht paradigmatisch oder narrativ zu verdeutlichen. So wird gerade dieses Kapitel in dramatischer Weise zum Erweis einer vertanen Chance.

Doch ist dieses Urteil nicht ungerecht? Es gibt unter Nr. 14 nämlich einen Absatz, der wegen seiner offenen Tendenz aus dem Gesamtduktus herauszuspringen scheint. Die Theologie, heißt es da, sei »eingeladen, über das Vorhandensein anderer religiöser Erfahrungen und ihrer Bedeutung im Heilsplan Gottes nachzudenken und zu erforschen, ob und wie auch Gestalten und positive Elemente anderer Religionen zum göttlichen Heilsplan gehören können«. Man ist froh, dass solche Existenz des Selbstverständlichen wenigstens anerkannt wird. Man ist allerdings verstimmt

50 Im Vorwort zur Neuausgabe der Einführung in das Christentum schreibt Ratzinger: »Deswegen muss – davon bin ich fest überzeugt – eine Erneuerung der Christologie den Mut haben, Christus in seiner ganzen Größe zu sehen, wie ihn die vier Evangelien zusammen in ihrer spannungsvollen Einheit zeigen« (26). Genau das ist Ratzingers eigenes Problem. Er hat das nie getan, und wenn er es tun würde, müsste er mit seinem Lebenswerk neu beginnen, weil sich die exegetische Lage seiner hoheitlich spekulativen Christologie entziehen würde.

über den mal wieder betulich bevormundenden Ton; denn – Rom sei darauf hingewiesen – darüber denken Theologen schon längere Zeit nach, anders hätte man im Vatikan ja nicht diese Ängste entwickeln müssen. Aber auch hier stockt man gleich in der nächsten Zeile. Denn in dem genannten Bereich gebe es »für die theologische Forschung unter Führung [?] des Lehramtes der Kirche ein weites Arbeitsfeld«. Auch in der Ermutigung bleibt man verengt und fixiert. Das Vertrauen in Glaube und Verstand der Theologen ist dort offensichtlich schon lange verkümmert; eine Art Selbstverachtung schwingt beim Glaubenshüter offensichtlich mit. Vielleicht müssten Theologen endlich aufhören, Bischöfe zu werden. Es ist, wie wenn der Psychologe zum Richter wird und deshalb jedes psychologische Gutachten verachtet. So erwarten sie nicht mehr, dass die Theologie vielleicht zu überraschenden Ergebnissen kommt, dass sie die alten Rahmen verrückt und vielleicht erweitert, dass sogar das Lehramt – wie immer der Theologie der vorvorletzten Generation verhaftet – Scheuklappen ablegen und Grenzen erweitern muss.

Auch hier folgt – gemäß der vorgefassten Meinung und nun wirklich ohne biblischen Grund – wieder der Rückschlag. Was die Theologen auch immer entdecken mögen, so der Text, sie werden an der Mittlerschaft Christi festzuhalten haben. Johannes Paul II. wird zitiert: »Andere Mittlertätigkeiten verschiedener Art und Ordnung, die an seiner Mittlerschaft teilhaben, werden nicht ausgeschlossen, aber sie haben Bedeutung und Wert allein in Verbindung mit der Mittlerschaft Christi und können nicht als gleichrangig und komplementär betrachtet werden.« Dann Ratzinger mit eigenen Worten: »Im Gegensatz zum christlichen und katholischen Glauben stehen … Lösungsvorschläge, die ein Heilswirken Gottes außerhalb der einzigen Mittlerschaft Christi annehmen« (Nr. 14). Ratzinger bindet sich an einen Begriff, dessen Bedeutung weder historisch noch semantisch, weder hermeneutisch noch institutionstheoretisch auch nur annähernd differenziert und eingeordnet wird. Es scheint sogar, als liege dem Autor an einer solchen Definition oder Festlegung nichts, denn sonst würde sein Interpretationsmonopol verschwinden. Denn zwar spielt dieser Begriff seit der Alten Kirche in der Erlösungslehre eine wichtige Rolle, in den Evangelien kommt er jedoch nicht vor. Erst im Timotheusbrief taucht der Gedanke vom einen Mittler zwischen Gott und Mensch auf: »der Mensch Christus Jesus, der sich als Lösegeld hingegeben hat« (1 Tim 2,5). Es ist eine Denkfigur, die selbst im Hebräerbrief mit seiner Opferterminologie nur zweimal kurz aufblitzt (Hebr 9,15), auf das Verhältnis von Judentum und Christusglaube beschränkt bleibt und im Galaterbrief von Paulus noch ausdrücklich zurückgewiesen wird: Einen Mittler gibt es nicht, da Gott »der Eine« ist (Gal 3, 20). Erst Irenäus von Lyon kehrt, wie die einschlägige Literatur sagt, diesen Gedanken konsequent um. Jetzt macht Christus die Verfehlung Adams gut (Menke). Jetzt erhält die Mittlerschaft eine universale Bedeutung, die – trotz der Faszination des Begriffs bis in die Gegenwart – eindeutig an die Symbolwelt der Alten Kirche gebunden bleibt. Es zeugt von höchster Inflexibilität und ist nur schwer erträglich, wenn die Rechtgläubigkeit von Theologen aller Kulturen von einer solchen Reflexionskategorie abhängig gemacht wird.

c) Geschichte und Konkrete Universalität

Die Mittlerschaft Christi ist, wie ich sagte, eine kulturell bedingte Reflexionskategorie. Deshalb ist sie genau dann zu überprüfen, wenn ihr kultureller Bezugsrahmen selbst in die Diskussion gerät. Dies müsste auch jede christliche Theologie wenigstens formal und vorläufig zugestehen, da die Schrift selbst dieser Kategorie äußerst zurückhaltend gegenübersteht[51] und zu deren Kritik – bis hin zur Priestertumskritik im Hebräerbrief – einiges Material beiträgt. Das Hauptproblem des dritten Kapitels und der entscheidende Sündenfall des ganzen Dokuments scheint mir hier zu liegen. Das dritte Kapitel eröffnet keine Diskussion im Blick auf eine neue interkulturelle Fragestellung, obwohl die Schrift dazu Möglichkeiten bietet. Es kommt über eine Spiegelfunktion zum vorhergehenden Kapitel nicht hinaus. Während die Mehrheit der Christen dem hellenistischen Kulturkreis schon längst entwachsen ist, führt es nur den hellenistisch konfigurierten Streit um die Frage weiter, wie sich eine ewige und universal unveränderliche Wahrheit zu einem geschichtlich konkreten Ereignis verhält. Da-

51 Es fällt auf, wie etwa im biblisch theologischen Abschnitt des Artikels »Mittler« im neuen LThK (VII, 1998, 342f.) die Kategorie von außen an die verschiedensten Aspekte herangetragen wird, die dort aufgezählt sind: Führer, Könige, Propheten, Priester, Engel, Messias, Menschensohn, Geist und Weisheit, Märtyrer und Mose. Allein die Gestalt des Gottesknechtes bei Deuterojesaja reicht m.E. an die Dimension und Funktion der späteren christologischen Kategorie heran. Wer sich allerdings auf sie beruft, sollte es auch bei der äußersten, geradezu schweigenden Deutung belassen, die den Liedern vom Gottesknecht zugrunde liegt.

bei erhält die Frage nur deshalb die Form einer ausschließenden Alternative (oben *oder* unten, ewig *oder* zeitlich, universal *oder* vergänglich?), weil die Wahrheit als eine über-geschichtliche gesehen wird, die der Leiblichkeit, dem Tod, menschlicher Konkretheit letztlich entzogen ist, in Wahrheit also erst *nach* Leiblichkeit und Tod beginnt. Nachdem also zuvor die Frage gestellt war, wie Ewiges in diese Welt eingehen kann, folgt hier die (nicht unbedingt biblische) Frage, wie sich menschlich Vergängliches ins Reich des unwandelbar Göttlichen erheben kann. Allerdings hat die Symbolik der Menschwerdung selbst dafür gesorgt, dass sich diese Fragestellung relativiert und überholt. Denn *wenn* Göttliches im Menschlichen sein kann, *wenn* ein Mensch also Gottes Antlitz tragen und Gottes Wahrheit entbergen kann, *dann* wird die Frage nach der Gottwerdung schließlich sekundär. Statt einer überzeitlichen Jenseitshoffnung hellenistischen Zuschnitts rückt jetzt die Frage einer versöhnten Gegenwart ins Zentrum. So mag die christliche Grundüberzeugung ungeschmälert bestehen bleiben, dass Jesus von Nazaret eine unbedingte Geltung zukommt. Aber diese Unbedingtheit äußert sich zugleich anthropologisch oder sozial: Jesus setzt unverrückbare Maßstäbe des Menschlichen, der Gemeinschaft, der hier und jetzt zu gestaltenden Wirklichkeit. Er wird zur konkreten Quelle einer Freiheit, die sich allen Alternativen von universal und konkret entzieht, weil Freiheit per se immer konkret ist und nur in konkreter Verwirklichung existiert.

Hier allerdings entsteht für die traditionellen theologalen Maßstäbe ein Problem. »Glaube« wurde in der Regel verstanden als die Zustimmung zu einer göttlich überirdischen Wirklichkeit, Hoffnung oder Erfahrung. »Glaube« wird angesichts des Menschen Jesus (in dem uns Göttliches begegnet) dagegen zu einer Beziehung des Vertrauens und der Identifikation von innerweltlicher Qualität. Christliche Identität ist – wie alle Identitätsfindung – ein Prozess, der nie zur Ruhe kommen kann (Mieth). Damit wird nicht nur »Gott« zu einem (zugleich) innerweltlich geschichtlichen Geschehen umdefiniert, sondern auch die Tat des Glaubens in anthropologische Kategorien des Bezugs, der Kommunikation und des Handelns transponiert. Wer heute angemessen über den Glauben an Jesus Christus spricht, kann nicht umhin – im Rückbezug auf die biblischen Quellen –, Kategorien wie Erinnerung, Geschichte, Nachfolge und Freiheit einzuführen. Es geht um die Erinnerung, die zur zentralen Kategorie der Eucharistie geworden ist. Erinnerung setzt gegenwärtig und überwindet auf eine innerweltlich konkrete Weise Zeit und Vergänglichkeit. Geschichte, verstanden als berichten, als erzählen und nacherzählen erweist sich als einer der sakramentalen Grundvollzüge christlicher Glaubensgemeinschaft, die wir in der Regel Kirche nennen. »Nachfolge« ist nicht ein »Nachahmen« des schon Geschehenen, sondern die lebenspraktische und kommunikativ-gemeinschaftliche Rekonstruktion, somit Neuschöpfung dessen, was in Jesus von Nazaret zur gelebten Wirklichkeit wurde. In der hermeneutischen Philosophie ist unter dem klassischen Stichwort der Mimesis inzwischen hinreichend darüber gearbeitet, um zu theologisch sinnvollen und stichhaltigen Folgerungen zu kommen (Haker). Die Freiheit der Kinder Gottes ist deshalb das entscheidende Heilsgut, das zumal in der gegenwärtigen Epoche gut verstanden wird: »Zur Freiheit hat uns Christus befreit. Bleibt daher fest und lasst euch nicht von neuem das Joch der Knechtschaft auferlegen!« (Gal 5,1). In diesem Sinn ist Gottes Wort durch Jesus Christus zur gelebten Wirklichkeit geworden, innerweltlich weitergegeben, ganz und gar – vom Ursprung bis zum Ende – in menschliche Hände gelegt, und doch von »göttlicher« Qualität.

Dass dieses urbiblische theologale Verständnis der Jesusgeschichte auch die Kategorien der Einzigkeit und Universalität tiefgreifend umformt (Swidler-Mojzes), braucht nicht eigens ausgeführt zu werden. Einzigkeit wird zu einer Kategorie der jeweiligen Erfahrung; Universalität wird zu einer Kategorie der globalen Prozesse, die an sich nie zu Ende kommen und nie voll in eine Theorie aufgehoben werden können[52]. E. Schillebeeckx etwa spricht vom »nicht-theoretisierbaren ›universalen Verstehenshorizont‹«, den er auf die »einzigartige Universalität eines geschichtlich partikularen Menschen« bezieht (Schillebeeckx 1975, 527–564). Es kann nicht darum gehen, solche Überlegungen als allgemein verpflichtend vorzulegen. Es ist vielmehr zu verstehen als ein vor-

---

52 Nirgendwo ist von einer Superiorität Jesu die Rede; die Aussagen bewegen sich vielmehr völlig im Denkstil und in der Vorstellungswelt der jüdischen Tradition. Neueste Kommentare weisen deshalb darauf hin, dass für die späteren Schlussfolgerungen eines überlegenen, gar absoluten Gottessohnes keinerlei Anlass besteht. Von meinem Kollegen van Tilborg habe ich gelernt, dass in der Bibel immer das Schwache und Unansehnliche *wegen und in seiner Schwäche* auserwählt ist. Die kontextlose Behauptung einer Auserwählung hebt sich selbst auf (van Tilborg, ferner Barret, Diezfelbinger [35–38], Hofius, Moloney).

bildlicher Versuch, der die alte Sehnsucht nach der allgemeinen Heilsbedeutung in einen gegenwärtigen Problemhorizont übersetzt (Knitter 1996). Bei solcher Betrachtungsweise lässt sich der metaphysische Unterbau traditioneller Christologie sogar ohne großes Aufsehen durch eine Ontologie des geschichtlichen Handelns ersetzen. Es hat keinen großen Sinn, wenn Ratzinger erneut darauf insistiert, dass »Christus der einzige Sohn Gottes *ist*« (Ratzinger 2000a, 18). Küng schreibt: »In Jesus, dem Christus des Glaubens, hat sich Gott uns Menschen geoffenbart.« Hat er damit Ratzingers Satz geleugnet? Man mag dabei immer noch »metaphysische Entleerung« vermuten; was bleibt von einer entleerten Metaphysik noch wegzuholen, wenn man ihr durch geschichtliche Konkretheit und eine Fülle möglicher Auslegungen zu Hilfe kommt? Eine historisch verantwortete und narrative Christologie führt ja nur – bisweilen in vitaler Direktheit – zu denselben Wurzeln zurück, aus denen die klassische metaphysische Theologie ebenfalls ihre Nahrung erhalten muss, falls sie nicht für ungezählte gläubige Zeitgenossen völlig in einen Formelmechanismus versinken will. Rom wäre schon in früheren Jahren gut beraten gewesen, die genannten und vergleichbare Lösungsvorschläge kritisch mitdenkend in den Diskurs aufzunehmen, statt in ihnen schnöde Entleerung zu vermuten. Es gehört zu den schwerwiegendsten Defiziten des Dokumentes, dass es sich an die eigenen Fehlentscheidungen der früheren Jahre bindet, den interreligiösen Horizont gegenwärtigen Redens von Jesus Christus überhaupt nicht (zustimmend oder kritisch) wahrnimmt (Schwager, Pritchard, Hick 1989) und so zur Bewältigung der anstehenden Fragen keinen Beitrag leistet.

4. Kapitel IV: Einzigkeit und Einheit der Kirche (Nr. 16–17)

In diesem Kapitel steigt die Spannung wieder, doch nicht auf Grund seiner inhaltlichen Dynamik (auch hier wird nichts wirklich Neues zu lesen sein), sondern auf Grund der Empörung und der Emotionen, die es ausgelöst hat. Was wir erfahren, ist die Erweiterung der Einzigkeits- und Universalitätsideologie auf die Kirche als Institution. Allerdings konnte sich Ratzinger bislang der Zustimmung vieler evangelischer Christen sicher sein. Auch ihnen liegt an der Einzigkeit von Logos, von Christusmittlerschaft und Heil. Ratzinger hat für die Kapitel I bis III deshalb viel Lob erhalten, die ihm für Kapitel IV dann entzogen wurde. Das ist, wie schon gesagt, höchst inkonsequent, denn der Denkstil und der konzeptionelle Bezugsrahmen bleibt bei allen Kapiteln gleich. Das im Grund un- oder gar antihermeneutische, anthropologisch völlig ungelehrige, sozial- und kulturtheoretisch naive Einzigkeitsmodell wird hier nur auf die Kirche übertragen[53]. Offensichtlich wird übersehen, dass die Einzigkeits- und Universalitätsidee schon im Vorhergehenden von einem Willen zur institutionellen Festlegung gesteuert war, wie anders wäre der unnachgiebige Nachdruck auf diese Sprachregelung zu erklären. Jetzt allerdings werden die Umhüllungen abgestreift.

a) Zum theologischen Kontext

Die Frage der (institutionellen) Einzigkeit und Einheit der Kirche genießt unter Christinnen und Christen in unserem Kulturkreis noch immer höchste Aufmerksamkeit. Das mag aus zwei Gründen überraschen. Zum einen leben (und »funktionieren«) andere Weltreligionen mit einem weit geringeren Grad der Institutionalisierung und der Organisation, ohne in ihrer inneren Einheit Schaden zu nehmen. Zum andern hat gerade der hohe Institutionalisierungs- und Organisationsgrad des christlichen Glaubens mit seinen übergroßen Erwartungen an die Kirchen zu ungeheuren Enttäuschungen über deren Handeln und Selbstdarstellung geführt. Zumal die Leitungsorgane der katholischen Kirche gelten heute in innerkirchlichen und in theologischen Angelegenheiten im buchstäblichen Sinn als autoritär und als erzkonservativ. Warum dennoch die hohe Aufmerksamkeit für die Fragen der Ökumene? Der Grund ist in der Auswahl derjenigen zu suchen, die gerade auf die Frage der Kircheneinheit ihre Hoffnung setzen. Es sind (a) kirchlich engagierte Christinnen und Christen, die (b) nicht in einen Individualismus des Glaubens absinken möchten, sondern Fragen der Kirchengestalt und der Kirchlichkeit nicht zu äußerlichen Fragen degradieren. Deshalb setzt diese Gruppe (c) ihre Hoffnung auf eine erneuerungsfähige Kirche, insbesondere auf deren Fähigkeit, alte Spaltungen zu überwinden. Die

53 Im Hintergrund wirkt dieses unreflektierte Einheitsmodell auch dann noch, wenn sich durchaus fortschrittliche Theologen treffen, um vom »Selbstvollzug« der Kirche zu sprechen (Fürst). Dabei besteht keinerlei theologischer Grund dafür, dass diese Kirche sich selbst vollzieht. Sie hat nicht sich selbst zu vollziehen, sondern das Heil zu verwirklichen.

(d) Motivation zu solcher Hoffnung kommt bisweilen aus persönlichen Lebenserfahrungen (Mischehen, Freundschaften oder gute Erfahrungen mit »anderen« Kirchen), aus einem allgemeinen Interesse für die Breite christlicher Glaubensformen sowie aus dem Wissen, dass der eigenen Kirche wichtige Dimensionen christlicher Lebenspraxis fehlen. Spätestens mit den Erfahrungen des Zweiten Weltkriegs hat sich u.a. in Westeuropa, zumal im Lande der Reformation, die Überzeugung durchgesetzt, dass die ökumenische Bewegung für die Kirchen von eminenter gesellschaftlicher und gesellschaftspolitischer Bedeutung ist, sei es wegen der Glaubwürdigkeit der Kirche, sei es wegen der langfristigen (europäischen) Entwicklung der Kirche auf einen Minderheitsstatus hin, der unsere Zerrissenheit noch schmerzlicher erfahren lässt.

Die Entdeckung der ökumenischen Frage durch die katholische Kirche auf universaler, regionaler und lokaler Ebene gehört zu den großen Errungenschaften des 2. Vatikanischen Konzils. Unter Inspiration und Federführung des damaligen Kardinals A. Bea wurde im November 1964 schließlich das Dekret über den Ökumenismus verabschiedet. Es galt den Zeitgenossen als Meilenstein. Man erwartete von ihm eine Dynamik, die – in Verbindung mit erneuernden Aussagen in der Konstitution über die Kirche – auf Dauer das Selbstbild der katholischen Kirche grundlegend verändern und das Verhältnis zu den anderen Kirchen revolutionieren würde. Allerdings wurde diese Interpretation schon damals nicht von allen geteilt und wird heute, 36 Jahre danach, von vielen erst recht kritisiert. Bei aller Öffnung, bei allem Geist der Versöhnung und bei allem Willen, langfristig einen Weg wachsender Gemeinsamkeit anzustoßen, galt das Dokument vielen Kritikern als das Äußerste, was man der eigenen Kirche an Zugeständnissen zumuten kann. Dies führte natürlich zu manchen inneren Widersprüchen, die damals nicht aufgelöst wurden. Drei Beispiele mögen dies zeigen. Das erste ist die Lehre von der »Hierarchie der Wahrheiten«, das zweite die identitätsrelevante Rolle zweier Sakramente, der Eucharistie und des Amtes, das dritte Beispiel ist der Umgang mit den ererbten Absolutheitsansprüchen der katholischen Kirche selbst.

1. Die Lehre von der »Hierarchie der Wahrheiten« ist ein echtes Novum im Nachdenken über die Bedeutung christlicher Lehre; die Einführung des Gedankens in den Konzilstext ist inzwischen gut dokumentiert (Witte). In Nr. 11 des Textes

steht der Satz: »Beim Vergleich der Lehren miteinander soll man nicht vergessen, dass es eine Rangordnung oder ›Hierarchie‹ der Wahrheiten innerhalb der katholischen Lehre gibt, je nach der verschiedenen Art ihres Zusammenhangs mit dem Fundament des christlichen Glaubens.« Diese Metapher hat befreiend gewirkt. Denn wenn nicht alle Glaubensaussagen gleich wichtig sind, dann können Prozesse der Relativierung und der eventuellen Korrektur besser in Gang gesetzt werden. Man kann etwa – um damals oft genannte Beispiele zu nehmen – über die Ablassfrage oder über die Verehrung bestimmter Heiliger leichter reden und diskutieren als über die Gottessohnschaft Christi. Allerdings hat sich bald herausgestellt, dass dieser Metapher auch enge Grenzen gesetzt sind, denn über die Verbindlichkeit einer Aussage an sich sagt diese Metapher nichts aus. Nachdem Jahrzehnte später etwa der Ablass reformiert und wieder in allen Ehren präsentiert wurde, wurde er gerade deshalb zum Stein des Anstoßes, denn er galt als ein sehr fragwürdiges, wenn auch unwichtiges Relikt früherer Zeiten. So konnte die Lehre von der Hierarchie der Wahrheiten schließlich einen hemmenden Effekt erzielen. Sobald konservative Kreise – bei allem Ärger über die Tendenzen der Erneuerung – auf der Aufrechterhaltung von Minimalaussagen bestanden haben, konnten progressive Kreise mit großzügigen Zugeständnissen reagieren. Die Metapher von der Hierarchie der Wahrheiten selbst wurde später aber wirkungslos, weil sie den Wahrheitsgehalt von Aussagen selbst nicht unterlief.

2. Die Frage von Eucharistie und Amt spielte bei der konkreten Beurteilung von Kirchen natürlich eine zentrale Rolle. Das ist verständlich, denn eine neue Hochschätzung zumal der Eucharistie hatte im Rahmen der Liturgischen Bewegung seit Beginn dieses Jahrhunderts hohe Konjunktur. Kirchlichkeit wurde jetzt wieder erfahrbar. Was also tun mit Kirchen, die – im klassischen Sinn des Wortes – nicht mehr »katholisch« waren, also die Apostolische Sukzession im Bischofsamt und die Eucharistie nicht mehr kannten? Einen gewaltigen Fortschritt in unserer Wahrnehmung brachten die inzwischen klassischen Differenzierungen von Kirche-sein und Kirchlichkeit. Da konnte festgestellt werden, dass die Christen aller Kirchen getauft, also durch ein sakramentales Band mit-

einander geeint sind (Ökumenismusdekret Nr. 2 und 3, Bea). Das war und ist immer noch ein Argument, dem niemand widersprechen kann. Dann gibt es das geweihte, sakramental übertragene Amt des Priesters bzw. Bischofs, das nach gängiger Überzeugung von den orthodoxen Kirchen des Ostens immer beibehalten wurde. Es kann als ein Fortschritt gelten, dass diesen Kirchen jetzt ohne Einschränkung die Qualität einer Kirche zuzusprechen ist. Schließlich zeigt sich in weiterer Quantifizierung der Mängel, dass die Kirchen der Reformation – jedenfalls nach römischer Überzeugung – das sakramentale Amt aufgegeben haben und deshalb auch nicht mehr über die Möglichkeit wahrer Eucharistie verfügen. Hier legen sich einige (wenngleich umstrittene) Interpretationen des Ökumenismusdekrets nahe, diese Kirchen seien nicht mehr im voll qualifizierenden Sinn »Kirche«, sondern vielleicht nur »kirchliche Gemeinschaften« – vor allem dann, wenn sie sich selbst nicht so qualifizieren. Der Abstufungen und Übergänge gibt es natürlich viele. Deshalb waren die Formulierungen wohl mit Absicht nicht hart und endgültig, aber doch so abgrenzend gewählt, dass konservative Kreise für ihre bleibende Abgrenzung hinreichende Argumentation fanden. Wer die Anerkennung auch der reformatorischen Kirchen als Kirchen damals als hieb- und stichfest hätte festlegen wollen, hätte es bei den vorliegenden Formulierungen nicht belassen dürfen. Die bleibende Unklarheit sollte sich spätestens in *Dominus Iesus* rächen. Die weitere Geschichte der ökumenischen Bewegung ist nicht unbekannt. Sie vollzog sich, wie wir weiter unten sehen werden, auf drei Ebenen (Communio Sanctorum).

3. Als das schwierigste Problem wurde eine Antwort auf die Kernfrage erfahren: Wie ist die Öffnung der römisch-katholischen Kirche zu anderen Kirchen und deren mögliche Anerkennung mit dem traditionellen katholischen Anspruch zu vereinbaren, sie habe am treuesten die Kontinuität zur ursprünglichen wahren Kirche gewahrt und dem Bischof von Rom komme oberste Leitungs- und Lehrbefugnis über alle Kirchen zu? Es leuchtet unmittelbar ein: Ohne Schaden an der eigenen katholischen Identität zu nehmen, konnte das Konzil diese Frage nicht auf Anhieb lösen. Nach dem Urteil ökumenisch engagierter Bischöfe und Sachberater mussten

deshalb Perspektiven eröffnet und eine Dynamik in Gang gebracht werden, die auf langfristige Lösungsmöglichkeiten ausgerichtet waren. Insofern konnten die angebotenen Lösungen nicht statisch endgültiger, sondern nur vorläufiger und dynamischer Art sein. So konnten sich wieder einmal Ökumeniker und katholische Egozentriker auf dieselben Texte berufen. Die spätere theologische Entwicklung der ökumenischen Frage sollte sich an dieser Unentschiedenheit der konziliaren Texte entscheiden. Darüber wird bei der Besprechung des Dokuments selbst Genaueres zu sagen sein.

Kommen wir zu den drei Ebenen: Auf der Ebene kirchlicher Basis bildeten sich in vielen Ländern und an vielen Orten ungezählte Handlungs-, Gesprächs- und Gebetsgruppen, unabhängig von oder in Anlehnung an Aktivitäten, die vom Weltrat der Kirche mitorganisiert und legitimiert wurden. Diese Gruppen fanden zunächst eine stürmische Entwicklung; auch nachdem die erste Begeisterung verflogen war, blieben und bleiben immer noch viele und weit verstreute Gruppen übrig. Sie hatten inzwischen einander kennen und verstehen gelernt: Unterschiede, die zunächst unüberbrückbar schienen, wurden relativiert. Sie bauten gemeinsame geistliche Erfahrungen auf, so dass sie die gegenseitige Trennung gerade im Zentrum des christlichen Lebens als unnatürlich und widersinnig erfuhren. Warum etwa sollte – eine bis heute umstrittene Argumentation – die Feier der Eucharistie Folge und Abschluss der Einheit sein, wie man in Rom gerne argumentiert, nicht aber Beginn und Quelle der kirchlichen Einheit? Wer hat denn das Recht, Christinnen und Christen die gemeinsame Feier der Einheit zu verbieten? Schließlich haben sich viele solcher Gruppen intensiv mit der Schrift beschäftigt. Hier scheinen mir die entscheidenden Durchbrüche geschehen zu sein. Denn ein angemessenes Schriftverständnis führte auch zur Relativierung der entscheidenden trennenden Bedingungen, auf denen die katholische Seite bis heute besteht, nämlich die Amtsfrage, die Frage der Eucharistie sowie die Frage der Lehrautorität. An diesem Punkt stagniert die Aufarbeitung der Trennung, und an diesem Punkt brach auch die empörte Enttäuschung nach Veröffentlichung des Dokuments auf, obwohl sich Ratzinger doch – gemäß seinem Verständnis – auf das 2. Vatikanische Konzil berufen konnte.

Allerdings hat auch die exegetische Besinnung nicht zu einer

Beruhigung der Situation geführt. Die einschlägige theologische Literatur zu Situation und Verständnis von Kirche in einer globalisierten und zugleich pluralisierten Welt ist unübersehbar geworden (Ruggieri-Tomka). Auf der Ebene theologischer Forschung zerbröselten die gängigen Unterschiede noch dramatischer als vorherzusehen war. Auch hier war es neben kirchen-, theologie- und konfessionsgeschichtlicher Forschung[54] die Exegese, feministische Theologie und Befreiungstheologie, die eine umfassende neue Basis ökumenischer Spiritualität einerseits und selbstkritischer Bescheidenheit andererseits entstehen ließ. Im Umgang mit biblischen Texten entstanden allmählich ein hermeneutisches Problembewusstsein sowie das Gespür für die Zeit- und Kulturdistanzen, in denen sich die Kirchenwirklichkeit entfaltet hat (Ebertz 1998, Gabriel). Diese Zuwendung zur Schrift bei den verschiedensten theologischen Themen hat dazu geführt, dass sich ökumenisches Bewusstsein nicht mehr wegschieben, relativieren oder verbieten lässt, denn auch die katholische Kirche hat sich – spätestens seit dem 2. Vaticanum – der Botschaft der Schrift vorbehaltlos zu stellen. In der Regel werden Gewicht und langfristige Wirkungskraft dieses Prozesses unterschätzt.

Auf der Ebene organisierter kirchlich-ökumenischer Aktivitäten zeigt sich hingegen ein komplexes Bild. Entscheidend waren von Anfang an einige institutionelle Faktoren. Ökumenische Kommissionen wurden in der Regel offiziell bestellt. Ihre Mitglieder wurden von beteiligten Kirchen berufen und versahen in Namen und Auftrag ihrer Kirchen ihre Arbeit. Diese Aufspaltung von Entschließungsvollmacht und inhaltlicher Kompetenz hat den Ergebnissen nicht gut getan. Inhaltliche Erkenntnisse wurden in der Regel institutionell abgebremst und vor Schlussfolgerungen abgeriegelt, die dem Selbstverständnis der kirchlichen Aufraggeberin widersprachen (Häring 1987). Für diesen Prozess und für entsprechende (komplizierte, diplomatisch verschlüsselte, auf Zeitgemäßheit und Opportunität reduzierte) Ergebnisse könnten ungezählte Beispiele gegeben werden. Eine Sonderspielform dieser gebremsten Fortschritte ist die vertröstende Zuweisung bestimmter Fragen an neue Gesprächsprojekte[55]. Natürlich wurde es in-

54 Zu nennen sind u.a. die epochemachenden Arbeiten von J. Lortz, H. Küng und O. H. Pesch.

55 Das lässt sich an vielen Dokumenten zeigen, die inzwischen in zusammenfassenden Bänden herausgegeben sind; vgl. etwa Meyer.

zwischen zum Standard, dass für Fragen von Amt und endgültiger Lehrautorität immer eine Folgekommission angekündigt wird. Damit sei den ungezählten ökumenisch engagierten Theologinnen und Theologen der gute Wille nicht abgesprochen; zudem ist im Einzelfall kaum die Frage zu entscheiden, ob und inwieweit jemand in sublimer Weise instrumentalisiert wurde oder einfach dem Druck von oben gewichen ist, inwieweit die interne Ambivalenz oder Interpretationsfähigkeit einer Aussage zugunsten bestimmter partikularer Interessen oder Ziele ausgespielt wurde. Dass die katholische Kirche auch in missliebigen Fällen massiv eingreifen konnte, ist hinreichend bekannt. Man denke etwa an die kirchenunabhängige Arbeitsgemeinschaft ökumenischer Universitätsinstitute, die im Jahre 1973, also vor über 25 Jahren, ein Memorandum zur »Reform und Anerkennung kirchlicher Ämter« verabschiedet hat (Reform) und dafür – trotz sauberer exegetischer und theologiegeschichtlicher Argumentation – in kirchlicherseits organisierten Reaktionen dafür geprügelt wurde, dies übrigens mit Argumenten katholischer »Tradition« und vermeintlicher Kirchlichkeit, nicht mit Argumenten der »Schrift«. Was ist das aber für ein Traditionsverständnis, das sich der Herausforderung der Schrift mit durchsichtig harmonisierenden hermeneutischen Argumenten nicht stellt? Und wie soll man auf die Zirkelargumentation reagieren, für bestimmte Schlussfolgerungen seien die Zeit, die theologische Diskussion oder die gemeinsame geistliche Erfahrung noch nicht reif, was im Klartext doch hieß, dass sich dazu eine Kirchenleitung noch nicht durchringen konnte? Mit Wehmut erinnert man sich an den genannten Kardinal Bea, der aus den Worten des Papstes: »Die Sache scheint mir nicht reif« den Schluss zog, »man müsse sie ›reif machen‹.« (Bea 49)

Dass dennoch beeindruckende Ergebnisse zustande kamen, sei nicht geleugnet. Man hat die Möglichkeiten der Annäherung in vielen Richtungen ausgeschöpft. Man hat freundliche und verständnisvolle Sprachregelungen gefunden; zumal die reformatorischen Kirchen sind der katholischen Kirche in vielem entgegengekommen. Als Meilenstein gegenseitiger Annäherung wird oft die Enzyklika Johannes Pauls II. *Ut omnes unum sint* vom 25. Mai 1995 angesehen. Man kann in der Tat über den warmen Ton erstaunt und glücklich sein, den der Papst darin anschlägt. Atmosphärisch war und ist dieses Dokument deshalb von großer Bedeutung. Man wird aber auch in aller Nüchternheit zugeben müssen, dass sich die Gesamtposition auf der Ebene der Lehre und der strikt theologischen Beurteilungen anderer Kirchen um keinen Millimeter bewegt hat. Der hermeneutische Egozentrismus Roms ist in keiner Weise durchbrochen und der Papst selbst, nach Aussage Pauls VI. der entscheidende Stolperstein auf dem Weg der Annäherung, hat – wider besseren Wissens theologischer Forschung – von seinen Ansprüchen aber auch gar nichts aufgegeben. Deshalb verwundert es nicht, dass andere gerade in diesem Widerspruch von Rede und Verhalten den Skandal des Dokuments erkannten. Die alte und unnachgiebige Linie, so der Anschein, wird jetzt unter der Decke allerfreundlichster Worte zementiert. Durch diese Selbstwiderlegung wird eine Entwicklung gefördert, die man fürchtet und verhindern will: Ungezählte christliche Gemeinschaften auf der Welt haben jeweils für sich das Problem der Ökumene – wohlgemerkt: auf der Basis guter theologischer, biblischer und religiös praktischer Argumente – einschließlich der Amtsfrage gelöst. Wer einmal solche Erfahrung machen und verarbeiten durfte, kann das traditionelle Zögern des kirchenoffiziellen Establishments nicht einmal mehr nachvollziehen. Das Problem lautet also nicht Stillstand, sondern besteht in einer ökumenischen Dynamik, mit der die Amtsleiter nicht mehr Schritt halten können. Was oft als Problem der Basis präsentiert wird, ist in Wirklichkeit ein Problem der Herren, die noch immer eine mentale Vormundschaft ausüben wollen.

Erst kürzlich ist in Deutschland das Buch »*Communio Sanctorum* – Die Kirche als Gemeinschaft der Heiligen« erschienen. Der darin investierte gute Wille sei nicht geleugnet. Es entsteht aber auch der Eindruck, dass die Kunst friedvoller Sprache virtuose Höhen erreicht hat. Am Schluss werden zur Papstfrage Lösungen vorgelegt, die unter den gegenwärtigen Umständen illusorisch sind[56]. So münden sie in der etwas hoffnungsarmen Bitte: »Beide

56 Ins Gespräch gebracht werden in Nr. 199: (1) Rückgriff auf Modelle des ersten Jahrtausends, (2) Unterscheidung der verschiedenen im Papst vereinigten Funktionen: Bischof von Rom, Hirte der Gesamtkirche, Haupt des Bischofskollegiums, Patriarch des Abendlandes, Primas von Italien, Erzbischof und Metropolit der Kirchenprovinz von Rom, Souverän des Staates der Vatikanstadt, (3) die Kirche wird zur communio von Schwesterkirchen, (4) das Verhältnis zwischen der Kirche von Rom und den mit ihr unierten katholischen Ostkirchen wird entwickelt, (5) in Liturgie, Theologie, Spiritualität, Leitung und Praxis bleibt die legitime Vielfalt erhalten. Der letzte Punkt wird am wenigsten Schwierigkeit bereiten, mehr schon Punkt (4), das Modell (3) wurde gerade abgelehnt und auf Punkt (2) wird sich Rom nicht einlassen. Die Wiederbelebung des vorvergangenen Jahrtausends (1) macht keinen Sinn.

Seiten würden es begrüßen, wenn es zu einer Interpretation in dieser Richtung kommen könnte« (Nr. 198). Ein angesehener evangelischer Bischof im Ruhestand nannte dies »erstaunliche Sätze« (KNA – ÖKI, 24. 10. 2000). Die Sätze sind in der Tat erstaunlich, aber nicht wegen ihres untertänigen, im Irrealis gleich wieder neutralisierten Mutes, sondern weil man im Jahre 2000 angesichts exegetischer, historischer und systematischer Forschungen immer noch nicht sagt, was Sache ist: Niemand mehr, und sei es der Papst, ist berechtigt, den Kirchen der Reformation den Titel einer Kirche abzusprechen; gegen die Botschaft der Schrift vergeht sich, wer den Schwesterkirchen die eucharistische Gemeinschaft immer noch versagt. H. Fries und K. Rahner haben dazu schon 1983 zwei wichtige Feststellungen getroffen. Die erste lautet: »Ordinationen sind letztlich gültig, ... weil sie innerhalb der einen Kirche als gültig erachtet werden und je nach den verschiedenen Situationen als gültig anerkannt werden müssen.« Die zweite besagt: »Zwischen den einzelnen Teilkirchen besteht Kanzel- und Altargemeinschaft« (Fries-Rahner, 138f.).

Ich weiß, dass solche Behauptungen ihrerseits wieder der gemeinsamen theologischen Diskussion auszusetzen sind. Das möge geschehen, doch nur unter der einen und unabdingbaren Bedingung: Die Sache der Schrift und die (bislang diskriminierten) Argumente von Theologinnen und Theologen der vergangenen Jahrzehnte mögen offen besprochen, überprüft bzw. widerlegt, in jedem Fall auf ihre Argumentationskraft hin gewürdigt werden. Der vorläufige Diskussionsstand des 2. Vatikanischen Konzils kann – nach beinahe vierzig Jahren – nicht mehr als der zeitgemäße Diskussions- und Handlungsstand in seiner Endstufe akzeptiert werden, denn er bedeutete nur einen vorläufigen Beginn. Das entscheidende Minimalergebnis der ökumenischen Diskussion ist inzwischen darin zu suchen, dass es keine theologisch legitimen kirchentrennenden Hindernisse mehr gibt. Allerdings muss selbstkritisch hinzugefügt werden: Die gängige und kirchlich akzeptierte katholische Theologie, die in den vergangenen Jahrzehnten kaum ein Wort der Kritik und des offenen Widerspruchs wagte, hat den gegenwärtigen Zustand verdient, denn auch sie hat ihn provoziert. In einem langzeitig praktizierten Prozess der Selbstverstummung, der Kritikangst und lähmender Duldung hat sie in Sachen Ökumene ihren Eigenstand offensichtlich verloren. De facto hat sie die viel gescholtene These von einer evangelisch-katholischen »Grunddifferenz« nicht tatkräftig widerlegt, sondern akzeptiert und bestätigt.

b) Zum Dokument

In den bisherigen Kapiteln des Dokuments ging es darum, die Universalität von Offenbarung, Logos und Christus gegenüber befürchteten Einschränkungen und Relativierungen aufrecht zu erhalten. In Kapitel IV verändert sich die Argumentationsstrategie. Denn jetzt sieht sich der Organisator der Argumentation mit vielen Kirchengemeinschaften und deren Ansprüchen konfrontiert; sein Ziel ist es, die empirisch widerlegte Einzigkeit der Kirche nur noch der eigenen Kirchenorganisation zuzuschreiben. Er nimmt dafür, wie schon gesagt, zu einer Argumentation der Kirchenkonstitution des 2. Vaticanum Zuflucht, die den exklusiven Anspruch der katholischen Kirche samt Petrusamt weitgehend übernimmt, auch wenn sie zum ersten Mal in ihrer Geschichte vor der letzten Konsequenz zurückschreckt.

Die Stelle sei wegen ihres Gewichts ausführlich zitiert. Die Kirchenkonstitution sagt in Art. 8 (in *Dominus Iesus* zitiert): »Dies ist die einzige Kirche Christi [, die wir im Glaubensbekenntnis als die eine, heilige, katholische und apostolische bekennen][57]. Sie zu weiden, hat unser Erlöser nach seiner Auferstehung dem Petrus übertragen (vgl. Joh 21,17), ihm und den übrigen Aposteln hat er ihre Ausbreitung und Leitung anvertraut (vgl. Mt 28,18 ff.), für immer hat er sie als ›die Säule und das Fundament der Wahrheit‹ (1 Tim 3,15) errichtet. Diese Kirche, in dieser Welt als Gesellschaft verfasst und geordnet, ist verwirklicht [*subsistit in*] in der katholischen Kirche, die vom Nachfolger Petri und von den Bischöfen in Gemeinschaft mit ihm geleitet wird.« Das Dokument fährt fort: »Mit dem Ausdruck ›*subsistit in*‹ wollte das Zweite Vatikanische Konzil zwei Lehrsätze miteinander in Einklang bringen: auf der einen Seite, dass die Kirche Christi trotz der Spaltungen der Christen voll nur in der katholischen Kirche weiterbesteht, und auf der anderen Seite, ›dass außerhalb ihres sichtbaren Gefüges vielfältige Elemente der Heiligung und der Wahrheit zu finden sind‹, nämlich in den Kirchen und kirchlichen Gemeinschaften, die nicht in voller Gemeinschaft mit der katholischen Kirche stehen. Bezüglich dieser Kirchen und kirchlichen Gemeinschaften ist fest-

57 Die in eckige Klammern gesetzten Worte werden in *Dominus Iesus* nicht zitiert.

zuhalten, dass ›deren Wirksamkeit sich von der der katholischen Kirche anvertrauten Fülle der Gnade und Wahrheit herleitet‹.«

Nun wird man Ratzinger nicht den Vorwurf machen können, er habe die Stelle einfach falsch wiedergegeben oder interpretiert. Die Stelle ist in der Tat nicht restlos klar und zeigt die Unentschlossenheit bzw. den unklaren Kompromisscharakter einer zwischen ökumenischer Offenheit und alter Ausschließlichkeit schwankenden Synode. Dennoch haben E. Jüngel, L. Boff und andere Recht, wenn sie diese Interpretation als nicht korrekt kritisieren (Jüngel, L. Boff 2001). Ratzinger hat zumindest gegen den Geist der Aussage verstoßen. Dazu ist eine kleine theologische Fachargumentation notwendig. Zunächst ist daran festzuhalten, dass das Konzil nicht einfach von der real existierenden römisch-katholischen Kirche spricht. Streng genommen ist das Formalobjekt der Aussage zunächst die von Christen geglaubte Kirche, die nicht einfach in einer irdischen Gemeinschaft [»Gesellschaft/societas« genannt] als solcher aufgeht. Deshalb sagt das Konzil im vorhergehenden Absatz: »Die mit hierarchischen Organen ausgestattete Gesellschaft und [!] der geheimnisvolle Leib Christi, die sichtbare Versammlung und [!] die geistliche Gemeinschaft, die irdische Kirche und [!] die mit himmlischen Gaben beschenkte Kirche sind nicht als zwei verschiedene Größen zu betrachten, sondern bilden eine einzige komplexe [!] Wirklichkeit, die aus menschlichem und göttlichem Element zusammenwächst.« Wenn dann im folgenden Absatz gesagt wird, »dies« sei die einzige Kirche Christi, dann ist genau auf die geistliche Seite abgehoben, und zu Unrecht unterschlägt Ratzinger in seinem Zitat dann die Hinzufügung, die oben in Klammern ([ ]) wiedergegeben ist. Es geht nicht um die katholische Glaubensorganisation, sondern um die gottgewollte Kirchenwirklichkeit, »... die wir im Glaubensbekenntnis als die eine, heilige, katholische und apostolische bekennen«. Genau diese Kirche wird auch von den Kirchen der Reformation im Glaubensbekenntnis bekannt und gelebt. Den Kirchen der Reformation kann ihre glaubende Identifikation mit dieser Kirche also nicht im Handstreich genommen werden.

Hinzu kommt, dass die bis heute kryptische Formulierung vom »Subsistieren in ...« die Interpreten von Anfang an zu sublimer Denkarbeit herausgefordert hat. Bei allen verschiedenen Auslegungen galt immer ein Ausgangspunkt als unbestritten: Das Konzil hat diese komplizierte Formulierung gewählt, weil sie von der vorbehaltlosen Identifikation früherer Zeiten zwar Abstand nehmen wollte, diesen Abstand aber noch nicht zu weit treiben konnte. Ratzinger verweist auf die »Elemente der Heiligung und der Wahrheit«, die sich auch anderswo finden. Diese quantifizierende Interpretation an sich ist aber zu oberflächlich. In einem früheren Entwurf hieß es nämlich: »Diese Kirche also … *ist* die katholische Kirche.«[58] Gemäß dem Kommentar des hoch angesehenen Kirchenhistorikers und späteren Kardinals A. Grillmeier sollte betont werden, »dass die römische Kirche als Lokalkirche nur ein Teil der Gesamtkirche ist, obwohl ihr Bischof das Haupt aller Bischöfe der katholischen Kirche ist«. Ferner sollte »nicht mehr ein absolutes, exklusives Identitätsurteil ausgesprochen« werden. Erst nachdem er diesen Grundsatz dargestellt hat, verweist Grillmeier dann auf die »vielfältigen Elemente der Heiligung und der Wahrheit«, die auch anderswo zu finden sind[59]. Erst in diesem Zusammenhang wird das Problem deutlich. Gewiss war das Konzil – anders als biblische Befunde heute zwingend nahe legen – noch ganz in einer romzentrierten Perspektive befangen, aber es blieb – zumal wegen der Intervention orientalischer Bischöfe – ein Unbehagen zurück. Dabei fühlte sich das Konzil (noch) nicht imstande, die Grenzen der Identifikation genauer zu formulieren. H. Küng, einer der sehr wachen und ökumenisch engagierten Teilnehmer des Konzils, schreibt 1967: »Die neue Formulierung wurde ganz bewusst so vage wie möglich gehalten, um die weitere theologische Klärung, die in dieser schwierigen Frage unbedingt nötig ist, nicht zu behindern« (Küng 1967, 337). Ganz ähnlich und mit unbedingter Präzision argumentiert L. Boff (2001). Eine verantwortungsvollere Interpretation hätte nach vierzig Jahren daraus gewiss den Auftrag ablesen müssen, die fälligen Klärungen im Geiste des Konzils voranzutreiben. So hätte man von dem jüngsten Dokument neue Hinweise zu alten Fragen erwarten dürfen: Wie wurde dieser Auftrag zur Klärung in den vergangenen Jahrzehnten aufgegriffen und wie

58 »Haec igitur Ecclesia, vera omnium Mater et Magistra, in hoc mundo ut societas constituta et ordinata, *est* Ecclesia Catholica, *a Romano Pontifice* et Episcopis in eius communione directa.« Genau diese Formulierung hat zu Diskussionen geführt, weil sie die Kirche Christi auf direkte und rundum ausschließliche Weise mit der katholischen Kirche identifizierte. Damit ist jedenfalls die negative Zielsetzung der Modifikation deutlich. Es galt, diese undifferenzierte, von Ratzinger wieder eingeführte Identifikation aufzubrechen.

59 Kommentar von A. Grillmeier zur Konstitution in: LThK, 2. Aufl. 1967, Erg. Bd. I, 174f.

gelang es, die vorbehaltlose vor-konziliare Identifikation allmählich zu durchbrechen, wenn nicht gar aufzulösen? Es hätte keiner Anstrengung bedurft, die intensiv erforschten biblischen Grundlagen zu erkunden und sie in einer heilsam belehrenden Übersicht zusammenzufassen. Es hätte dem Glaubenshüter im Jahr des großen Schuldbekenntnisses sogar gut angestanden, die gewonnenen Ergebnisse endlich auch als Kritik an aller römisch-katholischen Egozentrik und Überlegenheitsillusion zu präsentieren. Ratzinger hat diese Chance in *Dominus Iesus* versäumt. Er hat damit gegen den Geist des Konzilstextes und gegen den Geist der späteren ökumenischen Geschichte in unverantwortlicher Weise verstoßen.

Darin zeigt sich ein allgemeines Problem, das auch in diesem Kapitel aufbricht. Der Wächter über das altkirchliche Glaubenskonzept kann sich – in seiner Metaphysik befangen – überhaupt nicht vorstellen, dass dieses »Subsistieren in ...« anders als exklusiv zu denken ist. Er ist auch hier nicht imstande, neue Inhalte zu entwickeln, die den Rahmen altkirchlichen Denkens überschreiten. »Lehramt« und verbindliche Texte verkommen so zum reinen Buchstaben. Für deren weiter zu führende Dynamik bleibt kein Raum, ebenso wenig wie für das sorgfältige Gehör auf spätere Entwicklungen und Argumente. So bleibt es eben beim Alten: Es gebe halt nur eine »Kirche Christi«, in der Jesus Christus sein Heilswerk fortsetzt; Christus und Kirche verhalten sich zueinander wie Haupt und Leib (Nr. 16, Abs. 1). Dies ist, wie gesagt, nicht neu, fällt aber hinter alle Differenzierungen zurück, die – aus biblischen, theologiegeschichtlichen wie systematischen Gründen – in den vergangenen 35 Jahren entwickelt wurden. Insofern ist Hans Küngs Buch »Die Kirche« aus dem Jahre 1967 dem gegenwärtigen Stand von Ratzinger heute noch weit voraus. Denn dieser verharrt immer noch bei einem monolithischen Modell von Einheit und Untrennbarkeit, von Einzigkeit und Universalität, während Küng und andere sich den Geist des Konzils schon damals konsequent zu eigen machten. Gegen eine solche Lehraktivität von höchster Stelle ist Protest unumgänglich.

Etwas vom Geist und der Zielrichtung des Konzils wird aus der folgenden Passage deutlich. Hans Küng schreibt 1967:

Das Vatikanum II hat die Haltung der katholischen Kirche gegenüber den anderen christlichen Kirchen, bei manchen bleibenden Unklarheiten, in entscheidenden Punkten revidiert: 1. Während die katholische Kirche früher nur (im Grunde böswillige) Häretiker und

Schismatiker kannte, spricht sie nun die anderen Christen allgemein als getrennte Brüder *an. 2. Während sie früher nur einzelne Christen außerhalb der Kirche zur Kenntnis nahm, anerkennt sie nun die Existenz von* Gemeinschaften *von Christen außerhalb der katholischen Kirche (»christianae communiones«: DOe 1) 3. Sie versteht diese Gemeinschaften nicht nur als soziologische Größen, sondern als* »kirchliche Gemeinschaften« *oder* »Kirchen« *(»Ecclesiae vel communitates ecclesiasticae« CE 5; vgl. DOe 3). 4. Sie anerkennt auch die Verbindung dieser Kirchen untereinander in der ökumenischen Bewegung, die außerhalb der katholischen Kirche entstanden ist, wobei die Basis-Formel des Weltkirchenrates ausdrücklich zitiert wird: »Von dieser Gnade sind heute überall sehr viele Menschen ergriffen, und auch unter unseren getrennten Brüdern ist unter der Einwirkung der Gnade des Heiligen Geistes eine sich von Tag zu Tag ausbreitende Bewegung zur Wiederherstellung der Einheit aller Christen entstanden. Diese Einheitsbewegung, die Ökumenische Bewegung genannt wird, wird von Menschen getragen, die den dreieinigen Gott anrufen und Jesus als Herrn und Erlöser bekennen, und zwar nicht nur als einzelne, jeder für sich, sondern auch als Gemeinschaften, in denen sie die frohe Botschaft vernommen haben und die sie ihre Kirche und Gottes Kirche nennen« (DOe 1) 5. Sie identifiziert sich somit, trotz mancher anders lautender Formulierungen, nicht mehr schlechthin mit der Kirche Christi. An einem Punkte wenigstens ist eine ausdrückliche Revision erfolgt: Statt der zunächst durch die Kommission vorgeschlagenen Identitätsformel: »die einzige Kirche, die wir im Glaubensbekenntnis als die eine, heilige, katholische und apostolische bekennen, …* ist *(est) die katholische Kirche, vom Nachfolger Petri und von den Bischöfen in Gemeinschaft mit ihm geleitet«, wurde die Formulierung angenommen: »…* existiert in *der katholischen Kirche« (subsistit in. CE 8). Als Begründung dieses erstmaligen folgenreichen Abrückens von der Identitätsformel gab die Kommission an: »damit dieser Ausdruck besser übereinstimmt mit der Bejahung von kirchlichen Elementen, die anderswo da sind«. Damit sind die in CE 15 genannten »Kirchen oder kirchlichen Gemeinschaften« gemeint. Die neue Formulierung wurde ganz bewusst so vage wie möglich gehalten, um die weitere theologische Klärung, die in dieser schwierigen Frage unbedingt nötig ist, nicht zu behindern«* (Küng 1967, 337[60]).

60 Die Zitatangaben im Text von Küng lauten: »DOe« für das Ökumenismusdekret, »CE« für die Konstitution über die Kirche.

Zu allem Überdruss führt der dritte Absatz von Nr. 16 noch die klassischen katholischen Sukzessions- und Primatstheorien ein, die sich in keinem Fall auf die Schrift, ebenso wenig auf die frühe Kirche berufen können. Auch dies verdient Protest. Ratzinger hat in der Tat – man verzeihe das harte, aber richtige Wort – nichts gelernt. Zusammen mit vielen anderen war er seit Konzilszeiten nicht bereit, im katholischen Selbstanspruch auch nur einen Fußbreit nachzugeben. Sollen sich aber andere Kirchen daran stören? Was stören Roms Formalansprüche eine Kirche, die ihrerseits auf eine Sukzession im Amt, die solchermaßen formalisiert ist, überhaupt keinen Wert legt? Ratzinger scheint noch immer so formalistisch und im Grunde so oberflächlich zu denken. Noch immer gilt derjenige als »geweiht«, dem ein Geweihter die Hände aufgelegt hat; so einfach ist das. Katholischerseits wird oft darauf hingewiesen, diese Handauflegung wirke für den Regelfall als ein hilfreiches und sehr wichtiges Zeichen; gerade dieses Zeichen konnte über Jahrhunderte hinweg die Einheit der Kirche beschützen. Katholische Ohren werden das gerne hören. Die Kirchen der Reformation weisen uns allerdings darauf hin, dass gerade dieses Einheitszeichen in den Wirren der Reformation (durch das Versagen der geweihten Bischöfe selbst) die Einheit der Kirche nicht mehr wahren konnte, wenn nicht gar zerstört hat. Ein Bischofsamt, das sich den grundlegenden Anforderungen der christlichen Botschaft nämlich nicht unterwirft, schafft Spaltung und demütigt diejenigen, die dagegen protestieren. Es ist endlich Zeit, über diese dunkle und unheilsame Schattenseite des Bischofsamts in der Geschichte nachzudenken.

Nun darf Ratzinger seine theologischen Überzeugungen pflegen und nach außen verteidigen. Aber er spricht in diesem Dokument eben nicht als Theologe unter Theologen, sondern mit dem Anspruch oberster Sorge für den Glauben. Deshalb hat er – von der historischen Problematik seiner Interpretation ganz abgesehen – nicht das Recht, seine persönliche und vielfach widerlegte Interpretation als bindend zu präsentieren. Dieses Vorgehen zeugt von einer ökumenischen Unsensibilität, die das Konzil, wie wir dachten, schon überwunden hatte. Auch scheint er im Sinne der Ökumene nicht einmal zur einfachsten hermeneutischen Operation bereit zu sein, nämlich im Sinne von Kommunikation und Versöhnung Perspektiven zu tauschen und durchzuspielen. Er, der sich m.W. nie die Mühe gemacht hat, in positiver Partizipation ein wesentliches Stück reformatorischer Theologie von innen heraus zu durchdenken, kann kaum beanspruchen, dass er deren Argumente für die Legitimität eigenen Kirche-Seins kennt.

Der Rest an ökumenischer Anmaßung folgt dann auf dem Fuße und braucht im Einzelnen hier nicht kommentiert zu werden: Den Kirchen der Reformation wird der Ehrentitel einer Kirche überhaupt abgesprochen, weil sie Episkopat und – wie Ratzinger behauptet – das eucharistische Mysterium nicht bewahrt haben (Nr. 17, Abs. 2 und 3), allen weitergehenden Aussagen, Modellen und der höchst differenzierten Situation in den lutherischen Kirchen zum Trotz. Über die Problematik solcher Schlussfolgerungen ist schon das Nötige gesagt. H. Küng bemerkt zum Vorgehen des Konzils: »Die von Rom getrennten *orthodoxen* Kirchen wurden auch in der römischen Kurialsprache schon immer Kirchen genannt (DOe 3 verweist auf das 4. Laterankonzil 1215, das 2. Konzil von Lyon 1274, das Konzil von Florenz 1439). Das Vaticanum II hat es glücklicherweise vermieden, die episkopale Kirchenverfassung (bzw. die damit verbundene Eucharistiefeier) zum *Kriterium der Benennung ›Kirche‹* zu machen. Dieses Kriterium wäre in der Tat willkürlich und würde der Problematik der protestantischen Reformation nicht gerecht. Bei vielen Kirchengemeinschaften mit episkopaler Kirchenverfassung, wie etwa bei der Anglikanischen Kirche oder der Lutherischen Kirche Schwedens, wäre schwierig zu sagen, ob sie ›Kirche‹ oder nur ›kirchliche Gemeinschaft‹ genannt werden sollen (die Ungültigkeit der anglikanischen Weihen ist auch nach der – nicht definitiven und infalliblen – Entscheidung Leos XIII. historisch umstritten geblieben, und die Ungültigkeit der Eucharistiefeier außerhalb der katholischen Kirche und der orthodoxen Kirchen ist nicht so leicht theologisch zu beweisen, wie dies kirchenrechtlich den Anschein hat)« (a.a.O. 340f.). Natürlich ist allgemein bekannt, dass römische Kreise schon früh die Theorie entwickelt haben, die das Dokument nun als verbindlich präsentiert[61]. Es wäre jedoch angemessen gewesen, zwischen persönlicher Auffassung und der genauen Aussage des Konzils zu unterscheiden. Im Anschluss an die sensible Frage schlägt Küng schon 1967 eine theologisch vertretbare Arbeits-

61 Darauf ist hier nicht weiter einzugehen. M. W. beginnt sie mit einem Vorstoß von J. Hamer, der in der Zeit nach dem Konzil Sekretär des »Hl. Offizium«, der Vorgängerbehörde der »Glaubenskongregation« gewesen ist.

definition vor, die die ökumenische Arbeit möglich macht und spätere Spezifizierungen zulässt: »Kirche könnte in diesem Falle genannt werden jede auf dem Boden der Heiligen Schrift geordnete Gemeinschaft von getauften Christen, die an Christus, den Herrn, glauben, die das Herrenmahl feiern wollen, nach dem Evangelium zu leben trachten und Kirche genannt sein wollen (nicht alle protestantischen Gemeinschaften wollen das Letztere; insofern ist es richtig, zwischen ›Kirchen‹ und ›kirchlichen Gemeinschaften‹ zu unterscheiden). Gerade die Herausstellung dieser grundlegenden ekklesialen Gemeinsamkeit ist eine eindringliche Aufforderung, die Gemeinsamkeit und den ekklesialen Charakter der Gemeinschaft zu vertiefen« (Küng 1967, 341).

Das Dokument verlegt sich also auf Aussagen, die weder als theologisch zwingend begründbar oder wahr sind, noch dem Gebot christlicher Liebe entsprechen. In dieser Hinsicht bildet dieses Kapitel den eigentlichen Tiefpunkt des Dokuments. Es vertritt eine Theologie, die die letzten vierzig Jahre verpasst hat und den Geist eines Reformkonzils verrät. Zur Abrundung ist hier noch die kurz nach *Dominus Iesus* erschienene Verlautbarung zu erwähnen, derzufolge die Kirche von Rom von den anderen Kirchen nicht »Schwesterkirche« genannt werden darf. Hier steigert sich Roms Überlegenheitsanspruch ins Absurde[62]. Zwar muss das Dokument darauf verweisen, dass gemäß einer Sprachregelung vom fünften Jahrhundert unter den fünf Patriarchaten die Beziehung von Schwesterkirchen herrscht, wobei »die Kirche von Rom den ersten Platz … einnimmt«. Aber selbst damit gibt sich die Glaubenskongregation nicht zufrieden. Mit beispielloser Hartnäckigkeit wird als Kommentar hinzugefügt: »In diesem Zusammenhang muss jedoch unterstrichen werden, dass kein Papst diese Gleich-

62 Ganz offensichtlich hat diese »Bekanntmachung« auch ihre negative Auswirkung auf die Beziehungen zu den östlichen orthodoxen Kirchen. Patriarch Teocist von der rumänisch-orthodoxen Kirche sagte in einem Interview mit dem Rheinischen Merkur vom 23. März 2001, nachdem er von den Erfolgen des bisherigen ökumenischen Bemühungen gesprochen hatte: »Die Optik am Anfang dieses Jahrtausends ist jedoch nicht mehr dieselbe, nachdem Kardinal Ratzinger Dokumente veröffentlicht hat, die selbst die früheren Übereinstimmungen von Papst Paul VI. und Patriarch Athenagoras verdunkeln und die Tatsache missachten, dass auch der jetzige Papst die orthodoxen Kirchen als Schwesterkirchen bezeichnet hat. Dadurch wurde der Weg der Einheit erschwert. Die Ökumene ist in Verspätung geraten. Ich glaube, wir brauchen noch viel Geduld und Verständnis, um wieder zu dem Niveau ökumenischer Beziehungen aufzuschließen, das durch den Besuch des Papstes in Rumänien 1999 erreicht war.«

stellung der Partiarchalsitze anerkannte oder zustimmte, dass dem römischen Stuhl nur ein Ehrenprimat zuerkannt würde« (Schwesterkirchen). Von der weiteren Aufzählung der Fälle, in denen der Ausdruck der Schwesterkirchen verwendet wird (auch Paul VI. und der gegenwärtige Papst gehören dazu), lässt sich die Kongregation nicht beirren. Dabei wirft sich der Glaubenspräfekt in merkwürdiger Weise zum Interpreten dieser Päpste auf: Trotz all dieser Aussagen »muss immer klar bleiben, auch wenn der Ausdruck *Schwesterkirchen* in diesem richtigen Sinn verwendet wird, dass die universale, eine, heilige, katholische und apostolische Kirche nicht Schwester, sondern *Mutter* aller Teilkirchen ist«. So könne man »richtigerweise nicht sagen, dass die katholische Kirche *Schwester* einer Teilkirche oder eines Teilkirchenverbandes ist« (a.a.O. Nr. 10f.). Bei solch kleinlicher Schulmeisterei, die selbst den Papst von der Kritik nicht ausnimmt, befinden sich die reformatorischen Kirchen plötzlich wieder in guter Gesellschaft; denn auf die »eine, heilige, katholische und apostolische Kirche« können schließlich auch sie sich berufen, möge Herr Ratzinger dem zustimmen oder nicht. Diese Kleinlichkeit und Arroganz wird nur noch durch das Verbot der Frauenordination überboten; es hätte als Kapitel V. gut in die Erklärung gepasst. Unversehens entpuppt sich in dieser Frauenfrage die fromme Selbstbestätigung zum Mechanismus eines selbstbezogenen Männerbunds. Mit Gottesglaube hat das nur noch wenig zu tun.

c) Wie Universalität organisieren? – Zu den Grenzen der Institution

Seit dem Hochmittelalter wurde »Kirche« in der römischen, später anti-protestantischen Tradition mit immer größerem Nachdruck als »sichtbare und greifbare« (*visibilis et palpabilis*) Institution begriffen. Die Charakterisierung des Robert Bellarmin (»… so sichtbar wie die Republik Venedig«) wird gemeinhin als Höhepunkt dieser Entwicklung angesehen. Im neunzehnten Jahrhundert wurde zudem der Begriff von der *societas perfecta*[63] entwickelt, der das Verständnis der Kirche nun vollständig mit dem Verständnis der Gesellschaft bzw. eines Staates parallelisierte. Auf der Basis dieses Kirchenbildes wurde mit wachsendem Nachdruck

63 *Societas perfecta* ist nicht zu übersetzen mit »vollkommene …«, sondern eher mit »autarke« Gesellschaft, d.h. eine Gesellschaft, die – so wie der Staat – alle Mittel des Handelns und der Selbsterhaltung in sich trägt.

ein Einheits- und Universalitätsmodell kultiviert, das schlussendlich zu einem monokratischen Kirchenblock führte. Die Kompetenzen und eigenständigen Lebensströme der Ortskirchen wurden dabei systematisch ausgehöhlt und dem römischen Zentralorgan, dem Papst samt seiner Reglementierungsbehörde »Kurie« unterworfen. So drohte »Kirche«, von ihrem römischen Zentrum her in den Blick genommen, zusehends zu einem triumphalistischen Verwaltungsapparat mit einem Oberhaupt zu degenerieren, das sich seine Legitimation in der Öffentlichkeit mit populistischen Mitteln erwirtschaftet. Dabei wird die Vorstellung einer göttlichen Stiftung aufrechterhalten, die sich ausschließlich am ursprünglichen Glaubensdepositum orientiert[64].

Glücklicherweise hat sich in dieser Tradition immer auch eine gegenläufige Erinnerung erhalten. Es ist die Erinnerung an die geglaubte, »unsichtbare« Kirche, die »Kirche Christi«, der Gottes Heil verheißen ist. Erst vor dem Hintergrund dieser Differenz konnte das 2. Vaticanum formulieren, dass die »Kirche Christi« in der katholischen Kirche »subsistiere«. Das Bewusstsein von dieser »Kirche Christi« (die von der sichtbaren Kirche natürlich nie zu trennen ist, aber in dieser dennoch nicht aufgeht und von Ratzinger als »präexistente« Kirche umschrieben wird), wuchs sowohl in der Liturgischen Bewegung als auch im Rahmen eines verstärkten Ökumenismus. Kirche (in der Einzahl) wurde wieder stärker von ihrem sakramentalen Charakter her, also als »Heilssakrament« schlechthin oder eben als eine Wirklichkeit begriffen, die in allen konkreten Kirchen (in der Mehrzahl) anwesend ist. Ratzinger zieht in seiner Antwort an Kasper (Ratzinger 2000f) daraus den Schluss, dass wir es letztlich mit der einen, im Bischofskollegium repräsentierten und von Rom geleiteten Kirche zu tun haben. Dabei übersieht er, dass daraus auch ein gegenläufiger Schluss hätte gezogen werden können, zumal das Neue Testament eher an eine

64 Auffallend ist deshalb die wiederholte Polemik von J. Ratzinger gegen die mögliche Rolle der öffentlichen Meinung in der Kirche. Diese wird von ihm nur als stark kontrollierte und als positive Dynamik akzeptiert. Dabei hat der von Ratzinger wieder einmal gescholtene I. Döllinger im neunzehnten Jahrhundert ja nur eine Entwicklung aufgegriffen, die der Populismus der damaligen Päpste schon erkannt hatte. Die Rolle der katholischen Presse in der deutschen Restauration, die – theologisch gesehen – zur unseligen Epoche der Neuscholastik und zur Panik des Antimodernismus führte, ist hinreichend bekannt. Aber natürlich gilt: Als Hans Küng Ende der siebziger Jahre von der innerkatholischen Öffentlichkeit unerwartet viel Unterstützung erhielt, agierten dann Kritiker mit Stellungnahmen wie: »öffentliche Meinung wird gebraucht ... als Brecheisen für die Theologie« (Seckler 1981, 116).

Einheit denken lässt, die aus Pluralität erwächst (es gibt »die Kirche von Korinth« und »die Kirche von Kolossä«). Ob dies eine oder zwei Kirchen sind, bleibt, streng genommen, unentschieden bzw. von der genaueren Definition abhängig. Einheit wird – postmodern gesagt – »in Differenz« gedacht.

Dass gegen eine solche plurale Denkweise von römischer Seite aus Widerstand erwuchs, ist verständlich und bekannt. Das sakramentale Geschehen ist aus römischer Sicht nämlich strikt an diejenigen Männer gebunden, denen die Vollmacht zur Sakramentenspendung übertragen ist. Dass sich dieses Modell am Sakrament der Eucharistie und in keiner Weise am Modell der Taufe orientiert, wird in der Regel verdrängt. Unter bestimmten Voraussetzungen kann nämlich jede Person taufen, also in die Kirche Christi eingliedern, gleich ob Christin/Christ oder nicht. So verstandene Kirchlichkeit ist also an keine vorgegebenen und verfügbaren Einheitsmerkmale gebunden. Aber auch das Modell der Eucharistie lässt natürlich plurale Interpretationen offen. Sofern nämlich *alle* Christen, zumindest alle »katholischen« Christen, jeden Sonntag um den Altar versammelt sind, konstituieren sie in einer unübersehbaren Vielfalt Kirche. Nach dem 2. Vatikanischen Konzil wurde der Begriff des »Volkes Gottes« (unabhängig von seiner »evangelischen« Konnotation) zu einer bedrohlichen Metapher. Rom versuchte, dieser Entwicklung durch den Begriff des »Mysterium Kirche« entgegenzusteuern, der auf der Bischofssynode des Jahres 1985 eine zentrale Rolle spielte. Einerseits greift dieser Begriff die sakrale Qualität des Sakramentsgedankens auf, der an sich nicht zu verwerfen ist (Boff 1972), andererseits sakralisiert er zugleich die soziale und juridische Struktur der einen, unter dem Oberhaupt in Rom geeinten Kirche (Willems). Der Einheitsgedanke, der bis ins neunzehnte Jahrhundert hinein noch nüchtern als Rechtsstruktur betrachtet wurde, ist jetzt endgültig sakralisiert und damit tabuisiert, geradezu sakramentalisiert[65].

65 Wenige Tage nach seiner Ernennung zum Kardinal hielt W. Kasper in Tübingen einen Vortrag zur Situation der Ökumene, der diese Tendenz deutlich unterstützte (Kasper 2001a). So musste die darin vorgetragene Programmatik im Blick auf das katholisch-evangelische Gespräch enttäuschen. Zunächst empfahl Kasper der deutschen ökumenischen Theologie eine »Osterweiterung«, d.h. eine vermehrte Aufmerksamkeit für die orthodoxen Kirchen. Das bedeutet konkret: die Annäherung an die evangelischen Kirchen kann zunächst warten; zudem erhält die Frage von Bischofsamt und Sakrament einen erhöhten kriteriologischen Wert. Dann berief er sich auf das Einheitskonzept des alten Tübingers J. A. Möhler, der sein Buch »Die Einheit in der Kirche« 1825, also vor nunmehr 176 Jahren veröffentlicht hat.

Der nüchterne Respekt vor dem Papst ist einer Papstverehrung gewichen. Man besucht nicht mehr die Gräber der Apostelfürsten, sondern die Mittwochsaudienz Seiner Heiligkeit. Das verrät eine bedenkliche Entwicklung.

Damit hat sich in Rom ein Einheitsmodell verfestigt, das völlig dem (imperialistischen) Einheitsmodell der Neuzeit entspricht. Solche Einheit zeigt sich in eindeutiger Herrschaftskompetenz und in eindeutigen juridischen Strukturen, in der Konzentration der Legislative, Jurisdiktion und Exekutive in einer Hand, sowie in der unverfügbaren Kontrolle über Lehre und Ideologie. So perpetuiert das römisch-katholische Rechts- und Organisationssystem die Struktur einer absolutistischen Herrschaft, das von Ratzinger vorbehaltlos verteidigt wird. Erst vor diesem Hintergrund erklärt sich das Unvermögen der Glaubenskongregation, die Frage von Einheit, Einzigkeit und Universalität überhaupt zu lösen. Stattdessen bieten Schrift und evangelische Kirchenkonzepte mehrere Möglichkeiten, Einheit und Differenz, Universalität und die Würde örtlicher Kirchen, kulturelle Eigenständigkeit und weltübergreifende Kommunikation aufeinander zu beziehen. In Stichworten sei erinnert an die Kirche als Volk Gottes und den Gedanken des Allgemeinen Priestertums. In beiden steckt ein geradezu polemisches Potential, das sich aller Bevormundung und Gängelung widersetzt. Die Ausgießung des Geistes an Pfingsten hat bis in die Gegenwart hinein kreative Neuformierungen, die Pfingstbewegung geradezu im Übermaß Modelle der Vielfalt produziert. Sie brauchen nicht übernommen zu werden, aber aus ihnen ist selbstkritisch zu lernen. So auch vom Verständnis der Ortskirchen als eigenständige Kirchen, die sich nicht aus ihrer Unterwerfung unter eine andere Ortskirche legitimieren, sondern

---

Mit diesem romantischen Einheitskonzept kann die gegenwärtige Ökumene leider nicht bewältigt werden. Schließlich ist bei Kasper auch jetzt kein tatkräftiger und konfliktbereiter Rückgriff auf das Neue Testament zu spüren. Ohne diesen Rückgriff ist aber in der Ökumene keinerlei Durchbruch zu den reformatorischen Kirchen hin zu erwarten; denn in der Neuentdeckung der Schrift als einem vitalen Lebensgrund der Kirche liegt zu einem großen Teil ihre Identität begründet. Dass Kasper die Kritik an *Dominus Iesus* inzwischen »langweilig« und »uninformiert« nennt (Kasper 2001b), lässt für die Zukunft das Schlimmste fürchten. Gemäß ihm hat die Glaubenskongregation ihr Möglichstes getan, um Missverständnisse auszuräumen. Dagegen ist einzubringen, dass es in den entscheidenden Differenzen keine Missverständnisse, sondern ein theologisch und exegetisch unterbautes Korrekturverlangen gibt. Der Stil der Vergangenheit, der eben eine Zeit lang wartete, bis sich die Kritiker beruhigen, kann so nicht weitergehen. Für die Zukunft der Kirchen steht inzwischen zu viel auf dem Spiel.

aus dem Konsens des Bekenntnisses und aus einer geschwisterlich praktizierten Gemeinschaft untereinander. Reformatorischen Ursprungs ist die Neuentdeckung des Wortes neben dem Sakrament; es ist eine Konzeption, die von der katholischen Tradition her in keiner Weise als unsachgemäß verurteilt werden kann.

Es ist überdies eine Konzeption, die für die ökumenischen Fragen des Westens von unabsehbarer Bedeutung sind, denn das Modell des Wortes und seiner Verkündigung, seines Weitererzählens und seiner Interpretation kann, wie Einheit und Vielfalt, übergreifende Gemeinsamkeit und lokale Konkretisierung zutiefst ineinander verweben. Ein Wort, das zum Buchstaben degeneriert, tötet schließlich sich selbst. In diese Tradition fügen sich die vielen neueren Überlegungen zur gegenseitigen Verschränkung von Wort und Sakrament ein, die auch im Weltrat der Kirchen intensiv bedacht wurden. Modernen Ursprungs ist schließlich die Polarität von Institution und Ereignis (Leuba); sie zeigt, dass sich keine Institution *als solche* aus sich heraus tragen kann. Eine Kirche, die als Institution bestünde, also gegründet oder gestiftet wäre, aber sich nirgendwo ereignen würde, wäre eben keine Kirche, so wie das Ereignis Kirche natürlich immer wieder Institutionalisierungen aus sich entlässt und auf sie verwiesen bleibt. Auch dieses Modell kann zeigen, auf welcher Ebene von Einheit oder Einzigkeit und auf welcher Ebene von Vielfalt zu reden ist. Bei dieser Aufzählung ist noch gar nicht gesprochen von neuen Denkmodellen über Einheit und Differenz, die Soziologie und Philosophie in den vergangenen Jahrzehnten angesichts einer neuen Weltsituation entwickelt haben, die sich mit den Möglichkeiten einer vereinheitlichenden, rubrizierenden und von oben verwaltenden Rationalität nicht mehr fassen lassen.

In jedem Fall machen solche Überlegungen deutlich, wie sehr das römische Denken einem unfruchtbaren, weil petrifizierten Monismus verfallen ist. Es täuscht zwar Orientierung vor, kann sie aber nicht bieten. Die einzige Dynamik, die es im Augenblick in Gang setzt, ist die Potenzierung eines Monismus, die inzwischen auch den Bischofskonferenzen ihre Eigenständigkeit nimmt. Die jüngeren Entwicklungen in Deutschland sprechen für diese katastrophale Entwicklung Bände. Auch im vierten Kapitel also gilt, dass das Dokument die einmalige und einzigartige Chance vertan hat, Einheit in Vielfalt und damit menschlich lebendige Gemeinschaft zu denken. Dieser Mangel entspringt einer autoritären Haltung und ist vom christlichen Standpunkt aus als schwer defizitär zu qualifizieren. Wenn das gegenwärtige Dokument bei vielen als anmaßend, als narzisstisch und als schlicht unchristlich gilt, dann gibt es dafür hinreichende Gründe. Es wäre gut gewesen, J. Ratzinger hätte sich wenigstens hier ein wenig in das Neue Testament vertieft.

5. Kapitel V: Kirche, Reich Gottes und Reich Christi (Nr. 18–19)

a) Zum theologischen Kontext

Im Kommentar zum vorhergehenden Kapitel hat sich gezeigt, dass Ärger und Aggressionen über eine egozentrische, in sich selbst verliebte Theologie nicht nur gegen Ratzinger zu richten sind. Er, so könnte man sagen, spiegelt nur die geschichtlich bedingten Grenzen des 2. Vaticanums, die auch von vielen Theologen übernommen wurden, weil sie das Konzil als ein statisches Buchstabengebäude und nicht als erneuernden Geschehensprozess rezipierten. Auch spiegelt es nur die weit verbreite Inkonsequenz einer späteren systemimmanenten Theologie, die sich wie selbstverständlich katholisch und ökumenisch nannte. Im Grunde wollte man zugleich Öffnung nach außen und beruhigende Akzeptanz nach innen, zugleich die Übernahme theologischer Forschung und den Frieden mit einer zögerlichen, wenn nicht gar reformunfähigen Kirchenleitung. Die Metapher von M. Fox zur dysfunktionalen Familie scheint ihre Richtigkeit zu haben. Katholische Theologie hat sich nicht nur angewöhnt, nach innen artig zu sein. Sie schließt auch sofort und ängstlich jeden Versuch von Kolleginnen und Kollegen aus, die dieses Tabu durchbrechen. In katholischen Kreisen wirkt der Vorwurf des unkirchlichen Denkens wie ein Schwert. Das führt – gewollt oder ungewollt – zu neuer und ängstlicher Selbstverliebtheit und Nabelschau. Gemäß dem Gesetz des hemmenden Fortschritts haben sogar die Aufbruchsversuche des 2. Vaticanums zu einem gegenteiligen Effekt geführt: Wir, die wir doch offen sind, können an uns selbst Maß nehmen.

Weit gefehlt, sagen zu Recht andere und führen dafür zwei Gründe an. Erstens habe die entscheidende Erneuerung der katholischen Kirche erst einige Jahre nach dem 2. Vatikanischen Konzil eingesetzt. Sie führe gerade weg von der ständig nach innen gerichteten Gegenwartskritik und öffne den Blick für die Zukunft der Welt. Das Argument kann zwar nicht überzeugen, aber es benennt eine Interessenverlagerung, die tatsächlich stattgefunden hat. Zum zweiten hätten sich erst dann die neuen emanzipatorischen Theologien gemeldet, die das Denken von Grund auf veränderten. Man denke an die Theologie Lateinamerikas, an die Schwarzen Theologien, an die später folgende feministische Theologie sowie an den vielfältigen Aufbruch kontextueller, kontinental orientierter Theologien (Hennely), der ökologischen, der schwulen und der lesbischen Theologien. Diese Entwicklungen waren auf dem 2. Vaticanum mit seiner Kirchen- und Eurozentrik noch nicht abzusehen. Man konnte sich allenfalls auf einige kleine Passagen der Konstitution »Über die Kirche in der Welt von heute« berufen. Diese späteren Entwicklungen, die den Rahmen des 2. Vaticanums sprengten, lassen sich zusammenfassen unter den Stichworten: Neuentdeckung der gesellschaftlichen und der politischen Dimension von Kirche, von christlicher Praxis und Theologie, damit Neuentdeckung der (innerweltlichen) Zukunft, also einer gezielt christlichen Weltgestaltung, die nicht nur den gesellschaftlichen Sektor der Kirche überschreitet, sondern sich zugleich einem weltweiten Diskurs öffnet (Bujo), in der die Kirche notfalls ihre eigenen Interessen zurückstellen, sich also im Dienst der Menschheit aufgeben muss. Diese Neuentwicklung kann hier nur in Stichworten angedeutet werden.

Erste Durchbrüche sind Ende der sechziger Jahre zu verzeichnen. Als Meilensteine gelten innerhalb der europäischen Theologie der Impuls der »Theologie der Hoffnung«, ein Entwurf von Jürgen Moltmann (1964), die innerhalb der katholischen Theologie sofort entschiedene Anhänger fand. Es folgte der Entwurf einer »(neuen) politischen Theologie«, der seitdem mit dem Namen des katholischen Theologen J. B. Metz verbunden ist (Metz). In diesen Entwürfen erhält der Begriff der Zukunft eine neue theologische Qualifikation. Gott ist im Kommen; es kommt darauf an, dass eine befreiende und eine versöhnte Zukunft beginnt. Eschatologie darf nicht auf die Lehre eines nachirdischen Lebens beschränkt werden. In Verbindung damit erhält auch der Begriff des Reichs eine neue und spezifisch theologische Qualität. Gottes Reich ist kein Synonym zur Kirche, wie es eine lange innerkatholische Tradition nahe legt. Ebenso wenig bleibt Gottes Reich auf eine jenseitige »Zukunft« beschränkt. Nein, das »Reich der Himmel« beginnt hier und jetzt; Ziel christlicher Praxis ist die Gestaltung dieses Reichs aus der Kraft des Geistes (Moltmann).

Nachdem die Illusion der Kennedy-Ära verschwunden war, innerhalb weniger Jahre ließen sich die Probleme der Dritten Welt lösen (ein den Konzilsjahren vergleichbarer Optimismus hatte sich breit gemacht), traten unter den Vorzeichen einer politisch und sozial zerrütteten, in vieler Hinsicht vom Westen abhängigen, einer unterdrückten oder ausgebeuteten Welt Befreiungstheologie (und Schwarze Theologien) an, um einem ganzen Subkontinent (und einer Menschheitsrasse) ein neues theologisch begründetes Selbstbewusstsein zu geben. Dort tauchen allerdings Fragen auf, die mit den traditionellen Instrumenten westlicher Theologie nicht mehr gelöst werden können. Es sind Fragen des Widerstands und der Gewalt, einer kritischen Gesellschaftsanalyse und einer politisch reflektierten Gemeinschaftsbildung. Die analytischen Instrumentarien von K. Marx und anderen »linken« Denkern wurden vor allem in der Anfangsphase zu Hilfe gerufen. Dass dieser Neuaufbruch zunächst einen stürmischen Gang nahm und nicht in allem auf Gegenliebe stieß, ist selbstverständlich. Ebenso verständlich ist die Tatsache, dass diese neuen Impulse auf verschiedensten Gebieten aufgegriffen wurden, so dass sich die westliche Theologie und die römische Zentrale in kürzester Zeit konfrontiert sahen mit einer unübersehbaren Vielfalt von politisch, sozialkritisch und bald auch kulturkritisch orientierten Neuentwürfen. Stellvertretend seien nur genannt: lateinamerikanische Theologen von Gutiérrez über L. Boff bis zu Hinkelammert und J. Sobrino, Vertreter der Schwarzen Theologie Südafrikas von A. Boesak über T. A. Mokofeng bis zu D. M. Tutu (die wegen ihrer konfessionellen Zugehörigkeit auf die katholische Kirche nur indirekt einwirkten), verschiedenste Vertreter kontextueller Theologie, insbesondere die Gruppe der Ökumenischen Vereinigung von Dritte-Welt-Theologen (EATWOT)[66], von denen mit wachsender Intensität nicht-westliche kulturelle, religiöse, kontinentale, nationale und ethnische Fragestellungen und Identitäten verarbeitet wurden.

Hat die westliche Theologie also zu Recht ihre Selbstkritik eingestellt, weil sie sich anderen Themen zuwandte? Das gerade nicht. Sie ging weiterhin einen intensiven Weg kontinuierlicher Selbstbestätigung und überließ die Kritik einigen wenigen. Die

---

66 Knappe Information dazu im LThK III, ^{3}1995, Artikel EATWOT.

katholische Kirche konnte mit ihren weltweiten Strukturen dem Austausch solcher neuer Entwürfe eine breite Basis bieten. Ähnliches gilt für den Weltrat der Kirchen, der sich – anders als die katholische Kirche – später auch programmatisch an neuen emanzipatorischen Konzepten orientierte. In der römischen Zentrale stießen die vielfältigen Entwicklungen vorwiegend auf Misstrauen. Die Befreiungstheologie wurde mit zwei belehrend kritischen Schreiben konfrontiert[67]. Eine Vielzahl einzelner Theologinnen und Theologen wurde inzwischen gewarnt, gemaßregelt oder auf dem internen Verwaltungswege marginalisiert[68]; andere wurden in unerträglicher Weise isoliert. Wieder andere fühlten und fühlen sich noch heute täglichen Pressionen ausgesetzt, die sie auf Dauer zermürben. Indessen ist der unausgesprochene und oft schwer zu thematisierende Einfluss dieser Theologien (der Einfluss der feministischen Theologien eingeschlossen) unübersehbar und sozusagen allgegenwärtig. Keine ernstzunehmende Abhandlung über Heil, über Christus oder die Kirche, kein Text über soziales Handeln oder christliche Zukunftskonzepte sind mehr möglich, ohne dass die Frage nach dem Verhältnis von Theorie und Praxis nach der politischen Situierung oder nach der innerweltlichen Realisierbarkeit gestellt und besprochen wird. Wahrscheinlich hat sich auf diesem Gebiet die fundamentalste Veränderung der vergangenen Jahre vollzogen.

Sie wird noch schärfer vorangetrieben, seitdem die Prozesse weltweiter Globalisierung ein ungeahntes Tempo angenommen haben. In jedem Fall hat diese Entwicklung dem theologischen Denken weltweit einen ungeheuren Schub verliehen. Es wäre interessant und spannend, auf diesem Gebiet mit der Kommunikationszentrale einer Weltkirche in Kontakt zu treten, über wichtige Entwicklungen informiert und auf weltweite Zusammenhänge hingewiesen zu werden. Umso mehr erstaunt es, dass auch auf diesem Gebiet in Rom nur die eine und völlig undifferenzierte Frage interessiert, ob nämlich bei den Neuentwürfen die Einzigkeit und Universalität des christlichen Heils unbeschädigt erhalten bleiben. Dabei müsste die Frage doch lauten, wie sich Einzigartigkeit und Universalität angesichts der ganz neuen Situation – also in der Polarität von lokalem, globalem und universalem Den-

---

67 Befreiung 1 und 2.
68 Bekannt wurde die Affäre Balassuria; über den Fall de Mello wurde oben berichtet.

ken – neu befragen, differenzieren und formulieren lassen, wie sie sich in ein neues weltweites Kommunikationsmodell einbringen und in ihm dynamisieren lassen. Wie kann der »nicht thematisierbare universale Horizont« des Heils (Schillebeeckx 1975) angesichts seiner endlosen Vielfalt in Worte gebracht oder wenigstens in eine überzeugende Praxis umgesetzt werden? Es sind Fragen, die von Rom in der Regel als Kritik und als Übertretung legitimer Grenzen wahrgenommen werden, während das Gros der westlichen systematischen Theologie sich weiterhin wohl verhält und offensichtlich die wahren Probleme übersieht.

b) Zum Dokument

Mit Kapitel V ändern sich Ton und Struktur der Argumentation. Zur Debatte stehen das Reich Gottes und das Reich Christi; es sind fürwahr spannende und in den vergangenen Jahren höchst intensiv besprochene Themen. Aber aus diesem reichen Schatz wird kaum geschöpft. Jetzt präsentiert der Text keine normative und überreiche Quellenlage mehr, aus der er dann Folgerungen zieht. Der Höhepunkt der Argumentation scheint überschritten zu sein; die entscheidenden Inhalte sind dargelegt. Jetzt wird ein Thema auf Möglichkeiten und Gefahren hin umkreist, das wie aufgezwungen wirkt. Diese Methode führt zu einer Enttäuschung eigener Art. Das Thema droht sich nämlich zu verflüchtigen, als gelange es nur vage in den Blick: »Von den biblischen Texten und den patristischen Zeugnissen wie auch von den Dokumenten des Lehramts der Kirche kann man für die Ausdrücke Himmelreich, Reich Gottes und Reich Christi keine ganz eindeutigen Bedeutungsinhalte ableiten, auch nicht von ihrer Beziehung zur Kirche, die selbst Mysterium ist und nicht gänzlich mit einem menschlichen Begriff erfasst werden kann.« Das klingt zunächst wie eine schwache Seminararbeit, denn die Präsentation einiger höchst präziser Umschreibungen wäre durchaus möglich und wünschenswert. Sie nämlich wurden in den vergangenen Jahrzehnten entwickelt, und sie würden in den folgenden Abschnitten eine genauere Auseinandersetzung ermöglichen. Die leidenschaftlichen Diskussionen, die in den vergangenen Jahrzehnten zur Sache geführt wurden und noch immer geführt werden, haben hier keinerlei Spur hinterlassen. Der Text erweist sich als eurozentrisch, denn er nimmt eine zentrale Frage armer und sozial ausgebeuteter Länder nicht auf. Wieder einmal hat Rom eine Chance verpasst.

Zugegeben, dieser Interessemangel hat zunächst einen positiven Effekt: Keines der Kapitel ist so offen formuliert. Hier wird der Leser weder mit gestanzten Zitaten überschüttet noch mit standardisierten Lehramtspositionen konfrontiert. Zum ersten Mal scheint das Dokument ein Gespräch anzubieten, in dem Argumente ausgetauscht, Unklarheiten eingestanden und neue Denkansätze möglich werden. Die Größen von Kirche und Reich, so ist zu lesen, überschneiden sich; das »Reich Gottes« oder »Reich Christi« hat – anders als die Kirche – eine universale, den begrenzten Raum der Kirche überschreitende Dimension: »Es sind deswegen verschiedene theologische Erklärungen dieser Themen zulässig« (Nr. 18, Abs. 2). Aber diese Offenheit führt zu einem gravierenden Problem: Im Folgenden werden die Bedingungen für einen rechten Gebrauch der Begriffe und dessen Eingrenzungen nicht mehr von innen heraus entwickelt, sondern von außen an die Sache herangetragen. Das lässt erkennen, dass das Reich weniger interessiert als die anderen Bezugspole, die immer präsent sind: Christus und Kirche. Dieser Interessemangel ist erstaunlich, denn Reich und Befreiung, eine messianische Zukunft und die Versöhnung der Welt ist doch für die Mehrheit der auf der Welt lebenden Christinnen und Christen von höchster Bedeutung. So lässt die Offenheit des Diskurses unmittelbar auch die Absichten des Dokuments erkennen. Auf dem Fuße folgt nämlich eine Warnung, die sich aus der Gedankenführung zunächst nicht ergibt: »Keine dieser möglichen Erklärungen darf jedoch die innige Verbundenheit zwischen Christus, dem Reich und der Kirche leugnen oder in irgendeiner Weise aushöhlen.«

So wird in Nr. 19 schließlich das Interesse des Dokuments wieder in einfacher Weise formuliert. Hier lautet die Zuspitzung allerdings nicht in formalisierter Weise »Einzigkeit« und »Universalität«. Vielmehr wird nun das institutionelle Interesse des vorhergehenden Kapitels unmittelbar aufgenommen: Bei dieser definitionsgemäß universalen Angelegenheit, die »Gottes Reich« genannt wird, dürfen Christus und Kirche nicht vergessen werden oder aus dem Gesichtsfeld verschwinden. Auch jetzt wird Chaos in der Reichsvielfalt vermutet; »Christus« und »Kirche« werden in diesem Chaos zu gemeinsamen Attraktoren, und das ist erstaunlich. Denn das bedeutet, dass der Verfasser gegen Begriffe wie »reichzentriert« oder »theozentrisch« Vorbehalte erhebt. Dagegen ließen sich viele Fragen stellen: Hat gemäß den Evangelien mit dem Auftreten Jesu nicht das Reich begonnen? Und wie kann man davor warnen, dass »Gott« zu schnell und zu unmittelbar genannt wird? Der Grund ist deutlich: Der römische Glaubenshüter fürchtet, dass das Interesse von Christen und Theologen zu vorbehaltlos bei der Welt landet; er fürchtet die Säkularisierung der theologischen Gedanken und deshalb zu viel Selbstlosigkeit: »Sie wollen das Bild einer Kirche entwerfen, die nicht an sich selbst denkt, die vielmehr ganz damit befasst ist, Zeugnis vom Reich zu geben und ihm zu dienen. Sie ist eine ›Kirche für die anderen‹, so sagt man, wie Christus der ›Mensch für die anderen‹ ist ... Neben positiven Aspekten bieten diese Auffassungen oft negative Seiten. Insbesondere übergehen sie die Person Christi mit Schweigen: das Reich, von dem sie sprechen, gründet sich auf eine ›Theozentrik‹, weil – wie sie sagen – Christus von jenen nicht verstanden werden kann, die nicht den christlichen Glauben haben, während verschiedene Völker, Kulturen und Religionen in einer einzigen göttlichen Wirklichkeit, wie immer diese genannt werden mag, sich wiederfinden können« (Nr. 19, Abs. 2).

Wiederum ist die Katze aus dem Sack. Im Grunde fürchtet sich das Glaubensamt vor zwei zutiefst biblischen und messianischen Begriffen. Es fürchtet sich vor deren weltlichem Gehalt; es übersieht, dass diese Weltorientierung der christlichen Botschaft eine unglaubliche Widerstandskraft verleiht. Doch besteht nicht die Gefahr, dass Ratzinger in dieser Reaktion eine praktische und eine prinzipielle Fragestellung miteinander vermischt? Man wird seine Warnungen verstehen, wenn Kirche und christliches Heilsverständnis völlig von Jesus Christus abgekoppelt werden. Was aber kann er gegen die Auffassung stellen, die Kirche müsse sich selbst vergessen? Er wird mit seinen Sorgen auf Verständnis stoßen, wenn der Christusimpuls im Weltgespräch schlicht keine Rolle mehr spielen sollte. Ist es aber legitim, eine »Theozentrik« mit Verdacht zu belegen, die das Christentum aus seinen jüdischen Wurzeln übernommen hat? In einer Zeit verschwindenden Gottesglaubens ist das eine seltsam paradoxe und kontraproduktive Warnung. Rom hat Recht, wenn es darauf besteht, dass in christlicher Rede die Erinnerung an Leben, Tod und Auferstehung gegenwärtig und wirksam bleiben. Kann es aber falsch sein, wenn wir mit Nicht-Christen über Gott und die Welt ein Gespräch beginnen, ohne Jesus Christus sogleich ins Spiel zu bringen (Bellah; Kleger, Ruster, Withöft) und gerade dadurch den Verständnisrahmen für seine wahre Bedeutung vorzubereiten? Der Glaubenspräfekt mag zu Recht die Frage aufwerfen: Wo bleibt und wie formulieren wir in solch weltweiten Zusammenhängen unsere eigene christliche und kirchliche Identität? Er wird aber auch zugeben müssen, dass wir zu dieser Identität heute nur über Umwege finden (Ricoeur). Vielleicht aber vergisst er vorschnell, dass die Identitätsfrage nicht zum alles bestimmenden Fokus werden darf, wenn christliche Lebenspraxis nicht zum Narzissmus degenerieren soll.

Gerade wegen seines tastenden und noch unfertigen Charakters lässt dieses Kapitel besser als die anderen die Sorgen und die Fragen erkennen, von denen das ganze Dokument bewegt ist. Zum Schluss weist der Text noch den Vorwurf zurück, man habe bislang zu »ekklesiozentrisch« gedacht. Das unterstreicht nur die apologetische Grundstimmung, die sich durch all die Formulierungen zieht. So bleibt am Ende des Kapitels ein fader Geschmack übrig. Selbst hier meint das Lehramt, die Christo- und die Ekklesiozentrik mit erhobenem Zeigefinger anmahnen zu müssen. Dabei nehmen die allermeisten uns bekannten christlich theologischen Überlegungen doch Christus und Kirche zum Ausgangspunkt. Allerdings kommen sie zur Entdeckung, dass das Christusgeheimnis weltnaher ist als ein traditionell kirchenbezogenes Denken vermutet. Hingegen haben Lehramt und »Tradition« für diese junge Frage noch zu wenig Text- und Lehrsedimente gesammelt. So liegen die Standardantworten noch nicht parat, um die Botschaft Jesu zu kanalisieren statt sie zu öffnen. Schade, dass Kirche auch hier – etwas hilflos – als Zensorin statt als Hüterin des Lebens auftritt.

c) Auf dem Weg in eine versöhnte Zukunft

Wie schon gesagt, bietet dieses Kapitel wenig Argumentation, nur einen formal-theologischen Hintergrund, nichts als den äußerlichen Hinweis auf Christus und Kirche. Es ist, als betrete das Hl. Offizium hier Neuland, nachdem es die Welt bislang als ein ihm anvertrautes Gut betrachtet hat, das dereinst römisch zu missionieren ist. Auch zeigt, wie schon angedeutet, die Gedankenführung des gesamten Stückes hier einen Bruch. Eigentlich ist mit Kapitel IV die Dynamik der wachsenden Konzentration vollendet; Rom hat sich sozusagen als Mittelpunkt von Welt und Kirche präsentiert. Im Folgenden weitet sich wieder der Horizont; eigentliche Auseinandersetzung findet nicht mehr statt. E. Jüngel hat auf dieses Ungleichgewicht hingewiesen und bemerkt, dass die (hermeneutisch immer fruchtbare) Lektüre von hinten nach vorn ein ganz anderes Bild ergibt. Jetzt müsse der Titel nicht mehr lauten: *»Dominus Iesus«*, sondern *»Domina Ecclesia«*. Das ist treffend beobachtet. Der Tenor des Kapitels lautet, vereinfachend gesagt: Sagt zum Thema »Reich Gottes« alles, was ihr wollt, wenn es nur auf die Kirche bezogen bleibt. Eine solch sekundäre Behandlung tut dem Gewicht und dem elementaren Charakter der Thematik des Reichs aber Unrecht.

1. Das Dokument hat übersehen, dass die Polarität zwischen erwähltem Volk und erhofftem Reich schon früh in den biblischen Zeugnissen eine elementare Rolle spielt. Da ist einerseits die Exoduserinnerung, die in der modernen Theologie intensiv aufgegriffen und durchdacht wurde. Gottes Ruf führt nicht einschichtig in eine immer neue Identität, die wie eine wachsende Selbstbestätigung wirkt. Gottes Ruf erweist sich auch nicht nur als Ruf zur Bekehrung, der das eigene Fehlverhalten mit den vorliegenden Erinnerungen konfrontiert. Nein, Gottes Ruf zwingt diejenigen, die ihm folgen, »hinaus«, nennen wir das Ziel »Wüste«, »Welt«, »Neues Reich« oder »Gelobtes Land«. Es geht immer darum, dass prinzipiell neue Orte und Situationen unser Denken und Handeln, unsere Konzeptionen und Identitäten verändern. Das ist ein wichtiger Aspekt, der bei der Frage nach Universalität und Reich beachtet werden müsste (Häring 2001a). Es gibt keine objektiv vorgegebene Universalität, sondern es gibt Wege, deshalb Neuentdeckungen und das Bewusstsein darum, dass wir – angesichts neuer Zukunft – immer in Elementen von Partikularität behaftet bleiben.
2. Das Dokument vergisst, dass die Spannung zwischen erwähltem Volk und der weit größeren Welt in den biblischen Traditionen spätestens seit der nachbabylonischen Zeit wirksam ist. Jahwe hat einerseits sein Volk erwählt, andererseits die Welt geschaffen. Die ungeheure Geschichtsdramatik, die sich plötzlich im Bewusstsein Israels abspielt, entspringt nicht einfach – wie man oft sagt – einem auf die Zukunft ausgerichteten Zeitindex, den das Judentum plötzlich entwickelt hat und wodurch es sich von zirkularen Weltanschauungsmodellen unterschied. Dieser gerichtete Zeitindex hat seinen

spezifischen Grund. Es ist die Frage, wie sich die Geschichte dieses Volkes – nach den Erfahrungen mit Babylon – auf die große Weltgeschichte hinbewegt, welche Rolle Israel *in* der von Jahwe geschaffenen Welt hat. Solange die Zeit der Vollendung, des offenbaren Gottesreichs, der Völkerwallfahrt nach Jerusalem noch nicht erreicht ist, ist nämlich die volle Wahrheit von Gottes Heilswille noch nicht ans Licht gekommen. Aus diesem Grund können wir auch die später aufkommende Apokalyptik – so sehr man über deren inhaltliche Gestaltung streiten kann – aus dem Gesamtkonzept eines biblischen Weltverständnisses nicht wegdenken. Die Wahrheit der Welt ist trotz der Menschwerdung Christi noch nicht enthüllt, auch können wir die umfassende Weltwahrheit nicht einfach unserer eigenen »Wahrheit« oder »Offenbarung« entnehmen. Die biblischen Aussagen über die Endgültigkeit christlicher Offenbarung stehen dazu offensichtlich nicht im Widerspruch, sonst hätten neutestamentliche Zeugnisse selbst schon diese Vermittlung versucht. Vor diesem Hintergrund ist die Polarität von Erinnerung und apokalyptischer Erwartung gerade im Neuen Testament ein hervorragendes Modell für eine Identität in Differenz, also auch für die Polarität einer Offenbarung, die gegeben und doch noch »verborgen« ist. Wir müssen es darauf ankommen lassen, dass das Reich (vorläufig noch?) von einer kirchenfernen Dimension geprägt ist.

3. Deshalb können wir ohne große theologische Schwierigkeiten auch mit der offenkundigen Tatsache umgehen, dass das »Reich« nicht aus der christlichen Offenbarung und Heilsökonomie abgeleitet werden kann und muss. Diese große weltumspannende Heilsutopie, diese Hoffnung auf eine gerechte und versöhnte Welt trägt sich aus sich selbst. Früher wurden Theorien über die »geheimnisvolle« Verbindung von Kirche und Welt oder über die Unterscheidung von »ordentlichem« und »außerordentlichem« Heilsweg entwickelt. Sie sind als Hilfskonstruktionen anzusehen, die das monolithische Einheitsmodell westlich theologischen Zuschnitts retten sollten. Warum können wir nicht zugeben, dass es Güter des Heils und der wahren Humanität, der moralische Verbindlichkeit und der menschlichen Würde auch außerhalb der Kirche gibt? Und wie lässt sich überhaupt leugnen, dass

wir sie aus sich heraus ernst zu nehmen und zu akzeptieren haben, einfach schon deshalb, weil auch Nichtchristen Kinder, Söhne und Töchter Gottes sind (Gal 3,28)?

4. Die (post-)moderne Neudefinition von Einheit und Verschiedenheit sowie der Abschied von einer monolithisch gedachten Rationalität hängen zutiefst mit den gegenwärtigen geschichtlichen und gesellschaftlichen Erfahrungen unseres Kulturkreises zusammen: Das frühere Modell einer rational konstruierten und schlüssigen Einheit war kaum imstande, das konkrete, von Gott geschaffene Leben in seiner wirklichen Vielfalt zu begreifen. Deshalb hat es – im Denken und in der politischen Konzeption, in der Verwaltung und in der Zukunftsplanung – immer das nicht Planbare, das rational nicht Einsichtige, das Andere ausgegrenzt und für nicht-existent erklärt, bisweilen sogar ausgemerzt. Es hat zu einer emotional tiefreichenden Verachtung und Entwürdigung des Anderen geführt (Bauman 1989, 1991). Vor diesem Hintergrund würde es dem Christentum zur Ehre gereichen, wenn es die stets weiterreichende Vielfalt und die Andersheit dessen, was nicht christlich (monotheistisch oder einfach religiös) geprägt ist, endlich mit aller Sympathie und mit aller selbstkritischen Bescheidenheit als Gott-gegeben akzeptieren würde.
5. In fundamentaltheologischer Hinsicht führt die Perspektive des Reiches zur Polarität von Formalismus und inhaltlicher Betrachtung. Dieser abstrakte Gegensatz sei sofort konkretisiert: Bislang wurde formal auf das Verhältnis von »Kirche« und »Reich« geachtet. Der Glaubenslehrer schreibt uns, wie wir sahen, vor: Keine der möglichen Erklärungen dürfe die »innige Verbundenheit zwischen Christus, dem Reich und der Kirche leugnen oder in irgendeiner Weise aushöhlen«. Eine solche rein formale Verhältnisbestimmung zwingt aus christlicher Sicht geradezu zu einer unnachgiebigen Position. Natürlich wird ein Christ immer und überall versuchen, Sinn, Bedeutung, vielleicht die Notwendigkeit einer christlichen Interpretation zu entdecken. Sobald wir konkrete, inhaltliche, sozusagen »weltliche« Fragen stellen, gewinnen wir jedoch an Flexibilität. Nennen wir als Beispiele: Respekt vor dem Leben und der Würde des Menschen, Gerechtigkeit, Versöhnung und Frieden, das Problem des Leidens, Wahrhaf-

tigkeit im Gegensatz zur Manipulation öffentlicher Meinung. Natürlich werden solche Fragen zunächst im Rahmen ihrer je eigenen Rationalität besprochen. Wenn es etwa um den Entwurf einer friedvollen Weltordnung geht, wird jeder verantwortliche Politiker, ob Christ oder nicht, zunächst im Rahmen allgemein akzeptierter Grundsätze argumentieren. Dasselbe gilt für die Frage der Gerechtigkeit, des Respekts vor Kindern und alten Menschen, einer wirklichen Partnerschaft zwischen Mann und Frau. In solchen Zusammenhängen ist die Frage müßig, ob ich aus christlichen oder anderen Motiven handle. Das gilt sogar für Handlungsziele, die in der christlichen Tradition in besonderem Maße vorgegeben sind: die Frage des Leidens oder der Feindesliebe. Es gibt z.B. kein christliches Privileg auf Leiden oder auf dessen Bewältigung. Es gibt aber die Anstrengung aller Menschen »guten Willens«, Leiden zu überwinden oder – im äußersten Fall – als vorgegebenen Weg zu akzeptieren. Selbst in diesen Fällen werde ich im öffentlichen Diskurs – zur Begründung meines Handelns, in politischen oder fachwissenschaftlichen Zusammenhängen – zunächst die allgemeine, die schlicht humane Rationalität meines Zieles betonen. Es liegt gerade eine Stärke in der katholisch-theologischen Tradition, dass sie die Kraft der »natürlichen« Vernunft immer betont und als Stütze der Argumentation hat gelten lassen[69]. Dies gehört gerade zur – von Ratzinger leider kritisierten – »Selbstvergessenheit« der monotheistischen Religionen, zumal des christlichen Glaubens: Sie stimmen einer Weltordnung zu, die aus sich selbst wirken kann, die verständlich und begründbar ist. In inhaltlich konkreten Zusammenhängen wirken also der Formalismus und die Selbstbezüglichkeit – Psychologen würden den Begriff des Narzissmus einführen – von Ratzingers Modell hinderlich und unangemessen. Es gehört zur Struktur des Reiches geradezu definitionsgemäß, dass es auf religiöse Explikationen und Selbstbestätigungen nicht angewiesen ist.

Vor diesen Hintergründen wird deutlich, von welch fundamentaler Bedeutung heute die theologischen Neuentwürfe sind, die über das Verhältnis von Kirche (christlichem Heil) und Welt neu nachdenken. Darum kann man es auch als eine gottgewollte Fü-

---

69 Enzyklika *Fides et ratio* vom 14. September 1998.

gung betrachten, dass christliche Theologie inzwischen auch in »nichtchristlichen« Ländern und Kulturen betrieben wird. Das sind nämlich Länder und Kulturen, in denen die Differenz- und Konfrontationserfahrung von Kirche und »Reich« (»Welt«) zur täglichen Herausforderung gehört. Es sind Erfahrungen, die in den westlichen Kulturen oft eingeebnet und verdeckt, die im römischen Zentrum systematisch abgedunkelt, wenn nicht gar verdrängt sind. Ein Kirchenführer, der sich als Oberhaupt einer Weltkirche und damit – beinahe – als das religiöse Zentrum der Welt fühlt, muss diese Differenz von Kirche und Welt als Bedrohung erfahren. Dieses Problem, aber auch die epochale Chance einer Neuorientierung hätten im Dokument genannt werden müssen, denn unter Theologen und Kirchenführern sind sie schon seit langem bekannt. Dass Ratzinger sie in solch massiver Weise verdrängt, spricht gegen die Angemessenheit des vorliegenden Dokuments.

6. Kapitel VI: Die Kirche und die Religionen (Nr. 20–22)

a) Zum theologischen Kontext

Es gibt im Augenblick keinen Topos, der in der Weltkirche das Interesse mehr auf sich zieht, als das interreligiöse Gespräch (Hick 1988, 1996; Knitter 1995); es setzt allerdings eine intensive Kenntnis der einzelnen Weltreligionen sowie umfassende theologische Theorien zu Religion und Dialog, zu Universalität und Welt, zu Hermeneutik und Kommunikation voraus. Für diese Hochkonjunktur gibt es mehrere Gründe, die einander ergänzen.

1. Zunächst ist da die Tatsache einer Weltkirche, die mit anderen Weltreligionen schon immer in intensivem (positivem oder negativem) Kontakt gewesen ist.
2. Das 2. Vatikanische Konzil hat ausdrücklich zu einem positiven Verhältnis zu den anderen Religionen angehalten und das Prinzip der Religionsfreiheit vorbehaltlos eingefordert. Dieser Schritt wurde damals als prinzipieller Durchbruch empfunden und gefeiert.
3. Allerdings hat sich die klassische Situation früherer Jahrhunderte dramatisch verändert. Seit den sechziger Jahren war die Frage der Mission in die Krise gekommen. Viele Theoretiker und Praktiker hielten es nicht mehr für sinnvoll, »Mission« im Sinne direkter Bekehrungsversuche zu betreiben. Ein all-

gemeines Moratorium wurde angemahnt; Fragen der Akkulturation und Inkulturation sollten erst gründlich besprochen und gelöst werden; denn es müsse ein geschwisterliches Verhältnis zu den anderen Religionen aufgebaut werden (Kollbrunner, Pechmann).

4. Hinzu kamen und kommen noch immer die wachsende theologische Selbständigkeit und das wachsende Selbstbewusstsein der verschiedenen Kontinente, Länder und Kulturen. Die vielfältigen Projekte einer kontextuellen Theologie berühren unmittelbar auch Interpretation und theologische Beurteilung einheimischer Religionen (Ahrens).
5. Schließlich haben die beschleunigten Globalisierungsprozesse die Frage nach den Religionen auch in die westlichen Länder getragen. Es gibt im Augenblick sozusagen einen Rückschlag der Fragestellungen. Je intensiver »fremde« Religionen in Europa Fuß fassen, werden diese Fragen nicht nur von Missiologen oder Theologen nicht-westlicher Länder behandelt.
6. Dabei hat die Theologie der Vereinigten Staaten längere Zeit eine Vorreiterrolle übernommen. Andere Länder folgen inzwischen nach. Paradigmatisch für Deutschland kann neben anderen die umfassende Forschungsarbeit genannt werden, die in den vergangenen zwanzig Jahren von Hans Küng vorgelegt wurde.

Natürlich hat diese Arbeit zu vielfältigen Theorien und Lösungsvorschlägen geführt. Die Diskussionen laufen quer durch Konfessionen und theologische Schulen. Globale Beurteilungen sind kaum möglich. So gilt etwa Hans Küng für die einen als unangemessen liberaler Theologe, der den anderen Religionen zuviel theologisches Recht einräumt. Für die anderen aber gilt er als »Inklusivist«, dem es immer noch nicht gelungen sei, den Jordan in Richtung anderer Religionen zu überschreiten. Dabei gibt es einige Fragestellungen und Lösungsversuche, die sich aus der allgemeinen Situation der katholischen Kirche und des Christentums geradezu aufdrängen. Dazu gehört (1) Neugier, d.h. ein vitales Interesse an Gestalt, Theorie und Praxis anderer Religionen. Es geht überhaupt darum, sie angemessen kennen zu lernen. Nur so kann die christliche Theologie mit der Faszination anderer Religionen unter Christen allmählich angemessen umgehen. Dazu gehört (2) Urteilsbildung, d.h. eine vorsichtige und vielschichtige

Diskussion, die allmählich dazu führt, andere Religionen angemessen einzuordnen, sie auf adäquate Weise mit der christlichen Religion zu vergleichen und darin die relevanten theologischen Elemente zu erheben. Dazu gehört schließlich (3) eine Öffnung und Revision der eigenen christlichen theologischen Ausgangspunkte, mit denen wir nicht-christliche Religionen bislang beurteilt haben (Dean).

Ein solches Verhalten schließt noch keine Gleich- oder Überordnung anderer Religionen ein, wohl aber eine konkrete Distanz zu den extrem globalen Kategorien, mit denen wir bislang über Religionen gesprochen haben, die uns in der Regel unbekannt blieben. Die einzig wirksame Kategorie hieß »Heil«, zog also die Frage nach sich: Haben auch andere Religionen Heilsbedeutung? Es zeichnet sich in vielen Projekten jetzt schon ab, dass diese Frage kaum schematisch beantwortet werden kann (Schwandt, Toppic). Natürlich muss im konkreten interreligiösen Gespräch jeweils (4) die Frage nach der Bedeutung des christlichen Glaubens folgen. Dass im Rahmen dieser Fragestellungen vielfältige Positionen in streitiger Weise entwickelt werden, versteht sich von selbst. Die »Inklusivisten« wenden sich gegen die »Exklusivisten«; beide werden im Namen »pluralistischer« Konzepte kritisiert[70]. Gleichzeitig wird auch in diesen Diskussionen die Frage gestellt: Führen solch globale Fragestellungen überhaupt weiter? Ist es nicht viel wichtiger, konkrete Gesichtspunkte, Stärken und Schwächen, Vor- und Nachteile verschiedener Religionen herauszuarbeiten und aufeinander zu beziehen? Von selbst versteht sich auch, dass – zumal aus christlicher Perspektive – die Frage nach der Bedeutung Jesu Christi im Christentum unbefangen mit der Bedeutung von »Heilsfiguren« in anderen Religionen verglichen wird, etwa mit Mose, Mohammed oder Buddha.

Und schließlich ist unbestritten, dass jede der »großen« Weltreligionen ihr eigenes und spezifisches Verhältnis zum Christentum kennt. Das gilt in erster Linie für das Judentum, das gilt in zweiter Linie für den Islam, die beide – wie das Christentum – zu den »prophetischen« Religionen gezählt werden. Das gilt auch für den Buddhismus, dessen Qualität als »Religion« einer eigenen Betrachtung bedarf, der dennoch (oder gerade deshalb) als die

70 Dieser Begriff wurde zum ersten Mal durch Knitter (1985) ins Gespräch gebracht, wenn auch in sträflich falscher Weise auf bestimmte Theologen angewendet.

große Herausforderung des Christentums betrachtet wird. Neu entdeckt wurden in den vergangenen Jahrzehnten die »Weisheitsströme« chinesischer Herkunft, man denke an den Taoismus, an Kung Fu Tse und an Lao Tse (Küng-Ching). Dass solche Ausflüge in das Reich der Religionen für die christliche Theologie bereichernd sind, spricht für sich selbst. Dass sie hier und dort Unruhe hervorrufen, ist geradezu natürlich; dabei reicht ein sozusagen ganz »normales« Selbstbewusstsein, um gelassen und offen ein Gespräch, einen interreligiösen Dialog anzugehen. Nach meiner Kenntnis gibt es auch keine globalen Bewegungen, die dem Christentum in diesem Zusammenhang seine Würde abstreiten wollen. Nachteile und Verengungen der christlichen Tradition werden sichtbar, und sie sind nicht zu unterschätzen. Niemand aber hat bislang bestritten, dass die christliche Religion im Konzert der Religionen eine spezifische und unersetzbare Stellung einnimmt. Deshalb sind interreligiöse Dialoge oft weniger dramatisch, aber auch weniger romantisch, als danach manch erhabene Würdigung unterstellt. An vielen Orten der Welt sind sie religiöser und theologischer Alltag. Dass dabei die west- und südeuropäischen Länder nicht zu den Vorreitern gehören, haben wir selbstkritisch zur Kenntnis zu nehmen.

b) Zum Dokument

Anders als in den vorhergehenden Kapiteln geht es in Kapitel VI (in Nr. 20 und 21) unmittelbar zur Sache. Sofort wird eine einschlägige Stelle aus der Kirchenkonstitution zitiert: Es sei vor allem *fest zu glauben,* dass die »pilgernde Kirche zum Heile notwendig ist. Der eine Christus ist Mittler und Weg zum Heil, der in seinem Leib, der Kirche, uns gegenwärtig wird; indem er aber selbst mit ausdrücklichen Worten die Notwendigkeit des Glaubens und der Taufe betont hat (vgl. Mk 16,16; Joh 3,5), hat er zugleich die Notwendigkeit der Kirche, in die die Menschen durch die Taufe wie durch eine Türe eintreten, bekräftigt«[71]. Nun werden viele christliche Theologen den christologischen Teil des Zitats wohl nicht bestreiten, aber gemäß seinen exegetischen Grundlagen interpretieren. Natürlich ist für uns Christus Mittler und Weg zum Heil, und natürlich weisen die Evangelien auf die Taufe hin.

71 II. Vat. Konzil, Dogmatische Konstitution *Lumen Gentium,* 14; vgl. Dekret *Ad Gentes,* 7; Dekret *Unitatis Redintegratio,* 3.

Es ist aber die Frage, ob und in welchem Sinn Jesus Christus damit die »Notwendigkeit der Kirche« bekräftigt hat, wie Ratzinger sie versteht und wie sie sich uns seit den Zeiten des Augustinus darbietet.

Wie das vorhergehende ist auch Kapitel VI ein schlussfolgernder Text, nachdem in den Kapiteln II–IV das Nötige gesagt war. Man bemüht sich nicht, über die Religionen auch nur eine konkrete Information zu geben. Sie sind, das ist deutlich, nicht das Thema des Hüters christlichen Glaubens. Immerhin herrscht auch hier von Anfang an Klarheit über die Absicht. So sind zumindest diejenigen verstimmt, denen eine nichtchristliche Religion ans Herz gewachsen ist. Denn was im Folgenden auch zur Rettung christlicher Superiorität gesagt werden mag, solche Schlüsse sind unangemessen, wenn den Beurteilten nicht zuvor der notwendige Respekt bezeugt ist. Wer formal behauptet, dass er andere Religionen »mit aufrichtiger Ehrfurcht betrachtet« (Nr. 20), präsentiert ein Lippenbekenntnis, solange er dies nicht auch konkret tut. Nur unter diesem Vorbehalt kann ich das Folgende noch lesen.

Gemäß klassischer katholischer Kirchenlehre wird der Gedanke von der universalen Heilsmittlerschaft Christi in das Postulat von der Heilsnotwendigkeit der Kirche transformiert. Sie habe deshalb »im Plan Gottes eine unumgängliche Beziehung zum Heil eines jeden Menschen«. J. Ratzinger gibt die offizielle katholische Lehre korrekt wieder, aber verdächtig oft taucht jetzt das Wort »geheimnisvoll« auf – als spüre er selbst die Aporien, mit denen eine solche Behauptung behaftet ist. Geheimnisvoll ist die Beziehung der Kirche zu ihrem Retter, geheimnisvoll die Beziehung der nichtchristlichen Menschen zu der Kirche. In diesem geheimnisvollen Sinn gilt immer noch das Wort »außerhalb der Kirche kein Heil«; Nichtchristen befinden sich »objektiv« in einer »schwer defizitären Situation«. Die Verbindung mit dem Heil der Kirche aber schenke Gott, wie das Konzil sagte, »auf Wegen, die er weiß« [!]. Trotzdem (d.h.: trotz dieses geheimnisvollen Charakters) wird in diesen Darlegungen eine unüberwindliche, durchaus objektive negative Grenze festgelegt. Wie sich die Beziehung der Menschen zur Kirche auch gestalten möge, wir dürfen die Kirche nicht »als *einen Heilsweg* neben jenen in den anderen Religionen … betrachten«. Dass auch die anderen Religionen wertvolle »Elemente« enthalten, wird zugestanden.

Das Dokument führt noch eine zweite Differenzierung ein. Sie stammt ursprünglich aus der Sakramententheologie und zeigt sofort, wie sehr der Gedanke des Sakramentes im Mittelpunkt der Überlegungen steht. Man könne diesen Gütern der anderen Religionen »nicht einen göttlichen Ursprung oder eine Heilswirksamkeit *ex opere operato* zuerkennen, die den christlichen Sakramenten eigen ist«. Verwiesen wird dabei auf einen Text des Konzils von Trient, der bestimmt in einem ganz anderen Zusammenhang geschrieben wurde[72]. Der Satz macht aber deutlich, was die römische Verlautbarung verhindern will: Teilnahme an den Riten anderer Gottesdienste sind gefährlich, also nicht erlaubt[73]. Die grundlegende Verhältnisbestimmung zu den nicht-christlichen Religionen ist also nicht von moralischen Gesichtspunkten, in erster Linie auch nicht von Gesichtspunkten der Lehre geprägt. Grundlage dieser Verhältnisbestimmung bildet wie bei der Metapher von der Mittlerschaft Christi ein sakramentales Denken: Das Heil kommt, wie wir schon sahen, von der Kirche und ihren Sakramenten. Damit ist für die Aussagen von Nr. 22 der Grund gelegt: Die Kirche allein ist es, der das Heil Gottes gegeben ist. Deshalb ist sie es, die anderen Menschen das Heil zu bringen hat. So gesehen gilt ihr Evangelisierungsauftrag auch heute noch ungeschmälert, wie vor allem die päpstliche Enzyklika zur Mission ausführt[74].

Wie ist dieses Kapitel zu beurteilen? Es ist Ausdruck einer großen Verunsicherung und der Sorge für Evangelisierung und Mission, es ist aber auch Ausdruck der Sorge um die Vorrangstellung der christlichen Botschaft und der Kirche gegenüber den anderen Religionen. Diese Sorge gründet in einem Überlegenheitspostulat des Christentums gegenüber den anderen Religionen, das keinerlei Differenzierung zulässt und exegetisch kaum zu begründen ist. Darüber mag man sich mit dem obersten Glaubenshüter vielleicht verständigen. Unmöglich aber ist die Verständigung über einen anderen Aspekt: Dieses Kapitel ist zugleich Ausdruck eines tiefen Misstrauens gegenüber allen, die sich im Augenblick in kreativer Weise um eine neue Verhältnisbestimmung zu Welt und Religionen bemühen. »Jene Mentalität des Indifferentismus«, der von einem »religiösen Relativismus« durchdrungen ist, das ist

72 Konzil von Trient, Dekret über die Sakramente, Kan. 8 über die Sakramente im Allgemeinen: DH 1608.

73 Dazu wird ein Zitat des gegenwärtigen Papstes herangezogen: Enzyklika *Redemptoris missio*, 55: AAS 83 (1991), 302–304.

74 Ebd.

Ratzingers Schlagwort, das in Nr. 22 bemüht wird. Damit hat Rom versucht, sich einen umfassenden Rahmen für seine eigene Ortsbestimmung zu schaffen; es sei so. Dass der Herr der Sanktionen damit zugleich ungezählte Theologinnen und Theologen beleidigt und ihnen wohl alle christliche Gemeinschaft aufgekündigt hat, das scheint nicht in sein Bewusstsein zu dringen. Ich gebe gerne zu, dass solcherart Beleidigung indirekt und sublim ist. Allerdings vermute ich gerade in diesem Spiel des Ungreifbaren eine kalkulierte Strategie. Der kundige Rhetor ist ja so vage und allgemein, dass er das konkrete Denken kaum beeinflussen wird. Auch geht er so wenig auf konkrete Fragen ein, dass keine Hilfe angeboten wird. So bleibt der Verdacht, dass Rom schlicht und einfach um einen Vorrang kämpft, der sich angesichts der konkreten Lage so undifferenziert und auf Dauer nicht halten lässt. Das Schicksal des wieder bemühten Wortes »außerhalb der Kirche kein Heil«, der gehäufte Verweis auf ein »Geheimnis« und die Tatsache, dass zu keiner der Religionen auch nur ein konkretes Wort gesagt wird, das alles deutet auf eine Sprachlosigkeit hin, die Rom schnellstens überwinden müsste. Es hat noch nicht begriffen, woher seine autoritäre Sprachlosigkeit kommt. Es ist seine Unfähigkeit, mit Theologinnen und Theologen geschwisterlich zu reden.

c) Wege zum Dialog

Die Tatsache der Existenz und der Würde nichtchristlicher Religionen ist in das theologische Bewusstsein des (offiziellen katholischen) Christentums noch nicht eingedrungen (Häring 1995). Das hat historische Gründe. Die große Auseinandersetzung mit dem Judentum stand am Anfang des Christentums und bildet ein konstitutives Element dieser Geschichte. Polemische Abgrenzung war angezeigt. Gleichzeitig gilt: Das Christentum hat das Judentum nie einfach abgelehnt, sondern differenzierte Antworten zu dessen Bedeutung, historischer Sendung und (endzeitlicher) Zukunft entwickelt. Diese Antworten, die heute weithin akzeptiert sind, können auch als Modelle für unseren Umgang mit anderen Religionen dienen. Ich behaupte nicht, dass die Schriften anderer Religionen dem »Alten« Testament gleichzustellen seien. Es muss aber gefragt werden, welche Analogien sich bei einem solchen Vergleich zeigen. Spezifisch ist auch die Beziehung des Christentums zum Islam. Dieser wurde lange Zeit als Häresie, erst seit dem Beginn der Neuzeit als konkurrierende Religion wahrgenommen

(Kuschel). Während unter der Herrschaft des Islam interessante Modelle des Zusammenlebens, der Begegnung und sogar der Kooperation zwischen Christentum, Judentum und Islam entstanden (man denke an das früh- und hochmittelalterliche Spanien oder an Länder wie Syrien und Jordanien), haben sich in christlich dominierten Ländern Modelle der Konfrontation und der Ablehnung entwickelt. Dies ist eine Linie, die sich von den Kreuzzügen bis zu den späteren europäischen Auseinandersetzungen mit dem Osmanischen Reich hinzieht. Dafür gibt es natürlich gesellschafts- und machtpolitische Gründe, auch Gründe der Trägheit und des Versagens in der christlichen Theologie. Von wenigen Ausnahmen abgesehen hat sich niemand die Mühe gemacht, theologische Modelle der Auseinandersetzung, der Begegnung oder gar des Dialogs zu entwickeln[75]. Noch grauer ist die Geschichte der Begegnung mit östlichen Religionen, deren Anhänger bis vor kurzer Zeit unter der Rubrik des »Heidentums« abgewiesen wurden. Deshalb stoßen die neuen Versuche eines pluralistischen Religionsverständnisses (Jeanrond 1991a, Brück-Werbick) noch auf weites Misstrauen (Gäde), obwohl zu einem neuen Verständnis schon viel inhaltliche und prinzipielle Vorarbeit von hohem Rang geleistet ist.

Das hatte für die Selbsteinschätzung des Christentums im Plan der Weltgeschichte unabsehbare und katastrophale Folgen. Das Christentum ließ sich nie dazu herausfordern, sein Selbstbewusstsein einer »absoluten« Religion zu differenzieren, wenigstens global abzuklären oder in ein differenziertes Dialogprogramm umzumünzen. Hier sei nur auf einen einzigen Gesichtspunkt verwiesen. Die Existenz von anderen Religionen ist unleugbar. Es gibt da Gottesglaube und Frömmigkeit, Liturgie und Ehrfurcht vor dem Seienden, Gebet und Meditation, Rückzug von der Welt und Solidarität mit anderen, höchste moralische Ansprüche bis hin zur Selbstverleugnung, überbordende Ekstase bis hin zum berauschenden Fest. Diese unleugbare Existenz von Religionen zeigt eine grundlegende und irreduzible Pluralität in der Art, wie sich uns Gott und das Göttliche zeigen. Hinzu kommt, dass das Christentum auch innerhalb der eigenen Grenzen auf die Paradoxien

75 Als Beispiel für solche Mühe kann das Werk dienen, das sich H. Küng im Laufe von zwanzig Jahren – mit seinen Veröffentlichungen zu den östlichen und zu den monotheistischen Religionen erarbeitet hat (Häring 1998, 233–315). Das erfolgreiche Projekt »Weltethos« wäre ohne diese Vorarbeit nicht möglich gewesen.

von lokalen und globalen Herausforderungen stößt (Schreiter 1987, 1997; Sedmak). *Wenn* die Welt und die Menschen Geschöpf Gottes sind, dann können diese Fakten nicht ignoriert, geschweige denn verachtet werden. Wenn Welt und Kulturen von Gott geschaffen sind, dann *müssen* Religionen mit göttlicher Wahrheit zu tun haben, d.h. mit einem globalen und zugleich multikulturellen Gott (Spencer).

Diese Beobachtungen führen m.E. zu einem Grundprinzip, das in der christlichen Theologie bislang nur implizit und unreflex vollzogen, in Fällen der Verunsicherung aber explizit geleugnet wurde. Zwar finden christliche Theologie und christlicher Glaube den normativen Kernpunkt ihrer Identität in der Auseinandersetzung mit der biblischen Botschaft, aber das Material dieser Auseinandersetzung sind die Wirklichkeit und Menschen, Interpretationen und Werte, geschichtliche Ereignisse und die Herausforderungen des täglichen Lebens. Christliche Theologie hat – wie alle Versuche, die Wirklichkeit zu deuten und zu verstehen – auszugehen von der tatsächlichen Wirklichkeit. Das bedeutet zugleich: von der Pluralität dessen, das sich in dieser Welt anbietet. Man hat in diesem Zusammenhang von einer »induktiven« Theologie gesprochen (Dupuis), der das Vorgehen von *Dominus Iesus* idealtypisch als »deduktive« Theologie gegenübergestellt werden kann. Letztere geht von einem Prinzip aus und wendet dieses auf ein unerwartetes Phänomen an. Ich sehe weiße Schwäne und schließe daraus, dass alle Schwäne weiß sind – allerdings nur bis zu dem Tag, an dem (in Australien oder anderswo) schwarze Schwäne auftauchen. Man berichtet mir von einem Einhorn und ich interpretiere den Bericht als Märchen – bis zu dem Augenblick, da ein wirkliches Einhorn auftaucht. Rom behandelt den theologischen Gehalt der Religionen im Grund von einem Vorurteil her als nicht existent, wie sich nach B. Brecht jener einflussreiche Kardinal weigerte, durch Galileis Fernrohr zu schauen.

Gewiss ist ein induktives Vorgehen nur der Beginn eines solchen Verfahrens, aber es ist unabdingbar. Natürlich führt es zu Operationen, wie sie täglich in der theologischen und religionswissenschaftlichen Arbeit vollzogen werden: Bestände werden erhoben und analysiert, verglichen und beurteilt, von humanitären, philosophischen, theologischen oder anderen Gesichtspunkten aus verarbeitet und in umfassendere Konzepte eingebracht. Erst auf der Basis solcher Vor-Arbeit kann die Frage nach einer christlichen Verortung oder Beurteilung gestellt werden. Bei einer solchen Arbeit müssen sich auch die Inhalte christlichen Glaubens und christlicher Theologie bewähren. Nach allgemeiner Erfahrung braucht sich die christliche Botschaft im religiösen Weltgespräch nicht zu verbergen. Gerade deshalb kann sie sich dieser Auseinandersetzung stellen. Das von Ratzinger vorgeschlagene Verfahren verrät dagegen Angst, Missachtung und nicht die geringste Affinität mit der ungeheuren Vielfalt, in der sich die Erfahrung Gottes und des Göttlichen in den Kulturen der Welt niedergeschlagen hat und immer noch niederschlägt[76].

Wiederholt habe ich darauf verwiesen, dass die Neudefinition von Einzigkeit und Universalität nicht nur – und nicht einmal in erster Linie – ein theologisches Problem ist. Es ist viel umfassender, ein philosophisches Problem unserer Kultur (Kreutzer). Die Geschichte der Katastrophen des zwanzigsten Jahrhunderts, verbunden mit der Geschichte westlicher Weltbeherrschung in den vorhergehenden Jahrhunderten sowie mit unserer gängigen Superioritätskultur gegenüber anderen Völkern, ferner der Elitismus innerhalb Europas selbst, in dem Konfessionen und Weltanschauungen, Völker und Volksgruppen einander bekriegten, schließlich die Differenz der Geschlechter; dies alles hat zur Erkenntnis geführt, dass es keine gelebte Einheit ohne Unterschiede, keine wirksame Identität ohne Fremdheit, keine Universalität ohne Pluralismus gibt. Das haben auch Rom und die Theologie zu lernen. Angesichts der anderen Religionen führt die christliche Tradition, wie Ratzinger sie darstellt, zu unerträglichen theologischen Problemen – nicht deshalb, weil es außerhalb des Christentums keine legitime Religion gibt, sondern weil die christliche Theologie die Existenz anderer Religionen in ihrem Diskurs bislang überhaupt

76 Hier ist schon Gesagtes mit großem Nachdruck zu wiederholen: Auf der ganzen Welt gibt es inzwischen eine große Fülle von Neuinterpretationen, Konzepten, Dialogmodellen und Angeboten zur Verhältnisbestimmung von christlichem Glauben und anderen Religionen, Kulturen und Weltanschauungen. Höchst fruchtbare Diskussionen sind in vollem Gang. Afrikanische, asiatische, lateinamerikanische Theologinnen und Theologen werden in Europa ausgebildet, aber was noch wichtiger ist: ungezählte europäische Theologinnen und Theologen nehmen inzwischen in den genannten Kontinenten vielfältigste Inspirationen auf. Diese reichen Prozesse gegenseitiger Inspiration werden vom Dokument sozusagen vom Tisch gefegt, ignoriert und auf ein simples Dominanzmodell reduziert: Sind wir die wahre Religion oder nicht? Das bedeutet schlicht und einfach: Missachtung dessen, was in der Weltkirche geschieht und Missachtung des Geistes, der seit Jahrzehnten schon seine Früchte trägt. Auch hier zeigt sich, dass Rom offenbar zu einem simplen Perspektivenwechsel nicht nur unfähig, sondern auch nicht gewillt ist.

nicht zugelassen hat. Ratzinger repräsentiert und dokumentiert im vorliegenden Dokument deshalb das Scheitern einer überheblichen Theologietradition. Dass er das Problem nicht durchschaut, ist nicht sein Triumph, sondern seine Tragik.

7. Schluss (Nr. 23): Von Paulus zu Johannes Paul II.

»Die Wahrheit, die Christus ist, erscheint nötig als universale Autorität.« In diesem Zitat Johannes Pauls II. lässt sich die Verlautbarung zusammenfassen. Das Dokument verweist auf Paulus, der geschrieben hat: »Denn vor allem habe ich euch überliefert, was auch ich empfangen habe« (1 Kor 15,3). Dieses Zitat ist im vorgegebenen Zusammenhang verräterisch, denn Paulus leitete mit ihm zum Auferstehungsbericht über, dies ist eine der christlichen identitätsstiftenden Erinnerungen, die bis heute ihre Kraft erhalten haben. Im Zusammenhang neuer Situationen, im Blick auf den großen sich anbahnenden Inkulturationsprozess seiner Zeit hat Paulus ganz andere Töne angeschlagen. Paulus setzte sich trotz schwerster jüdisch-theologischer Gegenargumente durch. Er hat überlieferte Grenzen durchbrochen. Er nahm gemäß Gal 2 den Konflikt mit Petrus auf und hat versucht, die Sache der Freiheit neu zur Sprache zu bringen. Es sind gerade diese Kreativität und dieser vorwärtsgewandte Blick, die dem Dokument völlig fehlen. So hat es auch kein Recht, sich in konservativer Absicht auf Paulus zu berufen. Ohne jede inhaltliche Differenzierung und ohne jede Klärung zur Tragweite dieser Aussage spricht das Schlussstück von der »einzig wahren Religion«. Diese globale Sentenz mag vor fünfunddreißig Jahren noch möglich gewesen sein und sie mag als Ausdruck der persönlichen Glaubenssituation heute noch ihr Recht behalten. Als Leitstern eines theologischen Diskurses, gar einer gesamtkirchlichen Position hat sie im Augenblick jede Überzeugungskraft verloren. Damit ist das gültige Bekenntnis (»Ich erkenne im Glauben an Jesus Christus die umfassende Wahrheit meines Lebens«) nicht geleugnet. Aber theologische Reflexion hat zumal in Zeiten tief greifenden Umbruchs mehr zu leisten. Sie hat Erfahrungen und Gegenerfahrungen *aller* Christen ernst zu nehmen und angemessen zu verarbeiten, ohne Einzelne oder eine ganze Gruppe zu diffamieren.

Was also ist das Ziel des Dokuments? Erste Adressatin ist zweifelsohne die katholische Theologie. Konkret angesprochen sind also Theologinnen und Theologen, die dieses Fach im Rahmen katholischer Institutionen (Universitäten, Fakultäten, Hochschulen und sonstiger katholischer Bildungsträger) betreiben. Das Verhältnis zwischen Lehramt und Theologie braucht hier nicht dargestellt zu werden. Unbestreitbar ist: Kirchenleitungen, insbesondere römische Instanzen verstehen sich seit der Mitte des neunzehnten Jahrhunderts in undifferenzierter Weise als Kontrollinstanzen der Theologie. So haben sie sich in eine unselige Geschichte des Misstrauens und der Demütigungen, zensurierender und unterwerfender Maßnahmen verstrickt. Von einer geschwisterlichen Kommunikation, von einem Austausch der Argumente, von vertrauensvollen Gesprächen kann auch in den vergangenen zwei Jahrzehnten nicht die Rede sein. Theologinnen und Theologen haben das Nachsehen, falls sie sich nicht an bestimmte auferlegte Rahmenbedingungen halten, die ihrerseits von Rom festgelegt sind. Das sachliche Hauptproblem liegt in der Tatsache, dass die verschiedenen Rollen von Lehramt und Theologie aus theologischer Perspektive in der Neuzeit nie geklärt wurden und auch gegenwärtig nicht geklärt sind. Die römischen Äußerungen in dieser Sache sind in der Theologie nicht akzeptiert und wohl auch nicht akzeptabel, weil nur die Kategorien von Gehorsam, Ein- und Unterordnung gelten[77]. Es ist dem Lehramt auch unter Ratzingers Ägide nicht gelungen, seine spezifische, von der Theologie unterschiedene Funktion zu definieren oder in einer kirchengemäßen Praxis zu entwickeln.

Ein typischer Fall dieses ungeklärten Verhältnisses ist das vorliegende Dokument. Auf seine Weise treibt das Dokument nämlich selbst Theologie, genauerhin: es repetiert theologische Konzepte und Aussagen der Konzilszeit oder vorhergegangener Zeiten, der Alten Kirche oder des zweiten Jahrhunderts. Es deutet diese Konzepte und Aussagen – ohne weitere Begründung – zu lehramtlichen Aussagen um, die für die Kirche verbindlich und für den Glauben unabdingbar sind. Damit handelt das Lehramt (das ja durchaus an der Spitze kirchlichen Weltverstehens stehen

77 Das Motu proprio *Ad tuendam fidem* vom 18. Mai 1998 bezieht sich auf die neue Bekenntnisformel, deren Beeidung von Theologen verlangt wird und die ihrerseits am 1. 3. 1999 in Kraft gesetzt wurde. Als unerhört wurde zudem die Tatsache erfahren, dass can. 1371 des kirchlichen Gesetzbuches durch Verwaltungsakt [!] einen Zusatz erhielt. J. Ratzinger hat sich zu den erhobenen Protesten mit einem Text erklärt, der m. E. die gestellten Fragen nicht beantwortet (Ratzinger 1999).

könnte) wie eine überholte und zudem versteinerte Theologie. Während es zum Geist ermutigen müsste, produziert es den immer neu zitierten Buchstaben. Wie gefährlich ein solches Verfahren ist, wie oft es nachträglich ins Unrecht gesetzt wurde, dafür gibt es ungezählte Beispiele. Auch Ratzinger wird heute nicht mehr behaupten, in der Hölle brenne ein physisches Feuer, auch er würde (um willkürliche Beispiele herauszugreifen) den Exegeten F. Hummelauer (1842–1914) nicht mehr disziplinieren, weil er bezweifelte, dass Mose die nach ihm benannten fünf Bücher schrieb, auch er würde mit J. H. Newman (1801–1890) nicht mehr auf die bekannte Weise umspringen oder E. Buonaiuti (1881–1946) der Häresie verdächtigen, auch er würde G. Galilei nicht mehr gefangen setzen, H. de Lubac (1896–1991) und Y. Congar (1904–1996) nicht mehr ihrer Lehrstühle entheben, vom Schreibtisch Teilhard de Chardins (1881–1955) keine Manuskripte mehr entwenden lassen und ihn nicht mehr nach China bzw. New York verbannen. Auch er würde gegen K. Rahner (1904–1984) vermutlich kein Verfahren mehr anstrengen – oder doch? Aber gegenüber gegenwärtigen Theologinnen und Theologen geschieht das natürlich zuhauf. Das System der Denunziationen funktioniert ungebrochen. Es ist, als habe die Zeit des Antimodernismus neu begonnen. Nach aller Erfahrung wird die jeweils gegenwärtige Theologie mit früheren theologischen Erkenntnisständen konfrontiert; es gilt, was sich die hohen Herrn jeweils in ihrer Studienzeit in Herz und Hirn eingeprägt haben. Deshalb beträgt der Verzögerungsfaktor ein bis zwei Generationen. Dieser wird auf dem Rücken der Glaubenden ausgetragen, obwohl ihnen eine steuernde Aufgabe zukommt (Wiederkehr). Im Augenblick sind es die vierziger und fünfziger Jahre, die man uns als kirchlichen Kleinglauben aufoktroyieren will – eine theologische Epoche, in der man zudem die Theologie und den Platonismus der Alten Kirche neu entdeckt und als erneuernden Impuls rezipiert hatte. So geriert sich die offizielle Kirche immer neu als die Hüterin überholter Überzeugungen, zur Garantin eines hoffnungslosen Konservatismus.

Der Grund für diese unaussprechlichen Missstände liegt in der Tatsache, dass die oberste Glaubensbehörde faktisch nicht antritt, um das Glaubensbekenntnis oder um die Jahrhunderte überdauernde »christliche Lehre« zu beschützen. Sie stimuliert nicht deren immer neue Auslegung und sorgt nicht dafür, dass den theologischen Diskussionen Freiräume offen gehalten werden. Diese Institution hat sich zu einer Art Ober-Theologie und einer unnachsichtigen Zensurbehörde entwickelt. Man ist zudem von der pathologischen Angst besessen, die Theologie löse den Glauben auf, führe in die Irre, vergesse die Prinzipien christlichen Denkens, zerstöre sozusagen die christliche Identität der (katholischen) Kirche. Frauen und Frauenfragen (etwa deren Ordination) sind zu angstbesetzten Themen geworden, auf die man geradezu panisch reagiert. Die Angst vor der »Welt« hat römische Kreise seit den Zeiten des Antimodernismus nicht mehr verlassen. Vor diesem Hintergrund wird laufend kontrolliert und vorgebeugt, werden abstrahierende und damit ungeschichtliche Schlüsse gezogen, überzieht man gegenwärtiges, von Lokalität, Globalisierung und Universalität geprägtes Denken mit den überholten Kategorien eines neuzeitlichen Imperialismus. Die Entdeckung, dass Vielfalt und Einheit einander bedingen, wird mit dem Hinweis auf eine monolithische Universalität ignoriert. Das vorliegende Dokument belegt diesen Missstand nachdrücklich. Es entlarvt eher römisches Denken, als dass es die Auseinandersetzungen und Anstrengungen einer weltweit agierenden Theologie begreift.

Aus diesen Gründen ist *Dominus Iesus* jegliche Autorität abzusprechen, weil die genannten Probleme nicht geklärt sind. Die Behörde des institutionalisierten Misstrauens hat sich endlich einmal selbst der theologischen Diskussion zu stellen, weil sie viele Theologinnen und Theologen der katholischen Kirche im Grunde verachtet und ihnen keine Fähigkeit zu Wahrheit zutraut. Deshalb sind einvernehmliche Absprachen zu treffen. Man vergesse in Rom nicht: ihre kirchliche Qualität braucht sich katholische Theologie nicht aus Rom zusprechen zu lassen. Für ihre Kirchlichkeit sorgt die Theologie schon selbst und für die Regelung von Krisenfällen kennt sie hinreichend Konkurrenzbestände, eine breite Vielfalt der Meinungen, genügend Instrumentarien der kritischen Diskussion und genügend Glauben an Jesus Christus und sein Heil in der Welt. »Keiner wird mehr den andern belehren, man wird nicht zueinander sagen: Erkennet den Herrn!, sondern sie alle, klein und groß, werden mich erkennen« (Jer 31,34). Dies ist kein Wort unkirchlicher Aufmüpfigkeit, sondern Ausdruck des Glaubens, der das Innerste der Herzen auch von Theologinnen und Theologen durchdringt. Wer dies nicht respektiert, verletzt eine der zentralen Regeln kirchlicher Geschwisterschaft.

Eine grundsätzliche Bemerkung möge diese Ausführungen abschließen. Das Thema des Dokuments lautet: Einzigkeit und Universalität. Implizit geht es dabei um die Identität des christlichen Glaubens. Das ist ein gefährliches Thema, das prinzipiell nie enden kann. Psychologie und Anthropologie, Hermeneutik und Literaturwissenschaft, wahrscheinlich auch andere Wissenschaften sagen uns, dass die Identität eines Menschen, einer Gemeinschaft oder einer kulturellen Erscheinung zwar benannt, aber nie direkt und unmittelbar dargestellt und beschrieben, gar hergestellt und konstruiert werden kann. Identität entsteht immer in und aus Beziehungen, ist deshalb immer dynamischen Veränderungen unterworfen und geht Umwege, solange Identität überhaupt lebt. Sie bildet sozusagen immer nur den Schlussstein einer Fülle von vielfältigsten Beziehungen, Erfahrungen und Erwartungen. Menschen, die (wie wir sagen) »bei sich selbst« oder »sie selbst«, also mit sich »identisch« sind, sind in der Regel bei anderem und anderen und gerade deshalb bei sich selbst[78]. Eine Kultur, die in gelebter Weise »bei sich« ist, ist immer bei anderem. Sie lebt in einem Prozess kontinuierlicher, selbstverständlicher, unbewusster Selbstorganisation, die nie zum Ende kommt. Das dynamisch labile und doch chaotisch stabilisierte, das immer verletzliche und deshalb fruchtbare Gleichgewicht des ständigen Stoffwechsels macht das Leben aus. Sobald Verunsicherungen auftreten, diese Identität also ins Wanken kommt, werden Prozesse beschleunigt (z.B. im Fieber) oder plötzlich verlangsamt, im schlimmsten Fall erstarren sie für immer (ein Organ oder ein Körperteil stirbt ab). Sobald sich solche Gefährdungen ankündigen, wird die Frage nach der eigenen Identität ausdrücklich gestellt. Wir reden auch in der Theologie genau dann über Kontinuität und Tradition, wenn Kontinuität und Tradition gefährdet sind. Man diskutiert dann über »Leit-Kultur« oder ruft nach der endgültigen Wahrheit oder einem klaren Wort, man fordert dann neue Werte und besinnt sich darauf, dass wir in einer christlichen Kultur leben, wenn sich neue Orientierungen anbahnen. Genau das ist das Problem der römischen Wahrheitsideologie. Sie beunruhigt sich über Kreativität und selbstverständliches Leben. Gemäß einem Rationalitätsideal des neunzehnten Jahr-

78 Ricoeur nennt das die »Ipse-Identität« eines Menschen; dagegen steht die statische, im Geburtsregister festgelegte »Idem-Identität«, die keinen Veränderungen unterliegt (Haker).

hunderts sucht sie die klare und schließlich die tote Definition. Damit bewirkt sie genau das, was sie zu bekämpfen vorgibt, nämlich die Erstarrung des Glaubens in einer Haltung, die diesen Glauben im Grunde nicht mehr nötig hat.

Nun hat der christliche Glaube seine Identität immer besonders stark profiliert, da er sich auf eine historisch eindeutige Person beziehen kann. Das ist aber eine Täuschung. Der christliche Glaube ist gegenüber der Identitätsfrage besonders verletzlich. Die östlichen Religionen und das Judentum haben dem Christentum gegenüber einen ungeheuren Vorteil: Sie sind sozusagen aus unvordenklichen Quellen entstanden. Die Wasser, die da fließen, sind immer schon vermengt und vielfältig, also nicht eindeutig identifizierbar; das schafft eine große Flexibilität. Natürlich ist auch diese Behauptung relativ, denn das Judentum kennt andererseits Umbrüche, die relativ eindeutig identifizierbar sind, etwa der Übergang zum nachexilischen Judentum. Dennoch wird ein Jude, wenn ich ihn nach den Ursprüngen seiner Identität frage, viele verschiedenartige Antworten geben, und in jedem Fall hat er viel, sehr viel Sinn für die Vielfalt von Interpretationen. Ein Schriftwort etwa, das nicht zu neunundneunzig Interpretationen führt, ist offensichtlich kein göttlich fruchtbares Wort.

Warum denken wir Christen anders? Warum ist bei uns die rational verfügbare Eindeutigkeit der Interpretationen Trumpf? Warum wollten wir schon seit dem vierten Jahrhundert unsere Schriftinterpretationen fein säuberlich nach einer »somatischen« und einer »pneumatischen«, später nach einer historischen, einer geistlichen, einer moralischen und einer anagogischen Interpretation unterscheiden? Das hat mehrere Gründe. Einer, der nicht zu unterschätzen ist und von dem schon die Rede war, lautet: Hellenisierung. Die Identitätsfrage bekam in dem Augenblick einen Schub, in dem sich eine tief greifende Identitätsverschiebung anbahnte. In seinem groß angelegten Projekt zur religiösen Situation der Zeit hat H. Küng damit begonnen, die großen Weltreligionen nach der Kategorie des Paradigmenwechsels zu rekonstruieren, indem er zwischen den Kategorien Ursprung, Zentrum und späteren Paradigmen unterscheidet (Küng 1991, 1994 und weitere Arbeiten). Dieses Analysemodell bewährt sich bei der Suche nach den spezifischen Faktoren, von denen die – prinzipielle oder epochale – Form einer Religion bestimmt ist. Es hilft auch zur Erfassung derjenigen Elemente, die – entgegen dem ersten Anschein –

eben nicht zum unaufgebbaren Kernbestand einer Religion gehören. Aber die Affinität zur Identitätsfrage hat noch einen anderen Grund; sie liegt, paradox formuliert, am Geburtsfehler des Christentums selbst. Es gibt wohl keine andere Weltreligion, die so sehr und so intensiv auf ihre Mutterreligion angewiesen, mit ihr verbunden und in ihrer Identität von ihr so abhängig blieb. Zugleich gibt es wohl keine andere Religion, die in kürzester Zeit, in einem so schnellen, dynamischen und schmerzhaften Prozess aus einer anderen Religion hervorgegangen ist. In keiner anderen Religion ging es – soweit wir die Quellen kennen – so polemisch und so hart zu. Genetisch gesehen ist das Christentum eine jüdische Sekte. Sie hatte kaum Zeit, eine eigene Sprache zu entwickeln. So hat man die alten Güter enteignet. Der Bund wurde zum Neuen Bund, Adam zum Neuen Adam, Jerusalem zum Neuen Jerusalem, Mose zum Neuen Mose (»Ich aber sage euch ...«). Relativ phantasielos, könnten wir sagen, aber auch eindeutig und klar: Die erste Identitätsfindung des Christentums fand in einem höchst zwiespältigen und polemischen Zusammenhang statt.

Diese Polemik und diese Eindeutigkeit, daraus folgend auch dieser Zwang, über sich selbst zu reden, schlägt sich in jeder Zeile des Neuen Testaments nieder. Das macht ja dessen konzentrierte Schlagkraft aus. H. Küng versuchte 1978 noch zu zeigen, dass das Gottesbild des Christentums klarer als das Gottesbild von Philosophie und anderen Religionen sei (Küng 1978, 648–690). Die damaligen Thesen hat er später so nicht mehr aufrecht erhalten. An einem Punkt war seine Intuition aber richtig: Das Christentum hat sich von Anfang an sehr intensiv mit Eindeutigkeit und Abgrenzung beschäftigen müssen, denn diese waren von innen her bedroht. Man konnte das Problem nur schwer in den Griff bekommen. Ihre Eindeutigkeit beziehen Neues Testament und frühe Kirche aus der Tatsache, dass sie sich polemisch auf die Frage der Identität konzentrieren und damit ihren Horizont auch verengen. »Jesus« ist ja nicht nur – und nicht in erster Linie – der faszinierende und überdies fromme »Naturbursche« (Lüdemann) oder charismatische Bauer (Crossan), von dem sich eine Bewegung ableitet. An sich mag das nicht falsch sein, aber in den Schriften des Neuen Testaments steht Jesus von Nazaret natürlich als höchst polemischer Topos, den man gegen Mose und gegen ein verengtes Tora-Verständnis, gegen die Synagoge stellen konnte. Man hat ihn getötet, und so wurde er zum Stein des Anstoßes. Wie aber kann man sich auf eine Tradition berufen, die den Gründer der eigenen Bewegung aus schriftgemäßen Gründen getötet hat? Daraus resultiert das Problem, dass die normativen Schriften des Christentums (»Neues Testament« genannt) in hohem Maß von der Identitätsfrage umgetrieben sind. So kommt es nicht von ungefähr, dass das Johannesevangelium später eine so zentrale Stellung erhält. Es treibt die Identitätsfrage im Rahmen der Identitätssuche auf die Spitze. Ratzinger kann sich darauf berufen.

Allerdings kennt diese Geschichte noch eine andere Seite: Trotz intensiver Identitätsproblematik ließ sich das Christentum vom Gesetz der Sektenbildung nicht überrollen. Unbeirrt hat man das gesamte Corpus der Jüdischen Bibel etwa in dem Umfang mit übernommen, in dem sie auch für das Judentum kanonische Bedeutung erhielt. Damit ist es dem Christentum dann doch gelungen, sich von der Verkrampfung durch die Identitätsfrage zu lösen. Das war weise und für das Überleben wohl auch notwendig. Man stelle sich vor, das Christentum hätte nur das Neue Testament, dann wäre es wohl nicht überlebensfähig geblieben. Es hätte sich nur noch auf einer schmalen Basis auf Jesus berufen können, von dem sie bald kaum mehr etwas verstanden hätte. Die Traditionen von Gebet und Frömmigkeit, von Weisheit und dramatischen Büchern, die ungeheuer spannenden Erzählungen von Frommen und Schurken, von Betrügern und Dirnen, von Emigration und Einwanderung, von Weltschöpfung und Endzeit, von Familien und genialen Einzelgestalten, von pathologisch Frommen und von einfach weisen Propheten, all die ungeheure lebendige Vielfalt der Erinnerung wäre dem Christentum abhanden gekommen.

Was hat das mit christlicher Identität zu tun? Diese reichen jüdischen Traditionen sind gerade deshalb zu christlichen Identitätsgeschichten geworden, weil sie sich eben nicht – oder nur zu einem Teil – mit der Identität des jüdischen, geschweige denn des christlichen Glaubens beschäftigten. Ijob etwa, das Buch Kohelet, die Josefsgeschichte, die Gebete und Klagelieder von Verzweifelten, sie haben nichts (oder nur indirekt und sekundär) mit jüdischer Identität zu tun. Es ist von der Psychologie, aber auch der Hermeneutik und von philosophischen Überlegungen her hinreichend bekannt, dass Menschen und Gemeinschaften ihr Selbst nur über Umwege zum anderen und zu anderen entwickeln können. Vergleichbares gilt für jede Religion. Es gilt auch für das Christentum, das sich zunächst nur über die jüdische Tradition und über den Juden Jesus definieren konnte. Es gilt schließlich auch für die Zukunft dieser Glaubensgemeinschaft. Ihre Identität wird sich um so vitaler gestalten können, je konsequenter sie sich von der Nabelschau abstrakter Reflexion befreit.

Das Hauptproblem von *Dominus Iesus* besteht darin, dass es alles und jedes (jede Erinnerung an die eigene Vergangenheit, jede Erfahrung mit anderen Kirchen, mit der Welt und mit anderen Religionen), dass es sogar die Frage nach der Zukunft der Menschheit unter die abstrakte Identitätsfrage des Christentums zwingt. Es ist, als dürfe sich ein Christ etwa nicht mehr für den Buddhismus interessieren, ohne die Frage nach der eigenen Einzigartigkeit zu stellen, als dürfe er nicht den Koran bewundern, ohne auf die Inspiration der Bibel angesprochen zu werden. Der Diskurs wird von Anfang an so eingerichtet, dass ihn die eigene Identitätsfrage von Grund auf bestimmt – eine Frage, die angesichts der aktuellen Weltsituation von tiefer Verunsicherung gespeist ist. Diese Verunsicherung hat das Reflexionspotential der westlichen Theologie sowie die Kontrollmechanismen der Glaubenszensur ungeheuer beschleunigt[79]. Allmählich schnürt sie allen narrativen, indirekten und induktiven Erklärungswegen die Kehle zu. Als Fangnetz bleiben, wie wir an diesem Dokument sehen, nur noch die Alternativen von Einzigartigkeit und Partikularität, von Universalität und Konkretheit. Aber diese Alternativen sind selbst abstrakt, so dass sie zu keiner konkreten Antwort führen können. Es gälte ja zu zeigen, wie gerade Einzigartiges im Partikularen und das Universale im Konkreten zu Hause sein kann. Nur wer die Einzigartigkeit des anderen in Selbstlosigkeit anerkennt, ist selbst einzigartig, und nur wer sich auf anderes hin vorbehaltlos zu relativieren weiß, entfaltet selbst eine universale Bedeutung. Seiner Identität ist sich nur wirklich gewiss, wer diese Frage vergisst. E. Schillebeeckx weist zu Recht darauf hin, dass die universale Bedeutung Jesu »nicht abstrakt, objektivierend und unvermittelt ausgesagt werden kann, ohne die konkret nachwirkende Geschichte Jesu. Diese Nachwirkung liegt dann vor allem in der historisch nachweisbaren, Hoffnung gebenden und befreienden christlichen Lebenspraxis« (Schillebeeckx 1975, 552f.).

79 Die Beschleunigung hat bei E. Schillebeeckx einen neuen und schrillen Höhepunkt erreicht. Inoffiziell wurde er vor kurzen wegen eines Buches verwarnt, das er noch gar nicht geschrieben ist. Es ist, als sei Rom schon der Herr der *futuribilia*.

Diese »konkret nachwirkende Geschichte Jesu« ist die Kirche. Deshalb lässt sich auch deren universale Bedeutung nur in ihrer konkreten und aufweisbaren »Nachwirkung« entdecken. Es gehört zu den genialen, aber zugleich einseitigen Lösungen der Alten Kirche, dass sie das Heil vorbehaltlos im Jenseits verankert hat und ihm für das Diesseits nur noch ein geheiligtes Reservat übrig ließ, so als gebe es in unserer Welt nicht auch eine – durch und durch leibliche – Gottesimmanenz, die alles Bekennen übersteigt. So gesehen wird die universale Bedeutung der christlichen Botschaft zwar vom objektivierenden hellenistischen Paradigma in Frage gestellt. Wer den einen Mittler objektiv als den Überbringer allen Heils und aller Gnadenschätze betrachtet, braucht daneben keinen zweiten. In sich ist die römische Logik stimmig. Ist es aber die Logik der christlichen Inspiration? Prophetische Religionen denken, wie wir wissen, anders, nämlich von Ereignissen und Gestaltungen her, von praktischen Lebensstilen und konkreten Optionen aus, im Blick auf konkret geschehende Versöhnung und auf Frieden. Die gegenwärtigen Christinnen und Christen, so die Diagnose von L. Boff, schöpfen ihre Kraft nicht aus abstrakten Glaubenssätzen. »An der Basis der Kirche sprudeln weltweit ... Lebendigkeit, Kreativität, Rückbesinnung auf das Evangelium und neue Formen des Christseins wie selten zuvor in der Geschichte der Kirche« (Boff 2001, 23). Werden Theologie und Lehre damit überflüssig? Nein, aber sie werden an ihre dienende Funktion erinnert und daran, dass solch gelebtes Christentum durch das heilende Wirken anderer Religionen nicht in Frage gestellt wird. Vielmehr wird es einem heiligen, durchaus erfahrbaren Wettstreit unterworfen, dessen Ausgang wir mit den Kategorien abstrakt polarisierender Logik nicht mehr beschreiben können und wollen. Ich will nicht etwa leugnen, dass der Geist Gottes, der auch der Geist Christi ist, auch das Heil der Nichtchristen »wirkt« (Dupuis a, Nr. 5). Ich möchte aber von der Lehrenden unserer Kirche genauer wissen, was sie eigentlich unter Heil verstehen. Vielleicht werden mir dann wenigstens die Probleme deutlich, von denen die Glaubenshüter umgetrieben werden.

Übrigens hat der Hellenismus der Alten Kirche genau an diesem Punkt eine therapeutische Wirkung gehabt. Er hat das frühe Christentum aus seinem Rechtfertigungszwang gegenüber dem Judentum, aus dieser gefährlichen Identitätsfrage geholt und ihm gezeigt, dass es nicht Nabelschau zu betreiben, sondern die Fragen seiner Zeit aufzugreifen hat, auch wenn diese die Glaubensgestalt tiefgreifend transformieren. Dass es in der Spätmoderne mit ihren Säkularisierungs- und Globalisierungsprozessen diesem Rechtfertigungszwang erneut verfallen ist, gehört zu den tödlichen Gefährdungen der Gegenwart. Allerdings ist uns auch jetzt wieder eine Therapie angeboten, die die Glaubenskongregation offensichtlich wie den Teufel fürchtet: die Entdeckung der nichtchristlichen Religionen sowie das unbefangene, religiös motivierte Interesse an ihnen, das inzwischen entstanden ist[80]. Die einzige sinnvolle Folgerung lautet: Die christliche Theologie des Westens muss sich durch dieses Interesse endlich aus der tödlichen Identitätsfalle befreien. Sonst zerstört sie sich selbst in der ständigen und immer selektiveren Reorganisation ihrer eigenen Vergangenheit. Dies ist der wichtigste Grund für den Vorschlag, das besprochene Dokument möglichst schnell dem Vergessen anheim zu geben.

III. Folgerungen

Wie sich bei der skizzenhaften Analyse gezeigt hat, geht das Dokument auf eine Fülle verschiedenartiger Fragen und Probleme ein. Sie lassen sich im vorgegebenen Rahmen nicht übersehen, nicht einmal angemessen zusammenfassen. Ferner ist der Fächer der theologischen Probleme so breit, dass sie kaum jemand umfassend übersieht. Diese Fülle betrifft nicht nur theologische Inhalte, sondern auch Kontexte und Kulturen, geschichtliche Entwicklungen und ausstehende Perspektiven. Unter diesem Vorbehalt gelten die Folgerungen, die hier auf kurzem Raum in thesenartiger Zusammenfassung gezogen werden.

1. Wie die Hinweise zu den theologischen Kontexten gezeigt haben, betrifft die Erklärung *Dominus Iesus* verschiedenste,

80 Übrigens zeigen diese innertheologischen Überlegungen große Affinität mit einer Hauptströmung post-modernistischer Philosophie. Die große Entdeckung des Post-Modernismus lebt ja aus der Kritik moderner Rationalität, die die ganze Welt in die Einheit vernunftgemäßer, berechnender, objektivierender, verwaltender Ordnung zwingt und die deshalb keinen Platz mehr hat für »anderes«, seien es andere Ethnien oder Wohnsitzlose, geistig Behinderte oder geniale Außenseiter. So gesehen wird von Ratzinger ein höchst modernes und ein höchst grundsätzliches Problem angeschnitten. Mag sein, dass er mit seiner Fragestellung nach Einzigkeit und Universalität diesen großen Umbruch westlichen Denkens spürt.

teilweise kontrovers diskutierte Inhalte. Aus diesem Grund steht zu erwarten, dass das Dokument bei einer konsequenten Anwendung durch Rom erhebliche Auswirkungen haben wird. Angesichts einer vieljährigen Erfahrungen mit der Glaubenskongregation ist davon auszugehen, dass der Kardinalpräfekt der Kongregation das Dokument zur Disziplinierung von Theologinnen und Theologen verwendet, dies vor allem auf den Gebieten der Ökumene, explizit kontextueller Theologien und des interreligiösen Gesprächs. Das Dokument ist deshalb als ein gefährliches Instrument einzustufen.

2. In allen Kapiteln herrscht eine erschreckende Diskrepanz zwischen dem Stand der theologischen Diskussion, auf die der Text zu reagieren behauptet, dem globalen und zugleich vernichtenden Charakter der Unterstellungen und dem geringen Kenntnisstand, mit dem der Text den Fragen und (vermeintlichen) Problemen begegnet. Dadurch wird es den anonym Beschuldigten nicht möglich sein, angemessen zu reagieren. In den Beschuldigungen selbst sind nämlich Aussagen und Diskussionsgänge bereits beurteilt und verurteilt, bevor sie im Detail zur Kenntnis genommen wurden. Das Dokument ist deshalb ein autoritäres Dokument, dem letztlich nicht an der inhaltlichen, vielleicht differenzierenden Klärung von Fragen, sondern an der Disziplinierung vermeintlicher Aussagen, Tendenzen und erzielten Wirkungen liegt.
3. Angesichts der teilweise hilflosen Argumentationen ist zu vermuten, dass die Verfasser des Dokuments sich nicht wirklich mit konkreten Diskussionsgängen christlicher Theologie beschäftigt haben. Jedenfalls ist nirgendwo die Bereitschaft zu einem positiven Verstehen, zu einem (methodischen oder realen) Perspektivenwechsel oder zu einem konkreten Mitdenken zu verspüren. Fragen werden keine gestellt, dagegen werden Gefahren deutlich umschrieben. Das Dokument ist von einer Krisenhermeneutik getragen, die keine differenzierten oder vielleicht zeitraubenden Diskurse mehr zulässt. Dadurch wird eine theologische Auseinandersetzung unmöglich.
4. Auf weite Strecken begründet das Dokument seine Aussagen mit Zitaten aus »lehramtlichen« Texten; das sind Texte, denen nach allgemeiner Auffassung verbindlicher Rang eingeräumt

wird. Gemeint sind vor allem Texte des 2. Vatikanischen Konzils und neuere päpstliche oder kuriale Verlautbarungen. Abgesehen davon, dass es den Verbindlichkeitsanspruch neuerer päpstlicher oder kurialer Texte überzieht, geht das Dokument mit Texten des 2. Vaticanums in rückwärtsgewandter, teilweise in unsachgemäßer Weise um. Wer weiß, dass dieses Konzil (1) vor allem Türen öffnen wollte, aber in seiner Reflexion noch keine fertigen Ergebnisse formulieren konnte, (2) oft gegensätzliche Auffassungen in Kompromissaussagen vereinen musste und (3) noch ganz in der euro- und ekklesiozentrischen Perspektive der Nachkriegszeit befangen war, darf diese Bedingungen bei seiner Textauslegung nicht vernachlässigen. In der Tat zieht *Dominus Iesus* – um ein Begriffspaar theologischer Hermeneutik zu verwenden – den Buchstaben dem Geist vor. Der Text wird nicht auf mögliche Öffnungen, sondern als eine Summe von kontextlos abschließenden Feststellungen interpretiert. Paradigmatisch ist, wie gezeigt wurde, der unkorrekte Umgang mit der Aussage, die Kirche Christi »subsistiere« in der katholischen Kirche und mit der Behauptung, den reformatorischen Kirchentümern komme der Titel einer »Kirche« nicht zu. Durch dieses Vorgehen haben sich die Autoren des Dokuments unwiderruflich diskreditiert. Ebenso fragwürdig ist es, den anderen Religionen global jeden Heilscharakter abzusprechen.

5. Vor allem in christologischen und in ekklesiologischen Zusammenhängen greift das Dokument auf reichliche, bisweilen aneinander gereihte Schriftzitate zurück. Gebrauch und Interpretation dieser Schriftzitate ignorieren den Stand der gegenwärtigen Exegese ebenso wie die Kontexte und inhaltlichen Zusammenhänge, in denen die Schriftzitate stehen. Unabhängig von den hermeneutischen Zusammenhängen, die sich aus dem Zusammenspiel von Schrift und Tradition, von Schrifttext und gegenwärtiger Auslegung ergeben, verrät dieses Vorgehen eine bedenkliche Missachtung der Schrift als der normierenden Norm christlichen Glaubens. In einem theologischen Examen jeder Hochschule, die auf wissenschaftliche, insbesondere auf hermeneutische Standards achtet, würde solcher Schriftumgang als ungenügend beurteilt.
6. Angesichts des gegenwärtigen theologischen Umbruchs wiegt diese Feststellung schwer, denn nur ein entschiedener

Rückgriff auf die ursprünglichen Zeugnisse des Glaubens macht es möglich, für die neu aufbrechenden Fragen und Zusammenhänge einer zusammenwachsenden Welt sowie einer auf Entscheidungen drängenden Ökumene und eines intensivierten interreligiösen Dialogs neue und weiterführende Antworten zu finden. Es gilt nämlich zu entdecken, wie weit gegenwärtige Kritik (an theologischen, lehramtlichen oder kirchlichen Überzeugungen) den Möglichkeiten der ursprünglichen Botschaft entspricht, wie weit sie also als theologisch konstruktive Kritik integriert werden kann. Zugleich gilt es herauszufinden, wie wir neue und unerwartete (inter-)religiöse Erfahrungen im Geist christlicher Freiheit auf die christliche Botschaft beziehen können.

7. Oft wirkt der statische und rückwärts gerichtete Charakter der vorliegenden Argumentation plausibel, weil er sich auf seine Kontinuität mit der Vergangenheit berufen kann. Diesem römisch-lehramtlichen Denkstil ist entschieden zu widersprechen. Theologie und christlicher Glaube können sich selber nur treu bleiben, wenn sie sich – entsprechend den Unterschieden und Veränderungen in Geschichte, Kultur und Lebenspraxis – ständig verändern. Eine aktuelle Theologie, die sich den Fragen der Gegenwart stellt, tut deshalb gut daran, ihre Veränderungen und Neuerungen offensiv anzuzeigen und vom Geist der ursprünglichen Botschaft her zu begründen. Dazu gehört auch die Erfahrung, dass Neuansätze erst entworfen, eventuell erprobt und vorurteilsfrei besprochen werden müssen. Erst später können sie auf ihre Dauerhaftigkeit und Legitimität hin überprüft werden. Theologie und Seelsorge haben – ebenso wie alle engagierten Christen – das Recht, solche Experimente zu wagen. Nur wenn wir das dem kirchlichen Bewusstsein hinreichend einprägen, können wir dem Bann des Buchstabens und seiner Kontinuität entkommen.

8. Besonders schmerzlich sind die Aussagen zur Einheit der Kirche, zum Vorrang der römisch-katholischen Kirche und zur mangelnden Kirchlichkeit der Kirchen der Reformation. Diese Aussagen sind nicht mit dem Hinweis auf eine offene und ehrliche Sprache zu rechtfertigen. Sie sind abzulehnen, weil sie gemäß theologischen und biblischen Maßstäben falsch und verwerflich sind. Dass die katholische Kirche

noch so denkt, ist die eine Sache; sie ist dafür zu tadeln und zur Verantwortung zu ziehen, weil katholische Theologinnen und Theologen schon vor Jahrzehnten auf die Probleme hingewiesen haben. Die Tatsache, dass die anderen Kirchen gemäß den uns zur Verfügung stehenden theologischen Maßstäben im vollen Sinne Kirche sind, erlaubt es uns, diese Kirchen als solche anzuerkennen und mit ihnen die eucharistische Gemeinschaft zu vollziehen. Angesichts der Tatsache, dass die katholische Kirche den evangelischen Schwesterkirchen die geschuldete Anerkennung schon seit Jahrzehnten vorenthält, wird diese Erlaubnis zu einer Pflicht, die keinen Aufschub mehr duldet.

9. An epochalen Maßstäben gemessen steht der interreligiöse Dialog erst am Beginn. Für globale, zumal diskriminierende Urteile wie Relativismus und Indifferentismus ist die Zeit zu früh; genauer gesagt: durch die bereits erreichten Ergebnisse sind die Aussagen des Dokuments jetzt schon gegenstandslos geworden. Deshalb kommt dem entsprechenden Kapitel keinerlei Aussagekraft zu, zumal die aufgeführten Traditionsargumente teilweise selbstverständlich, teilweise viel zu vage, in keinem Fall aber zu den neuen Situationen hin vermittelt sind. Man kann die römischen Behörden nur dazu einladen, die verschiedenartigen Entwicklungen konkret zu verfolgen und im teilnehmenden Gespräch zu begleiten. Auch Rom wird noch vieles lernen müssen, bevor es zu universalen Urteilen kommt. Auch aus der interreligiösen Perspektive betrachtet ist *Dominus Iesus* ein gefährliches Dokument.

10. Angesichts der aufgeführten Schwächen, Unklarheiten, unsachgemäßen Urteile und dem weitreichenden Kenntnismangel behält die Absicht des Dokuments einen üblen Beigeschmack. Man will auf Einzigkeit und Universalität bestehen, weckt aber nach innen wie nach außen den Eindruck der Rechthaberei und Überheblichkeit. Es liegt an der Glaubenskongregation selbst, diesen fatalen (und für die kirchliche Glaubwürdigkeit tödlichen) Eindruck durch Taten zu widerlegen. Der Kardinalpräfekt wäre gut beraten, zöge er das vorliegende Dokument als ungenügend und unreif zurück.

11. Stil, Inhalt und Anspruch römischer Dokumente hat inzwi-

schen ein für die Selbstachtung der Theologie unerträgliches Maß erreicht; im Verhältnis zur Theologie hat sich Rom in eine Sackgasse manövriert. Deshalb wird hier vorgeschlagen: Der römischen Glaubensbehörde ist eine Zeit der Selbstbesinnung und der Bekehrung aufzuerlegen, in der sie sich über ihre eigene Rolle klar wird. Diese Rolle muss geprägt sein von geschwisterlicher Gesinnung, von gegenseitigem Respekt vor verschiedenen Kulturen und geistlichen Erfahrungen, vom Geist des Freimuts und intellektueller Redlichkeit sowie vom Willen, die anstehenden Fragen ohne Verurteilungen und Sanktionen zu regeln. Diese Behörde muss ihre Ehre nicht im Zwang zu einer einheitlichen Sprache, sondern in der Freiheit finden, die sie dem Rederecht auch von Minderheiten gewährt. Im Geist der Schrift muss sie den Übergang vom Anspruch theologischer Monopole zur Pluralität eines multikulturellen, für die Benachteiligten engagierten und mit den Entrechteten solidarischen Christentums finden.

12. Ein solches Umdenken fordert die Geduld eines Jahrzehnts und die Beteiligung der wichtigsten Personen der Kirche. Deshalb ist eine internationale, regelmäßig tagende Kommission einzurichten
    (1) von Personen, die in der Kirche in anerkannter und allgemein respektierter Weise Verantwortung tragen bzw. zu solcher Verantwortung bereit sind,
    (2) von allgemein und fachlich anerkannten Theologinnen und Theologen aus allen Kontinenten,
    (3) von Frauen und Männern, die sich in Kirche und Theologie eine geistliche Autorität erworben haben, sowie
    (4) von Vertreterinnen und Vertretern der nationalen Bischofskonferenzen und Laienorganisationen.

    Diese Kommission entwickelt neue Modelle für ein oberstes Sekretariat in der katholischen Kirche, das
    - aufbrechende Fragen des Glaubens und des Verhaltens aufgreift und sachgemäß formuliert,
    - deren Neuinterpretation und Inkulturation im Geiste der Geschwisterlichkeit zur Sprache bringt und strukturiert,
    - eventuelle Widerstände, Missverständnisse und negative Folgen klärt,

- die Einordnung der Fragen und vorgeschlagenen Antworten in den Geist des Evangeliums und der Nachfolge gegebenenfalls thematisiert und für diesen Prozess geistlicher Identifizierung Sorge trägt,
- die Fragen nach Möglichkeit mit den Schwesterkirchen bespricht
- Möglichkeiten gemeinsamer lokaler, regionaler oder universaler Sprachregelungen vorbereitet,
- und schließlich bei Gefahr innerkirchlicher Spaltungen und unter Voraussetzung der genannten Phasen eine verbindliche Sprachregelung vorbereitet und diese regionalen Synoden bzw. einem gesamtkirchlichen Konzil zur Entscheidung vorlegt.

Ein solcher Prozess wirkt nicht kraft irgendwelcher Disziplinarautorität, sondern durch die Autorität des Wortes, der Argumente und der Personen, die ihn tragen sowie unter dem Vorbehalt einer ökumenischen Rezeption.

Teil C

Glaubenszensur als Ideologie – zu einigen publikumswirksamen Äußerungen von Kardinal Ratzinger

J. Ratzinger beherrscht nicht nur die Fachsprache der Theologie und nicht nur den Jargon einer platonisch inspirierten Metaphysik, sondern auch die Sprache gehobener Journalistik und eines gebildeten konservativen Bürgertums. Er weiß nicht nur den bürokratischen Apparat seiner römischen Behörde in Schuss zu halten, sondern hat auch immer gute Kontakte zu bestimmten Presseorganen gepflegt. Welchen anderen deutschsprachigen Bürgerinnen oder Bürgern hat das Feuilleton der FAZ so viel Raum und geradezu verehrende Gestaltung geboten wie seiner Eminenz, deren Antlitz und weiße Haarpracht schon Ehrfurcht und Würde ausstrahlt, bevor sie auch nur ein Wort verlauten lässt? Während die Behörde in Rom ihren sorgfältigen Innendienst versorgt und jede Regung ungemütlicher Theologen registriert (ja, man weiß gar, welcher deutsche Theologe Mitglied der SPD oder der Grünen ist, was Theologinnen so denken und tun), verleiht der Behördenchef selbst seinen kirchenpolitischen Zielen und Gedanken mit einem breit gestreuten publizistischen Angebot Nachdruck. Darüber kann hier keine ausführliche Analyse vorgelegt werden. Es ist aber der Mühe wert, einigen Texten der vergangenen zwei Jahre nachzugehen. Da sich Ratzinger in der Regel nicht scheut, seine Kontrahentinnen und Kontrahenten notfalls persönlich anzugehen und deren Glaubwürdigkeit direkt oder indirekt zu beschädigen, wird er es sicher verstehen, wenn sich auch hier die Grenzen zwischen der Frage nach den zu beurteilenden Inhalten und der Frage nach der zu beurteilenden Person bisweilen verwischen. Theologie und Kirchenpolitik wird von konkreten Menschen betrieben; konkrete Menschen sind immer auch deren Nutznießer und Opfer. Zum Diskurs gehören deshalb Emotionen und Prozesse personaler Kommunikation. Missverständnisse und Verärgerung kommen nicht aus dem Nichts, sondern aus der Art und Weise, wie Personen ihr Verhältnis zueinander bestimmen, wie sie einander beurteilen und welches Heils- oder Gefährdungspotential sie einander zutrauen. Darüber soll es in diesem abschließenden Teil gehen. Er bezieht sich auf drei vom Glaubenshüter verfasste Dokumente.

I. Christentum mehr als Tradition? (8. März 2000)

Ich komme noch einmal auf die vorgelegte Analyse von *Dominus Iesus* zurück. Was angesichts der sechs Kapitel des besprochenen Dokuments in viele Detailanalysen zerfiel, lässt sich auch in einer mehr psychologisierenden Frage zusammenzufassen: Was soll eigentlich diese Schwarz-weiß-Färbung des ganzen Dokuments, was soll der gallig fruchtlose, der in jeder Hinsicht bedrohliche und moralisierende Ton, was soll die für jede echt empfundene Frömmigkeit und Religiosität geradezu absurde Zuspitzung eines ganzen Fragenbündels auf den einen narzisstischen Punkt der eigenen und universalen Bedeutung, die nur als Rechthaberei wahrgenommen werden kann? Warum dieses geradezu zwanghafte Insistieren auf einer einzigen, rigide selbstbezogenen Wahrheit, die behauptet, dass das Heil der Welt letztlich von Rom ausgeht, in Rom jedenfalls ein definitives Wächtertum gefunden hat? Es ist keine Frage (und E. Jüngel hat mit seinem neuen Titelvorschlag »Domina Ecclesia« darauf hingewiesen), dass schon im Aufbau des Dokuments alle Wege nach Rom führen. Wie in einem Trichter laufen die ersten drei Kapitel – von der Offenbarung über das Heil zu Jesus Christus – in wachsender Verengung und Konkretisierung auf einen einzigen Brennpunkt zu. Dann folgt das Kapitel zu Einheit und Einzigkeit der Kirche, das in einem unerhörten Gewaltakt seinerseits noch einmal auf die römisch-katholische Kirche zugespitzt wird. Nachdem dort die entscheidenden Kernpunkte des Dokuments klargestellt sind, weiten sich die beiden letzten Kapitel über Gottes Reich zu den nichtchristlichen Religionen wieder aus. Jetzt werden die vorgezeichneten Folgerungen gezogen, ohne dass auf diese beiden Dimensionen menschlichen Heils noch ein eigener Gedanke verschwendet wird. Das ist die von Ratzinger eingeschärfte doppelte Denkbewegung: Sie läuft auf Rom hin, wenn es um die innere Struktur und die chronologische Entwicklung des christlichen Glaubens geht; sie nimmt von Rom ihren Ausgangspunkt, sobald das Heil in der Welt und in den anderen Religionen auf dem Spiele steht.

Wohlwollend formuliert die FAZ im Vorspann zu einem Interview mit dem Kardinal am 8. März 2000 (Ratzinger c), Ratzinger erläutere, »wieso die Kirche um ihres Missionsauftrags willen am emphatischen Vernunftbegriff der metaphysischen Tradition festhält und keinen Bund mit dem postmodernen Pragmatismus schließen kann«. In ihm nämlich erkenne der Gesprächspartner »eine Wiederkehr des historischen Relativismus«[81]. Im genannten Interview geht dieser mit einer gewissen Enttäuschung auf die seines Erachtens unangemessene Kritik von theologischer Seite ein. Versteht er sich zu Recht als der Kritiker eines epochalen Relativismus? Die Verhältnisse liegen gewiss komplizierter, denn Ratzinger interessiert sich nicht für Differenzierungen im Wahrheitsbegriff. Pluralität oder Pluriformität, Diagnose oder programmatischer Aufruf zu einer vielfältigen Formulierung der christlichen Tradition: alles heißt für ihn Relativismus, und Kritik an der klassischen Metaphysik bedeutet für ihn Verzweiflung an der Wahrheit. Vielleicht hätte ein solches Denken im dritten Jahrhundert nach Christus noch sein Recht gehabt. Es ist doch gerade die christliche Tradition, die die Horizonte inzwischen drastisch erweiterte. Bleiben wir bei dieser grundsätzlichen Frage:

Ratzinger unterscheidet nicht etwa zwischen dem zeitbedingten Wahrheitsbegriff einer Metaphysik (die alle Wahrheit als überzeitlichen Sachverhalt in ewigen Ideen verankert) und einem anderen Wahrheitsbegriff, der sich angesichts unserer kulturellen Situation aufdrängt, denn letzterer verweist auf die Geschichtlichkeit, Veränderlichkeit und fortwährende Bedingtheit von Aussagen mit Wahrheitsanspruch. Man denke dabei an Namen wie N. von Kues, an B. Pascal oder J. H. Newman, um nur drei von denjenigen Denkern zu nennen, die man auch innerhalb der katholischen Kirche nicht mehr diskriminieren kann. Ratzinger untersucht nicht, was genau der Relativismus des neunzehnten Jahrhunderts oder was die existentialistisch inspirierten Philosophien und Theologien des zwanzigsten Jahrhunderts unter Wahrheit verstehen; man denke etwa an S. Kierkegaard oder an P. Tillich. Sie erweitern je auf ihre Weise den Raum einer jeden Wahrheit, indem

81 Gespräch von P. Bahner und Ch. Geyer mit Ratzinger unter dem Titel: »Das Christentum wollte immer mehr sein als nur Tradition« (Ratzinger 2000c).

sie deutlich machen, welche enormen subjektiven Anteile eine jede Wahrheit in sich trägt. Auch nimmt er die vielfältigen Ansätze einer hermeneutisch arbeitenden Theologie (von H. G. Gadamer bis G. Ebeling, von E. Schillebeeckx bis D. Tracy) und der Neuentdeckung der Sprache (von L. Wittgenstein und der angelsächsischen Linguistik über U. Eco bis P. Ricoeur und I. U. Dalferth) nicht im Geringsten zur Kenntnis. Ebenso wenig nimmt er zur Kenntnis, dass de-konstruktivistische Wahrheitstheorien in endlosen Ausfaltungen vorliegen (von G. Deleuze und J. Derrida über J. Baudrillard und L. Irrigaray bis hin zu G. Vattimo oder W. Welsch, um nur wenige zu nennen). Der Reiz liegt gerade in der freien Auseinandersetzung mit ihnen, so wie sich frühere Generationen mit Platon oder Aristoteles, mit Descartes oder Leibniz auseinander setzten und – gerade zum Nutzen der christlichen Theologie – noch auseinander setzen. Schließlich wurde auch Thomas von Aquin nicht zum Heiden, weil er Aristoteles rezipierte. Der Zensor theologischen Denkens weicht der großen Entdeckung moderner Theologie aus, dass sich alle christliche Wahrheit auf einen narrativen Grund, auf die Basis geschichtlicher Ereignisse bezieht und dass sich alle systematische Wahrheit mit christlichem Anspruch daran messen muss. Gerade diese Blindheit für den ungeheuren Reichtum der Möglichkeiten und Reflexionen, die die Theologie in den vergangenen fünfzig Jahren entdeckt und erprobt hat, gerade die Verachtung für Neuansätze, die man inzwischen bespricht und untersucht, bisweilen kritisiert und relativiert, gerade der Hochmut, mit der viele Ansätze schon deshalb abgelehnt werden, weil sie dem überkommenen Schema eines Bonaventura oder Thomas, eines Basilius oder Athanasius nicht entsprechen – diese schlimme und durchaus untheologische Haltung führt dazu, dass jetzt mit höchster Perfektion buchstäblich alles über einen Leisten geschlagen wird. So steht der alten platonischen Metaphysik nur noch moderner wahrheitsloser Pragmatismus gegenüber. Eine solche Mentalität kann sich nur in einer ideologisch verhärteten Institution durchhalten.

Diese Feststellungen können nicht nur als Wertung der theologischen Qualität von *Dominus Iesus* gelten, sondern auch als Kritik an seiner späteren Verteidigung. Am 8. März 2000 reagiert Ratzinger, wie gesagt, auf die vernichtende Kritik. Aber statt sich mit den Einwürfen auseinander zu setzen, werden Nebelkerzen gezündet. Nötige Differenzierungen werden verhüllt, Namen oder konkrete Texte nicht genannt, konkrete Diskussion mit einer Welt vermieden, die ihm offensichtlich verschlossen ist. Zwei Beispiele können das verdeutlichen. Im Zusammenhang mit dem Postmodernismus, der die Leistungsfähigkeit der menschlichen Rationalität deutlich begrenzt, wirft der Interviewpartner ein, der postmoderne Wahrheitsbegriff wolle für den Glauben ja gerade eine Stelle offen halten. Der Befragte antwortet: »Es ist natürlich durchaus etwas Wahres an dem postmodernen schwachen Vernunftbegriff ...«. Dann aber verflüchtigt sich die Antwort ins Allgemeine. Später fährt Ratzinger fort, es werde in vielen Versionen behauptet, »im Menschen sei gar kein Organ zur Wahrheitserkenntnis vorhanden«. Damit hat Ratzinger aber das Problem verhüllt. Denn erstens redet postmoderne Theoriebildung nie in essentialistischer Manier von Organen der Wahrheitserkenntnis; zweitens verschweigt Ratzinger die vielen Konzeptionen, die eine Berührung mit dem Jenseitigen durchaus für möglich halten, etwa die Glaubensinterpretation von G. Vattimo. Drittens nennt Ratzinger nicht einen Namen oder eine Konzeption, gegen die er sich in welchem Sinne wendet. Warum? Ich vermute, weil er keine post-modernistische Konzeption konkret genug kennt, um mit Sachargumenten dagegen Sturm zu laufen. Niemand erwartet, dass er sich die Mühe zur Kenntnisnahme macht, nur sollte er sich dann auch kritische Urteile verbieten.

Später erklärt der Glaubenspräfekt (im Zusammenhang mit der Exegese und im Blick auf einen einseitigen Historismus) wiederum vielsagend und weitschweifig: »In den letzten ... zwanzig Jahren gab es in der Tat zum Teil bedeutende Aufbrüche, die die Dominanz des Historismus und damit die Reduktion des Wortes auf das Damalige überwinden und es durchaus wieder in seiner Heutigkeit lesen ... Insofern gibt es durchaus neue Bewegungen, die sozusagen die Gegenwartsträchtigkeit der Schrift zur Auslegung bringen, obwohl das methodische Instrumentatrium dafür insgesamt noch unzulänglich ist. Aber daran kann man ja arbeiten.« Wieder zeigt sich der Gestus dessen, der durch Verschleiern alles besser, nämlich im großen Überblick zu wissen scheint. Aber der Befragte nennt die von ihm gemeinten Bewegungen oder Autoren nicht, auch nicht exemplarisch. Er weist auch nirgendwo selbstkritisch darauf hin, dass neben A. Schweitzer und K. Barth auch der von ihm gern gescholtene R. Bultmann gegen den Historismus aufgetreten ist. Das interessiert nicht, denn sonst könnte er die eigentliche Provokation eines Rudolf Bultmann nicht weiterhin verdrängen. Offene Türen werden also – zwecks funktionierenden Feindbilds – zunächst für geschlossen erklärt, um sie dann mit großem Getöse wieder aufzubrechen. Unter den Verdacht geraten so alle, die sich – wie auch immer – historisch-kritisch engagieren und sich dabei nicht dem Urteil des römischen Lehramts unterwerfen. Später fährt Ratzinger fort, er beobachte aber eine große Toleranz für neue Lesarten, etwa in der feministischen und politischen Exegese. Aber weil nicht sein kann, was nicht sein darf, nennt er sie sofort und in bekannt schwammiger Art »Formen der Textvergegenwärtigung, bei denen das historische Gewissen doch etwas gelähmt erscheint, das in intaktem Zustand die Frage stellen würde, ob gewisse Funde von Gegenwartsträchtigkeit mit dem ursprünglichen Sinn des Textes noch vereinbar sind.« Auch hier wird man vergeblich Konkretes erfahren. Umso empörender ist der hämische und ironische Ton, in dem er jetzt vom gelähmten Gewissen der Betroffenen redet. Schon dieser Missgriff reicht aus, um das Fragerecht dieses anspruchsvollen Kritikers selbst in Frage zu stellen.

Eine ausführlichere Analyse könnte zeigen, dass das erwähnte Interview stilistisch wie inhaltlich ein Musterbeispiel für ideologische Sprache ist. Die Aussagen sind allgemein; das Gemeinte lässt sich nie genau fassen. Nirgendwo werden Behauptungen genau belegt. Ross und Reiter bleiben immer ungenannt. Von der Sache her bleiben die gelobten und die kritisierten Zusammenhänge verhüllt. Keine einzige Theologin und keine einzige Theologie wird direkt kritisiert; so verfallen sie alle, die sich auf die Neuzeit oder die Moderne einlassen, einem allgemeinen Verdikt. Schon die allgemeine Geste, mit der über Epochen und Phänomene gesprochen wird, täuscht überlegenes Wissen vor, verbirgt aber die detaillierte Einsicht.

- Was etwa ist der »postmoderne schwache Vernunftbegriff«? So würde ein kompetenter Philosoph nie sprechen.
- Was ist die »rituell beglaubigte Öffnung der Sinne«? Ein kundiger Kulturkritiker würde uns darauf hinweisen, was an den Sinnen in der christlichen Initiation geöffnet und was geschlossen wird.
- Mit welchem Recht zieht Ratzinger aus der Feststellung, im christlichen Glauben habe sich kraft hellenistischen Denkens die Suche nach der Wahrheit durchgesetzt, die Folgerung, das

Christentum sei – in einem absoluten Sinn – die »wahre Religion«?

- Was meint Ratzinger in seiner Kritik des historisch-kritischen Denkens, wenn er – wiederum höchst undeutlich – von der »Selbstverschließung der Sprache in der historischen Bedingtheit« spricht? Wo und in welchem Sinne ist »eine Spielart von Befreiungstheologie« zu finden? Wo und wie wird »die Erlösung in eine politische Theorie um[ge]wandelt«, und bei welchem Befreiungstheologen genau wird nachweislich »Empirisches verabsolutiert«?
- Mit welchem Recht behauptet Ratzinger in halsbrecherischer Vereinfachung, der Pluralismusstreit sei als »ein Streit zwischen zwei Weisen ... zu begreifen: einer mehr postmodern-säkularisierten und einer, die mehr in den klassischen Bahnen der Tradition des christlichen Glaubens bleibt«. Wäre es bei solch weittragenden Feststellungen nicht wichtig und unabdingbar, dass dafür Argumente beigebracht und diese Argumente illustriert werden?
- Wo sind die Gründe für Ratzingers durchsichtige Behauptung, ein Konzil in der Gegenwart, »ein solcher Eingriff [?] würde im Moment mehr Unruhe schaffen ... als er lösen und heilen könnte«? Wäre ein Konzil nach fünfunddreißig Jahren nicht ein normaler und sehr heilsamer Vorgang, nachdem innerkirchliche Konflikte inzwischen nicht in einer Größenordnung von Hunderten, sondern von Tausenden zu zählen sind? Und müsste der Präfekt der Glaubenskongregation nicht ein Bedürfnis nach mehr Aussprache und Information verspüren, nachdem er selbst in wachsendem Maße zur Zielscheibe innerkirchlicher Kritik geworden ist?

Insgesamt hat die vorgenommene Analyse bekräftigt, was im ersten Teil von Ratzingers Theologiekonzept her entwickelt wurde. Für Ratzinger ist Theologie im strengen und unnachgiebigen Sinn des Wortes römisch-katholische Theologie. Von Anfang an ist sie nicht nur ein Kampfprogramm, in dem die nächststehenden Freunde zu Feinden werden können, sondern auch ein Kampfprogramm zugunsten einer sakramental und autoritär restaurierten Kirche, die sich gegen die Gedanken und die Entwicklungen unserer Gegenwart sträubt. In diesem Programm geht es nicht um Nuancen, sondern um alles oder nichts, nicht um die verstehende Interpretation von anders denkenden Theologinnen und Theologen, sondern um deren grundsätzliche Widerlegung, die bisweilen bis zur Diffamierung reicht. Die Theologie eines R. Bultmann ist dann der Fäulnis übergeben und die des L. Boff huldigt einem grundsätzlichen Relativismus. H. Küng verkennt die grundlegenden Ausgangspunkte einer jeden ernst zu nehmenden Christologie und Concilium maßt sich ein Anti-Lehramt an. Balassuria hat sich selbst exkommuniziert und Dupuis muss sich so unterwerfen, dass er selbst diese Unterwerfung als Versöhnung akzeptiert und damit auch noch *Dominus Iesus* legitimiert. Einem akademischen Disput wird kein Raum gewährt, sondern jungen und kreativen Theologen – den Frauen unter ihnen zumal – werden mit oft lächerlichen Argumenten einfach Lehrstuhl oder Anstellung verwehrt. Die römische Glaubenskongregation zieht Beschlüsse an sich, die eigentlich von deutschen Bischöfen zu fassen wären. Diese beugen sich dem Druck des römischen Zentralismus und ihres eigenen Dankbarkeitssyndroms. Ratzinger kämpft, wie wir noch sehen werden, sozusagen das letzte Gefecht.

II. »Unsere lutherischen Freunde« (22. September 2000)

Dominus Iesus hat in nichtkatholischen Kirchen, wie wir inzwischen wissen, zu einem verheerenden Echo geführt. Katholische Gruppen und evangelische Kirchenführer haben protestiert. Sogar katholische Theologen haben – wenn auch in der gewohnten Zurückhaltung und Diplomatie – ihr Unverständnis geäußert. Rumort hat es, wie man inzwischen weiß, auch innerhalb der römischen Kurie. Da musste der Betroffene zur Selbstverteidigung irgendwie reagieren. Nun waren Gespräch und offene Diskussion zeitlebens nicht die Stärke der scheu, bisweilen gar zart wirkenden Figur, die den Machtapparat der Kurie gleichwohl gut zu bewegen weiß. Aber dieses Mal zeigte sich der Herr Kardinal überfordert und wirklich böse. Empört reagierte er am 22. September (Ratzinger 2000d) auf die ihm völlig unverständliche Kritik an seinem umfassenden Dokument: Seinem Interviewpartner, der ihn mit einigen Äußerungen konfrontierte, sagte er: »Ich muss gestehen, dass mich der Typ von Verlautbarungen wie die von Ihnen zitierten allmählich langweilt ... Ich könnte solche Verlautbarungen sofort selbst formulieren, weil sie sich ganz unabhängig vom Inhalt jedes Mal wiederholen.«

Das ist, wie ich finde, eine böse und entlarvende Reaktion. Sie ist böse, weil sie – wieder einmal – die Kritikerinnen und Kritiker nicht ernst nimmt, sondern im Grunde von Verachtung zeugt. Anscheinend ist der Großinquisitor nicht gewillt, den ernsten und wiederholt formulierten Kern der Kritik überhaupt wahrzunehmen. Die Feststellung des Kritisierten, er könne solche Kritik selbst formulieren, ist hingegen entlarvend. Er weiß, was man von ihm hält; er formuliert seine Texte von vornherein als Kampfansage gegen ein Denken, das ihm zweifellos widersteht. Er tut nicht, was man von einem Christen in Auseinandersetzung und im Kontakt mit Mitchristinnen und Mitchristen erwartet, nämlich Gespräche führen, den Prozess von Frage und Antwort durcharbeiten, die Diskussion über die Grundlagen angehen, die zu verschiedenen Antworten und Lösungen führen können. Stattdessen spricht er von »Langeweile«, die alle Betroffenen als Zeichen der – gewiss nicht moralischen, wohl aber amtlich verordneten – Überheblichkeit wahrnehmen müssen. Offensichtlich übersieht er, dass die römischen Dokumente solchen Stils von ungezählten Katholikinnen und Katholiken schon lange als langweilig erfahren und zur Seite geschoben werden. Viele Theologinnen und Theologen reagieren ja nur noch deshalb, weil sie deren Langeweile angesichts der immer gleichen Texte durchbrechen und eine aktuelle Botschaft nach den Regeln angemessener Kommunikation ermöglichen wollen (Fuchs). Aber gerade diejenigen, die sich um der Zukunft dieser Kirche willen noch die Mühe einer Antwort machen, werden hier mit Bitterkeit überzogen. Setzt Ratzinger damit nicht Signale der Überheblichkeit?

Dann geht Ratzinger zum Angriff über; er will nämlich seine »Enttäuschung darüber ausdrücken, dass die öffentlichen Reaktionen ... das eigentliche Thema der Erklärung völlig ignorieren«. Dieses Thema sei »Jesus Christus ist der Herr«, wie die Kurzformel 1 Kor 8,6 lautet. Es sei darum gegangen, »auf dem Höhepunkt des Heiligen Jahres ein großes öffentliches Bekenntnis zum Herrsein Jesu Christi abzulegen«. Es gehe, so der Autor, um eine »Einladung an alle Christen ..., sich diesem Bekenntnis neu anzuschließen, und so dem Heiligen Jahr eine große, in die Tiefe reichende Bedeutung zu geben«. Nun habe ich keinen Grund, an den subjektiven Absichten des Würdenträgers zu zweifeln. Ratzinger vergisst nur, dass er nicht als Privatperson, sondern als öffentliche, für Glaubensfragen sozusagen offizielle Figur steht und agiert. Seine Argumentation wirft ein Licht auf den breiten Graben, der inzwischen zwischen kurialem Sprachstil und öffentlicher Wahrnehmung besteht. In der Tat haben die Eröffnungsworte eines Dokuments oft einen programmatischen Charakter. Die päpstliche Enzyklika zum Verhältnis von Glaube und Denken etwa lautet *Fides et ratio* (Glaube und Vernunft), die Enzyklika zu Fragen der Ökumene lautet *Ut unum sint* (Damit sie eins seien), aber bei *Dominus Iesus* brechen die vom Autor beabsichtigte und die faktische Wirkung völlig auseinander. Zwar wird im Dokument das Herrsein Jesu Christi besprochen, aber nachweislich bildet es nicht den Kern und das innere Ziel aller Aussagen. Die übergroße Mehrheit der Interessierten hat das Dokument als Botschaft des römischen Anspruchs gegenüber anderen Kirchen und anderen Religionen gelesen. Spätere Informationen haben zudem gezeigt, dass die Diskussion darüber innerhalb der Kurie schon vor der Veröffentlichung des Dokuments geführt wurde. Auch hier zeigen sich die Kommunikationsbrüche eines Theologen, der keine Dialoge mehr führt, die Fachkolleginnen und -kollegen also nicht mehr ernst nimmt.

Ganz offensichtlich hat sich der eine Glaubenshüter – zum Nachteil der Gesamtkirche und vieler ökumenisch und interreligiös Engagierter – in einen monologischen Status manövrieren lassen, der zum Austausch unter Glaubenden offensichtlich nicht mehr fähig ist. Auch dies wird in erschreckender Weise belegt. Er vergleicht unsere Zeit doch tatsächlich mit Kapitel 6 des Johannesevangeliums, an dessen Ende viele weglaufen und, so Ratzingers Interpretation, die Welt zum großen Geschwätz degeneriert. Wiederum ist dies eine der allgemeinen und undeutlichen Interpretationen, auf die ich noch zu sprechen komme. Es wird der Eindruck von einer Welt geweckt, die allen religiösen Ernst aufgegeben und sich unverbindlicher Beliebigkeit übergeben hat. Wen genau hat der Kardinal damit gemeint? Ich persönlich lasse mir eine solche Interpretation jedenfalls nicht bieten. Wer nämlich die Johannesstelle kennt, hat die ungeheuerliche Arroganz verstanden, die hinter diesem kurialen Hinweis steckt. In Johannes 6 geht es eben nicht um eitles Weltgeschwätz, das doch bitte ernsthafter und tiefsinniger werden soll, sondern um die Spaltung der Jüngerschaft in Getreue und in Gegner, konkret gesagt in solche, die das Geheimnis des Brotes akzeptieren, und in solche, die es ablehnen. Die schlussfolgernde Frage Jesu lautet: »Wollt auch ihr gehen?« Mit allem Nachdruck verwahre ich mich im Namen vieler Mitchristen (Männer und Frauen, die ich kenne) gegen diese nachgeschobene und wirklich inquisitorische Botschaft aus Rom. Sie lautet: Wer die von uns formulierte Botschaft nicht akzeptiert, verachtet die Herrschaft Jesus. Solche Menschen mögen gehen, denn sie halten der Herausforderung des christlichen Glaubens und den »Worten des ewigen Lebens« (Joh 6, 68b) nicht stand.

Solche Selbstgewissheit grenzt schon an starken Realitätsverlust. Die gegen das Dokument gerichtete Kritik ist nicht aus Unglaube, sondern aus einem tiefen Glauben und einer intensiven Kirchlichkeit gespeist. Auch hier hat der Glaubenseiferer aus Rom die Rechnung ohne die Glaubenden gemacht, denn sie wissen zwischen römischem Wahrheitsanspruch und biblisch-christlichem Wahrheitsangebot wohl zu unterscheiden. Der Glaube an den Herrn Jesus untermauert den Heilszentralismus der römischen Kirche in keiner Weise. Schon eine einfache Auslegung des Johannesevangeliums kann zeigen, dass die Herrschaft Jesu – unbeschadet aller weiteren Interpretation – alle anderen Herrschaftsansprüche radikal relativiert, die kirchlichen eingeschlossen. Deshalb treibt auch die Art und Weise, wie Ratzinger dann von den evangelischen Kirchen redet, vielen Katholiken die Schamröte ins Gesicht. Mit biblisch verantworteter Theologie haben seine Behauptungen nichts mehr zu tun. Dafür seien drei Beispiele angeführt:

- Das Bild von der kirchlichen Vielfalt verleitet den ehemaligen Fachtheologen zu folgender Reaktion: »Wenn sie [die verschiedenen Kirchen] alle die Kirche ›auf je ihre eigene Weise‹ sind, ist diese Kirche ein Gebilde aus Widersprüchen, und irgendeine klare Wegweisung gibt sie dem Menschen dann nicht.« Noch einmal zeigt sich hier der Grunddissens, von dem schon die Rede war. Mit dem Begriff und der Sache der Vielfalt kommt Ratzinger nicht klar; sie heißt für ihn unterschiedslos Gegensatz oder gar Widerspruch. Wenn die Kirchen nämlich auf »je ihre eigene Weise« Kirche sind, dann sind zur Beurteilung offensichtlich zwei Strategien möglich. Die erste Strategie, der Ratzinger anhängt, fordert ein Alles oder Nichts, eine Gleichheit ohne Fragezeichen, eine Monokultur, die einem totalitären oder integralistischen Leitmodell entspricht. Ein solches Einheitsverständnis fordert zugleich eine zentrale Instanz, die über diese Einheit, mit Ausschluss oder Akzeptanz definitiv entscheidet. Dafür sehe ich keine Grundlage im neutestamentlichen Kirchenverständnis, das aus Ratzingers Perspektive nur als ein Bündel von Widersprüchen umschrieben werden kann. Die zweite mögliche Strategie fordert kein Alles oder Nichts, sondern ein geduldiges und differenziertes Nachdenken über die Frage: Was genau die Unterschiede sind und wie tief sie das Kirchenverständnis berühren. Was versteht die eine, was die andere Gemeinschaft unter Kirche? Wie verhalten sich diese Unterschiede zur Schrift als gemeinsamer normativer Basis und wie vermitteln sie spätere kulturelle Systeme? Aus dieser Perspektive sind die Folgerungen Ratzingers schlicht falsch, vom gemeinsamen Ursprung her nicht gerechtfertigt und wegen ihrer spaltenden Wirkung auch als Nebenbemerkung unerträglich. Offensichtlich will Ratzinger im ökumenischen Denken weder geschichtlich noch kontextuell argumentieren, auch nimmt er die faktische Fruchtbarkeit der ökumenischen Vielfalt nicht zur Kenntnis. Offenkundig gilt ihm die eigene, d.h. die römische und altkirchlich interpretierte Kirchenwirklichkeit als strenge und unabdingbare Norm. Angesichts der weltweiten Kirchenvielfalt ist es schlicht unverständlich, wie einem Mann mit solch beengendem Horizont innerhalb der katholischen Kirche eine solch weitreichende Funktion zugeschrieben wird.

- Das zweite Beispiel verstärkt den Eindruck, der sich im ersten schon aufgedrängt hat. Im genannten Interview weist der Glaubenshüter darauf hin, dass sich in der Reformation nicht nur die Kirchenstruktur, sondern auch das Kirchenbild geändert hat. Dann sagt er zu Recht und scheinbar einfühlsam: »Den Kirchenbegriff in gleicher Weise für alle bestehenden kirchlichen Gemeinschaften in Anspruch zu nehmen, steht eben auch gegen deren eigenes Selbstverständnis.« Das ist durchaus richtig. Dann aber nimmt Ratzingers Gedankenführung eine bestürzende Wendung. Er sagt: »Und wer würde heute einfach sagen wollen, dass die in historischen Zufälligkeiten gewachsenen Bildungen – sagen wir die Kirche von Hessen-Waldeck oder von Schaumburg-Lippe – im gleichen Sinn Kirche sind, wie die katholische Kirche glaubt Kirche zu sein.« Welcher Schluss ist daraus zu ziehen und was unterstellt Ratzinger unausgesprochen? Zunächst ist das Gesagte ja unwiderlegbar, denn historische Zufälligkeiten betreffen die genannten Kirchen. Wer hat zudem je behauptet, dass sie alle (die unierte, die lutherische und die katholische Kirche) im gleichen Sinne Kirchen sind? Hier liegt der unausgesprochene, geradezu destruktive Affront. Ratzinger wählt aus dem evangelischen Raum nicht nur die kleinsten und (für einen bayerische Katholiken) sprachlich bizarrsten aus, sondern er lässt die zufälligen Begrenzungen nur für diese beiden kleinen Kirchentümer zu, nicht aber für sein eigenes Kirchentum. Denn unerwartet spricht er jetzt nicht von den »in historischen Zufälligkeiten gewachsenen Bildungen« der römisch-katholischen Kirche, sondern von der Kirche, »wie die katholische Kirche glaubt [!] Kirche zu sein«. Das ist ein unfairer Bruch in der Gedankenfolge. Bei einer fairen Argumentation hätte er die kurhessischen mit den kurialen Zufälligkeiten, die Schaumburgischen Glaubensüberzeugungen mit den Glaubensüberzeugungen einer süditalienischen Gemeinde vergleichen müssen, also das Beffchen etwa mit der phrygischen Zipfelmütze (= Mitra) und die Vatikanische Kirchenkonstitution mit (den ekklesiologischen Passagen) der Leuenberger Konkordie. Er hätte halt offen sagen müssen, dass er über Amt, Lehrautorität und Sakramente anders denkt als die Kirchen reformatorischer Tradition. Aber hätte er das gesagt, dann wäre er schnell in biblische und theologiegeschichtliche Argumentationsnot gekommen. Jetzt aber beansprucht er für sich die Wahrheit und überlässt den anderen die historische Kontingenz. Das ist zwar eine schlaue Strategie, sie taugt aber nicht zur Wahrheitsfindung. Oder wie Ratzinger dann selbst sagt: »Der Streit, so wie er jetzt geführt wird, liegt schlichtweg falsch.« Wie recht er hat. Er sollte das einsehen und korrigieren, wenn er nicht als »Würgeengel der Zukunft« (L. Boff) in die Geschichte der Ökumene eingehen will.

- Das dritte Beispiel zeigt Ratzingers Unfähigkeit, sich von seinem platonischen Grundmodell zu lösen. Er sagt: »So betrachten es in der Tat viele Zeitgenossen; es gebe eben nur Kirchenfragmente, und so müsste man sich das Beste aus den verschiedenen Stücken heraussuchen. Aber wenn es so wäre, wäre der Subjektivismus kanonisiert: Dann müsste sich jeder sein Christentum selber zusammensetzen, und am Ende entschiede der eigene Geschmack. … Die katholische Kirche ist wie die orthodoxe Kirche auch überzeugt, dass eine solche Auffassung [Subjektivismus und Individualismus] mit der Verheißung Christi und mit seiner Treue unvereinbar ist. Die Kirche Christi gibt es wirklich, und nicht nur Fetzen davon. Und sie ist nicht eine nie zu erreichende Utopie, sondern sie ist konkret.«

Wieder ist der suggestive Zug des Textes ernorm. Dessen Analyse ist für Ratzingers Strategie lehrreich. Er geht in vier Schritten vor. (1) Zunächst gibt er den Anschein, als beschreibe er eine Situation: Viele Zeitgenossen sehen Fragmente und suchen sich die besten heraus. (2) Dann zieht er Folgerungen: Man wähle nach eigenem Geschmack, also subjektivistisch aus. (3) Dagegen platziert er nun ein theologisches Argument: Das ist mit der Treue Christi unvereinbar. (4) Schließlich erklärt er im Stil des vereinnahmenden Bekenners: Die Kirche Christi gibt es doch wirklich und konkret, nicht nur als »Fetzen« und »Utopie«.

Ein solches Kabinettstück der Argumentation entspricht zwar den Regeln feiner Polemik, beleidigt aber Position und Absichten der Kontrahenten. Zu (1): Der unbestimmte Verweis auf »Zeitgenossen« macht die Beschreibung unangreifbar. Mag sein, dass es sie gibt, was aber soll das für den ökumenischen Diskurs? Wenn es sie aber unter ökumenisch engagierten Christen oder Theologen gibt, dann sind Ross und Reiter zu nennen. Für den herrschenden ökumenischen Diskurs gilt – bei aller Sympathie für Vielfalt und Verschiedenheit – die »Beschreibung« aber als Unfug. Die Buffet-zur-Auswahl-Idee gehört ins Reich purer Phantasie. (2) Deshalb ist die Folgerung vom subjektivistischen Geschmack aus der Luft gegriffen, die damit formulierte Unterstellung für die ökumenisch Engagierten beleidigend. Unter den Präliminarien ökumenischer Theologie wurde nämlich kaum ein anderer Gesichtspunkt so intensiv reflektiert wie die Ablehnung von Subjektivismus und Geschmacksmentalität, wie die Modelle der Verschiedenheit und möglicher Einigung[82]. (3) Mit dem Verweis auf

82 Dazu nur zwei Beispiele: Von evangelischer Seite ein höchst authentischer Aufsatz des ersten Generalsekretärs des Weltrats der Kirchen: *W. A. Visser't Hooft*, Pluralismus – Gefahr und Chance? (1965), in: Die ganze Kirche für die ganze Welt. Hauptschriften I, Stuttgart – Berlin 1967, 18–38; vgl. auch den Aufsatz Kirche oder Über-Kirche?, a.a.O. 157–172. Von katholischer Seite das damals bahnbrechende Buch von *H. Küng*, Die Kirche, Freiburg 1967, Kapitel: »Eine Kirche«, a.a.O. 313–352.

die Treue Christi versucht Ratzinger, der ökumenischen Bewegung evangelischer Herkunft eines seiner zentralen Motive zu entwinden und für seine Ziele zu instrumentalisieren. Ratzinger verrät, dass er von diesen Diskussionen keine Kenntnis genommen hat, genauer: dass er den Bezugsrahmen dieses Arguments ignoriert, wie er in der ökumenischen Theologie über die Konfessionen hinweg gilt. Es ist gerade die Treue zum Herrn, die uns dazu auffordert, dass wir die alten Grenzen und Widersprüche überwinden oder – sofern sie das Wesen des Christusglaubens nicht tangieren – als Bereicherung akzeptieren. Mit seinem Argument steht Ratzinger auf einsamem Posten.

(4) Vor dem Hintergrund dieser Klärungen lässt sich das »Bekenntnis« Ratzingers jetzt einordnen. Er setzt die Position voraus, die er beweisen will: in der katholischen Kirche sei die ganze Kirche Christi verwirklicht und konkret. Bei solch normativ gesteuertem Selbstbewusstsein kann Ratzinger alle Differenzierung außerhalb des Katholischen nur noch negativ als »Fetzen« und als »Utopie« (in einem sehr banal negativen Sinn des Worts) konnotieren. Visser't Hooft hat schon vor fünfunddreißig Jahren dazu eine zutreffende Diagnose formuliert. »Erkennen die Kirchen die volle Bedeutung des neuen Pluralismus? Ich bezweifle es. Ihre Reaktion auf den Pluralismus zeugt oft von Verwirrung, manchmal sogar von Panik. Der Hauptgrund, weshalb sich die Kirchen der Tatsache des Pluralismus nur widerstrebend stellen, ist in der Tatsache zu suchen, dass es ihnen schwer fällt, das Ideal einer integrierten christlichen Gesellschaft aufzugeben, die von einer bestimmten Kirche oder von allen Kirchen zusammen geistig geführt wird. Sofern diese Haltung bedeutet, dass sie sich weigern, den Anspruch aufzugeben, dass das Evangelium in seiner Ausrichtung grundsätzlich universal ist, sich an alle Menschen wendet und alle Bereiche der Gesellschaft durchdringen will, spricht das nur für die Kirchen. Aber für die unbegrenzte Herrschaft Jesu Christi einzutreten, ist *eine* Sache; etwas *anderes* ist es, so zu sprechen und zu handeln, als ob man damit rechnen könnte, dass die allgemeine Anerkennung und Annahme dieser Herrschaft Jesu Christi in nächster Zukunft stattfinden werde.«[83]

Dies erklärt auch, warum Ratzinger in den diskutierten Fragen nicht nur eine Moralisierung, sondern auch eine Politisierung

83 Visser't Hooft, a.a.O. 22.

durch die Gegenseite – dieses Mal nicht von den evangelischen Kirchen, sondern von katholischen Theologen – entdeckt. »Man sieht das Lehramt als Macht an, der man eine Gegenmacht gegenüber stellen muss.« Vielleicht hat Ratzinger sogar Recht, denn einen höchsten extensiven Machteinsatz, umgesetzt mit allen ihnen möglichen Mitteln der Intervention, wird man Rom und der Glaubenskongregation in den vergangenen zwanzig Jahren wohl nicht bestreiten können. Diese Fehlbildung aber den – kontrollierten, abgemahnten, öffentlich verurteilten, nicht zugelassenen und abgesetzten – Theologinnen und Theologen in die Schuhe schieben zu wollen, deutet auf einen klassischen Fall von Projektion hin. Wer sich dann noch herausnimmt, die evangelischen Kirchen vom Thron herab zur Ordnung zu rufen, hat Sinn und Bedeutung christlicher Geschwisterschaft denn auch vollends verfehlt. Dass unter solchen Auspizien die Rede von unseren »lutherischen Freunden« beinahe zu einem Hohn gerät, der nicht gründlich genug entlarvt werden kann, sei dann nur noch am Rande erwähnt. Das Problem ist in der Tat ein theologisch sanktioniertes Selbstbewusstsein, das – mit weltlichen Kategorien erfasst – nur als höchste, wenn auch zwanghaft unfreiwillige Arroganz umschrieben werden kann.

III. Untergang des Abendlandes (28. November 2000)

Immer wieder hat Ratzinger in seinem Schrifttum kleinere oder größere Untergangsszenarios entwickelt. Mal gibt die Gesellschaft ihre zentralen Werte auf, mal gerät die Theologie auf die schiefe Bahn, an wieder anderen Stellen wird einzelnen Theologinnen und Theologen Kompetenz oder Ehrlichkeit abgesprochen. An einigen Stellen steht gar der Untergang des Abendlands auf dem Spiel. Genau das ist der Bezugsrahmen, in den er einen programmatischen Vortrag stellt, den er am 28. November 2000 in der Bayerischen Vertretung in Berlin gehalten hat (Ratzinger 2000e). Das heißt für ihn: Europa geht unter, ist zumindest von einem tiefen Selbsthass geprägt, weil es sich von seinen geistigen Wurzeln, dem christlichen Glauben trennt. Das ergibt sich schon aus einem ersten Grundsatz, der in dieser Konzeption rigoros gehandhabt wird. Wo das Christentum nicht mehr anwesend ist, ist für den prominenten Unheilspropheten auch Europa verschwunden. Das gilt nach Ratzinger für das antike »Europa«, d.h. den Nachfolger des mediterranen Kulturraums, zu dem auch Nordafrika gehörte, bis es vom Islam überrollt wurde. Das gilt für Spanien in seiner muslimischen Zeit und erst recht für das östliche Europa, nachdem Konstantinopel 1453 gefallen ist. Mit diesen Ausschlüssen hat Ratzinger einen der schwierigsten und interessantesten Aspekte europäischer Geschichte vom Tisch gewischt, dass Europa nämlich ohne die ständige Auseinandersetzung mit dem Islam nicht zu begreifen sei. Das gilt nicht nur für den typisch christlichen Dogmatismus, der im anti-islamischen Spanien seine prägende Form gefunden hat, sondern auch für die Mischung von Abscheu und Faszination, den der islamische Osten seit den Zeiten der Kreuzzüge auf Europa ausübte. Vom Tisch gewischt hat er in seiner Konzentration auf die religiösen Legitimationsideologien von *imperium* und *sacerdotium* auch die Geschichte der Schrecken, die dem Europa der Eroberungen und der Kolonien zu eigen ist. Umso mehr interessieren ihn die Wurzeln der gegenwärtigen Krise. Wenn man seinen Analysen folgt, sind die Gründe für den gegenwärtigen Untergang eindeutig. Das Elend begann, einfach gesagt, mit der Reformation, in der »eine neue, aufgeklärte Art des Christentums entsteht« und setzte sich fort mit der Französischen Revolution, die (so einfach ist das) mit ihrem Rationalismus und der faktischen »Fragilität der Vernunft« am Beginn der späteren Diktaturen in Europa steht. Wie diktaturanfällig gerade katholisch geprägte Staatssysteme waren, wird ebenso wenig erwähnt wie die Erinnerung an das Unheil, das Dogmatismus und Religionskriege über diesen Kontinent gebracht haben sowie die Tatsache, dass sich die Demokratie als große europäische Entdeckung gegen den Widerstand der katholischen Kirche durchgesetzt hat. Jetzt aber ist das von laizistischen und von kommunistischen Systemen bis in seine Fundamente hinein beschädigte Europa vom Kreislaufkollaps bedroht. Nicht nur die seelischen Kräfte sind verschlissen, sondern auch die ethnische Zukunft versagt. »Kinder, die Zukunft sind, werden als Bedrohung der Gegenwart angesehen ... Der Vergleich mit dem untergehenden Römischen Reich drängt sich auf.« Jetzt gebe es in Europa »einen merkwürdigen und nur als pathologisch zu bezeichnenden Selbsthass«. Deshalb müsse Europa wieder sich selbst, nicht nur das Andere annehmen. Zu dieser Selbstannahme gehören die Ehrfurcht vor dem

Heiligen, die Hochschätzung der Familie und – man staunt nicht schlecht – die Ablehnung der Homosexualität.

Bei genauer Lektüre dieses Textes verschlägt es einem den Atem, weil er so großräumig (mit Römischem Reich und Christentum) beginnt und so kleinkariert (mit Kinderzeugung und Homosexualität) endet. Er zeichnet nicht nur ein völlig irreales Katastrophenszenario, sondern weist dafür allen anderen Kräften die Schuld zu außer der katholischen Kirche. Er wirft Europa einen Selbsthass vor und übersieht, dass er der Einzige ist, der in diesem Text Selbsthass propagiert. Aber er macht natürlich deutlich, dass er sich in einer Extremsituation wähnt, die die schärfsten Waffengänge erlaubt. Würde man diesen Text über Europa akzeptieren und noch immer meinen, Europa bedeute Mitte und Führung der gesamten Welt, dann hätte Ratzinger natürlich Recht. Dann nämlich wäre das letzte Gefecht – »ohne Rücksicht auf Verluste«, wie es dann zynisch hieße – zu kämpfen. Man müsste dann allerdings die Frage stellen, ob dieser Eurozentrismus, der sich als römischer Zentralismus konkretisiert, nicht die schlimmste Verfälschung des christlichen Glaubens bedeutet, die wir uns heute denken können. Ratzingers Streit um die Kirchenrestauration hat als Hintergrund ein erzkonservatives Gesellschaftsbild, das mit der Moderne keinen Kompromiss zulässt. Zwar hat Ratzinger zusammen mit uns allen gelernt, dass die neuzeitlichen Fortschrittsideale mit ihren katastrophalen Auswirkungen ausgedient haben, er ist aber dem Gegenteil verfallen. Seine Ideologie des Verfalls lässt nur eine einzige Lösung zu: Rückkehr zu den Ursprüngen Europas, d.h. zu einer hellenistisch geprägten Kultur, in der die katholische Kirche die einzig gültige Wahrheit gebracht und in eine sakrale, eine kulturelle und in eine politische Wirklichkeit umgesetzt hat. Für Ratzinger lautet die Schlussfolgerung: »Toynbee ist darin Recht zu geben, dass das Schicksal einer Gesellschaft immer wieder von schöpferischen Minderheiten abhängt. Die gläubigen Christen sollten sich als eine solche schöpferische Minderheit verstehen und dazu beitragen, dass Europa das Beste seines Erbes neu gewinnt und damit der ganzen Menschheit dient.« Genau besehen ist dieses »Beste seines Erbes« aber doch die ursprüngliche, noch nicht gespaltene Christenheit, d.h. aus römischer Sicht: die katholische Kirche. Deshalb bedeutet alles, was von ihrer alten Gestalt und von ihren alten Überzeugungen wegführt, eben schlicht und einfach Rückschritt, Gefährdung, Wahrheitsverlust. Die Weltsicht des Glaubenszensors ist von einer umfassenden Krisenhermeneutik durchsetzt.

Es ist deshalb interessant, noch einmal das neue Vorwort zu lesen, das der erfolgreiche Autor der sechziger Jahre im Jahre 2000 seinem Bestseller »Einführung in das Christentum« vorangestellt hat. Es ist eine von Schwarzmalerei und von Misstrauen geprägte Rückschau. Was geschah im legendären Jahr 1968? Für Ratzinger war es die vorweggenommene Untergangsgeschichte der späteren Jahrzehnte, sozusagen das Vorab-Szenario seines späteren Lebenskampfs. Damals habe man die gesamte Geschichte des Christentums für verfehlt gehalten; im Strom marxistischen Denkens solle es besser werden. Nach dessen Zusammenbruch 1989 habe man aber nichts gelernt. Über Archipel Gulag und Pol Pot, über die Rechtfertigung des Terrors und die zurückgebliebenen Trümmerfelder der Menschlichkeit rede man nicht. Auch innerkirchlich – in Lateinamerika zumal – habe man dem Marxismus (sprich: der Befreiungstheologie) die Führerschaft übergeben, über Gott nicht mehr geredet und Jesus nicht mehr als den Christus erscheinen lassen. Gott wurde funktionslos. Jetzt, nachdem Gott überall in der Welt tot sei, zeigten sich die Folgen in einer inhumanen Gen- und Embryonentechnik, im zynischen Menschenhandel sowie in vielen anderen Szenarios des Schreckens. Inzwischen sei eine neue Sehnsucht nach Religiosität erwacht. »Der düsteren und zerstörerischen Ekstase der Droge, der hämmernden Rhythmen, des Lärms und des Rausches tritt eine helle Ekstase des Lichts, der freudigen Begegnung in der Sonne Gottes entgegen.« Dennoch sei Wachsamkeit angesagt. Die Gestalt Christi werde neu gedeutet, nämlich vom Gottsein getrennt. Wieder einmal wird in hilfloser Weise eine Formel bemüht, deren Bejahung er anderen abspricht: »Der Glaube daran, dass Christus der einzige Sohn Gottes *ist*, dass in ihm wirklich Gott als Mensch unter uns weilt« (2000c, 18). Leider kann das kursiv gedruckte *»ist«* Ratzingers Problem nicht überspielen; es ist das Problem einer zeitgemäßen Auslegung. Auch er müsste uns endlich (ohne Rückfall in eine beschwörende Tautologie) erklären, was denn diese geheiligte Formel für ihn *bedeutet*. Auch er kann nicht leugnen, dass dieses Wörtchen »ist« verschiedene Bedeutungen annehmen kann. Wäre denn eine Auslegung, die endlich über den Tellerrand hellenistischer Weltanschauung hinausreicht, zuviel verlangt? Doch zurück zum Vorwort: Wachsamkeit ist nach Ratzinger auch gefordert, weil der Gottesbegriff grundlegend verändert und auf den Innenraum individueller Erfahrung reduziert wurde. Wieder wird eine breit ausgreifende Entwicklung auf Lücke hin interpretiert. Der Glaubenshüter erfährt eine grundlegende Erweiterung des Gottesbildes als Reduktion. So hat sich der Autor, wie er meint, beim damaligen Schreiben der Einführung »in der Grundrichtung nicht geirrt«. Das gegenwärtige Christentum westlichen Zuschnitts und die entsprechende gegenwärtige Theologie zeigen sich ihm – gemäß *seinem* Verständnis von »Hans im Glück« – als Verlustgeschichte[84]. Doch zum Leidwesen einer Theologie, die um einer neuen Zeit willen um ein neues Wahrheitsverstehen ringt, hat sich inzwischen der Kontext dieser Beurteilung geändert. Was wir vor fünfunddreißig Jahren noch als persönliche Überzeugung des eigenständigen Theologieprofessors akzeptieren konnten (warum diesen Stachel im Fleisch voranschreitender Theologie nicht zur eigenen Selbstprüfung aushalten?), wird heute der katholischen Gesamtkirche unnachgiebig und mit rigorosen Sanktionen aufgezwungen. Wenn das allerdings ihre legitime Konsequenz ist, hat sie sich auch schon selbst widerlegt[85].

Hat Ratzinger nicht doch Recht? Wie genau wäre er christlich zu widerlegen? Auf welchem Niveau soll der Irrtum sachgemäß

---

84 Eine Art erschreckender Zwischenbilanz, die von Misstrauen, Nostalgie und purer Verachtung gegenüber anders denkenden Kollegen geprägt ist, findet sich in dem kurzen Text »Zehn Jahre nach Konzilsbeginn – wo stehen wir?« (Ratzinger 1973, 439–447) Der Text zeigt eindrücklich, wie sehr Ratzinger schon in den siebziger Jahren hinter jeder Neuerung so bedrohliche Schreckgespenste sah wie: Sinn-Vakuum, existentialistisches Denken, Abschied von der Metaphysik, Geschichtslosigkeit, Neomarxismus, nachkonziliarer Progressismus, transzendentalphilosophisch umgedeuteter Thomismus, Inspiration durch Gogarten und Luther, allgemeiner Reformpragmatismus, Gesichtslosigkeit, Studentengemeinden und Priestergruppen als Hauptausbreitungsgebiet solcher Trends, polit-ökonomisches Vokabular, Zusammenbruch der bisherigen Werte, bloßer Pragmatismus kirchlicher Strukturreformen, neuer Klerikalismus und klerikaler Egoismus, Geschrei derer, die noch halb im Gestrigen leben. … Wer in den damaligen (gewiss ambivalenten) Neuaufbrüchen nicht mehr als solche Ungeister erkennen konnte, hatte schon damals sein Recht auf überzeugende Meinungsführerschaft in einer christlichen Kirche verspielt. Ratzinger muss nicht nur zurücktreten, er hätte sein römisches Amt überhaupt nicht antreten dürfen. Sollten seine Ausgangspunkte aber den Maßstäben seines inquisitorischen Amtes entsprechen, dann ist schleunigst dieses Amt als solches abzuschaffen. In jedem Fall ist es schlecht um eine Kirchenleitung bestellt, die für ihren universalkirchlichen Glaubensdienst keine verständigeren Gemüter zu finden weiß.

85 Dass Ratzinger sein Konzept ausgerechnet als »narrative Christologie« präsentiert, entbehrt nicht der Ironie. Sollte er schlicht und einfach damit meinen, dass er seinem Leserpublikum erzählt, was er von Jesus Christus denkt? Das wäre doch eine etwas magere Ausbeute. Wenn er den Ehrentitel einer »narrativen Christologie« jedoch allen Ernstes auf seine altkirchlichen Repetitionen anwenden will, dann hat er vom Wesen, der Elementarität und der Herausforderung des Narrativen nur wenig begriffen.

angezeigt werden, dem er leider erlegen ist? Ein guter Freund hat mich auf eine für mich unerwartete Spur gebracht, die vielleicht das Geheimnis der Missverständnisse lüften mag. Im ersten Teil des Buches habe ich darauf hingewiesen, dass der damals junge Ratzinger das Märchen von »Hans im Glück« heranzieht, um die Geschichte des Verlustes, dieses dauernde »Herunterinterpetieren« zu geißeln, das sich seines Erachtens in der von ihm verachteten Theologie abspielt. Die Frage ist nur, ob er den Sinn dieses Märchens überhaupt richtig erfasst hat und ob in ihm eine Verlustgeschichte dargestellt wird.

Für Ratzinger ist die Botschaft des Märchens klar. Er schreibt im Vorwort zur ersten Auflage seines Buches zu Hans: »Den Goldklumpen, der ihm zu mühsam und schwer war, vertauschte er der Reihe nach, um es bequemer zu haben, für ein Pferd, für eine Kuh, für eine Gans, für einen Schleifstein, den er endlich ins Wasser warf, ohne noch viel zu verlieren – im Gegenteil: Was er nun eintauschte, war die köstliche Gabe völliger Freiheit.« Ratzinger fährt fort: »... wie er meinte. Wie lange seine Trunkenheit währte, wie finster der Augenblick des Erwachens aus der Geschichte seiner vermeinten Befreiung war, das auszudenken überlässt jene Geschichte, wie man weiß, der Phantasie ihrer Leser.«[86] Ratzinger versteht das Märchen ausschließlich als Verlustgeschichte, obwohl der Text tatsächlich vom Gewinn der Freiheit, und zwar keineswegs von einer *vermeintlichen* handelt. Auch stellt das Märchen keineswegs den finsteren Augenblick des Erwachens aus der Trunkenheit der Phantasie des Lesers anheim, »wie man weiß«. Wer ist da »man«, und woher weiß es Ratzinger?

Nicht von den Brüdern Grimm, denn deren Märchenausgang ist eindeutig: »Mit leichtem Herzen und frei von aller Last sprang er nun fort, bis er daheim bei seiner Mutter war.«[87] Da kehrt einer zu seinem Ausgangspunkt zurück, ist »durch die Schule des Lebens« gegangen, hat den beschwerenden Ballast – Wünsche und Fremdbestimmungen – abgeworfen, hat zu jener höheren Naivität (zurück-)gefunden, in der für das frühe neunzehnte Jahrhundert die Idee des wiedergefundenen Paradieses lag. So kann er am Ende ausrufen: »So glücklich wie ich gibt es keinen Menschen un-

86 Ratzinger 2000a, 27.
87 Textausgabe: Kinder- und Hausmärchen, gesammelt durch die Brüder Grimm, Darmstadt 1955.

ter der Sonne.« Ratzinger unterschiebt dem Hans ein ganz anderes Motiv: dieser wolle es bequemer haben! Das lässt sich allenfalls mit Bezug auf den Goldklumpen sagen. Zwar besagt der Text: »Gold, aber ich kann den Kopf dabei nicht gerad' halten, auch drückt mir's auf die Schultern«. Aber dabei muss es nicht um Bequemlichkeit gehen, ganz und gar nicht bei den anderen »Preisgaben«. Das zeigt sich bei den Steinen, die ihm am Ende bleiben. Sie »legte er bedächtig neben sich auf den Rand des Brunnens«, damit er sie »im Niedersitzen nicht beschädigte«. Kommt dann ein Missgeschick? »Da versah er's, stieß ein klein wenig an, und beide Steine plumpten hinab.«

Es war kein Missgeschick, denn jetzt erst kommt der Clou: »Hans, als er sie mit seinen Augen in die Tiefe hatte versinken sehen, sprang vor Freuden auf, kniete dann nieder und dankte Gott mit Tränen in den Augen, dass er ihm auch diese Gnade noch erwiesen und ihm auf eine so gute Art und, ohne dass er sich einen Vorwurf zu machen brauchte, von den schweren Steinen befreit hätte, die ihm allein noch hinderlich gewesen wären.« Der Geschehensablauf ist sorgsam gewählt. Es ist dem Hans gegeben, dass sich seine Erleichterung gerade nicht mit Schuld oder Verantwortungslosigkeit verknüpfte. Aus diesem immer leichter und freier und beschwingter werdenden Hans der Brüder Grimm macht der Präfekt der Glaubenskongregation einen vorsätzlichen Bequemling, einen im Grunde bedauernswerten Spießer. Irgendwann wird er aufwachen, aber dann ist es zu spät! Er sollte uns herzlich Leid tun! Das Märchen steht im genauen Sinne konträr zu Ratzingers hier unterstellter Intention (die Geschichte der Unterstellungen in Ratzingers Theologenkritik, das wäre ein ergiebiges Dissertationsthema!). Es ist, auf seine Art, ein Stück »Befreiungstheologie«, und eine besonders pikante Art von Ironie liegt darin, dass die Ursache, weshalb Hans ursprünglich »den Kopf nicht grad halten kann«, nach Ratzinger »unsere Theologie« ist. »Befreiungstheologie«, so Ratzinger wider Willen, als Befreiung von den Fesseln gegenwärtiger Theologie?

Vielleicht hat Ratzinger den Sinn des Märchens nicht verstanden, den Text nie genau gelesen, ihn vielleicht nur aus Kinderzeiten in vager Erinnerung. Dann bleibt immerhin noch die tiefenpsychologisch interessante Frage, warum ihm das Märchen nur als Geschichte eines betrüblichen Verlustes geblieben ist. Das Märchen überlässt die entscheidende Frage gerade nicht der Phantasie des Lesers, sondern vermittelt über die innere Erfahrung von Hans die unmissverständliche Botschaft vom Glück des Befreitseins. Solche befreiten und glücklichen Menschen sind nicht gerade diejenigen, die Rom disziplinieren und auf fest verfügte Formeln verpflichten kann. Ratzinger hätte gut daran getan, sich besser auf diese befreiende Märchenwelt zu verständigen und für sich selbst etwas daraus zu lernen. Dann nämlich hätte er auch die Dynamik der theologischen Erneuerungen besser verstanden, gegen die er sich seit vierzig Jahren stemmt. In ihnen sollten nämlich keine Goldklumpen mit Schleifsteinen vertauscht, sondern es sollte statt der wohlpolierten und überschwer gewordenen Prunkstücke das Urgestein wiederentdeckt werden, das auch den hellenistischen Ziselierungen zugrunde liegt. Wer dieses aber entdeckt, hat auch einen neuen Zugang zur Freiheit der Kinder Gottes gefunden, um deretwillen Paulus schon von den Repräsentanten seiner Mutterkirche mit Misstrauen bedacht wurde, die er aber mit größter Leidenschaft verteidigte. Seine Botschaft ist durchaus aktuell: »Zur Freiheit hat uns Christus befreit. Bleibt daher fest und lasst euch nicht von neuem das Joch der Knechtschaft auflegen!« (Gal 5,1) Zur Verteidigung dieses hohen Guts widerstand er Petrus ins Angesicht, »weil er sich ins Unrecht gesetzt hatte« (Gal 2,11). Er hätte sich gewiss auch amtlich bestellten Glaubenskontrolleuren widersetzt, hätten diese zum Schaden der Kirche schon ihr Unwesen getrieben.

IV. Schluss: Meinungsdiktatur oder christlicher Freimut?

Die kurzen Analysen des Schlussteils haben drei Eigenschaften der kurialen Theologie gezeigt, die sich zugleich als Ratzingers persönliche Theologie mit einem deutlichen Monopolanspruch präsentiert. Die Eigenschaften lauten: Unklarheit, Überheblichkeit und Kampfansage. Die von mir analysierte unklare Allgemeinheit, eine Art Scheinuniversalität (s.o. 176f.) ist ein grundlegendes Element für die Suggestionskraft von Ratzingers Ideologien. Er baut deutliche und unheilsschwangere Anti-Positionen auf, vor denen der Leser erschrecken soll, aber im Detail werden diese weder konkret umschrieben noch genau definiert. Da zerbrechen ganze Kontinente, eine ganze Kultur geht unter und umfassende theologische

Epochen stürzen ab. Niemand weiß aber genauer, aus welch präzis formulierten Gründen und gegen welche genauen theologischen Äußerungen er sich konkret stellt. Ersatzweise werden einige Buhmänner wie Bultmann, Küng oder Boff aufgebaut, die für gesellschafts- und kirchenpolitische Optionen stehen. Ihnen gegenüber werden dann »tiefschürfende« Argumente ins Feld geführt. Mit dieser Strategie behält sich Ratzinger seine eigene Definitionsmacht vor; er selbst muss sich keinem Argument beugen und keiner Verteidigung stellen. Es ist dies eine Frage des Weltbildes, der allgemeinen Verurteilung, des überlegenen Gestus.

Die von mir analysierte Überheblichkeit meint keine moralische Haltung, sondern eine frei eingenommene, amtlich legitimierte Position. Der Herr aus Rom nimmt weder die vorgetragene Kritik noch den Selbstanspruch der evangelischen Kirchen ernst. Diese Position mag zwar einem überlieferten Lehramtsverständnis entsprechen. Mit biblischer Gesinnung, mit christlichem Respekt vor anderen Menschen oder Gemeinschaften hat sie wenig zu tun. Sie macht es aber den Verurteilern möglich, sich dem Druck der Argumentation und Verantwortung zu entziehen. Die Kampfansage schließlich gibt dem römischen Denkstil das eigentliche Profil. Wenn die Zeit drängt, wird die Mühe der Argumentation schädlich und werden verkürzende Beurteilungen, Ausschlüsse, sozusagen institutionelle Notmaßnahmen legitim. Intoleranz und Schulterschluss, Schweigegebote und der Einsatz für die Sache werden jetzt in Analogie militärischer Einsätze gerechtfertigt. Dies ist der eigentliche, jedenfalls der schwierigste Punkt in der gegenwärtigen Auseinandersetzung, denn diese Kampfansage und das Gefühl der drängenden Zeit schaffen apokalyptische Gefühle. Es ist bekannt, dass Johannes Paul II. aus vergleichbaren Motiven handelt. Von Anfang an bestimmte ihn sein Selbstbewusstsein als erster slawischer Papst, der der Kirche Heil bringt. Dann brachte die Überwindung des Kommunismus, die schließlich ihre Erfüllung gefunden hat, seiner Zukunftsvision einen ungeheuren Schub. Dem folgte die Hoffnung auf die Jahrtausendwende, in der der Papst dem Herrn eine wohlbestellte Kirche übergeben wollte. Schließlich stellt sich das Syndrom des kranken und leidenden Papstes ein, dem aus diesem Grund eine Sonderstellung zukommt. In den vergangenen zwanzig Jahren ist es den römischen Ideologen gelungen, unter Einsatz von Buch und Medien, von Politik und Reiseprogrammen, von Massenveranstaltungen und schärfstem innerem Druck eine Atmosphäre des Außerordentlichen und Übermenschlichen zu schaffen, der ein postmodernistisches, auf Oberfläche und Befriedigung ausgerichtetes Zeitgefühl voll entspricht. Der gegenwärtige Pontifex zieht ungehinderten Nutzen von einer Zeitströmung, die sein Glaubensverteidiger hart bekämpft; man präsentiert sich als die Rettung vor dem Problem, das einen an die Oberfläche schwemmt[88]. Der große Kommunikator Wojtyla wurde bis an die Grenzen seiner Leistungsfähigkeit gebracht. Nach den gegenwärtigen Maßstäben wäre der Papst der Einzige, der seinem Knappen Einhalt bieten könnte. Leider ist nicht darauf zu hoffen. Auch nützt die Hoffnung auf ein neues Pontifikat nicht viel, denn die Sache selbst wäre damit nicht ausgestanden. Die Versuchung zum autoritären Durchgreifen bleibt nämlich bestehen. Der als militärisches Gehorsamssystem begriffene Katholizismus hat sich zu tief in die Erinnerung dieser Kirche eingefressen, als dass er sich selbst auflösen könnte. Auch sind die Verheißungen eines stramm organisierten Kirchenwesens – mit allen damit verbunden Machtpotenzialen – zu verlockend, als dass wir uns schnell davon befreien könnten. Deshalb bleibt nur ein Weg übrig, der jetzt endlich zu begehen ist. Es ist der Weg des aufrichtigen Widerstands, der unbestechlichen Argumentation sowie des entschiedenen theologischen Handelns. Theologie ist mehr als die Entwicklung von Theorien. Es ist ein Sprachhandeln, das die Gestalt der Kirche immer mitbestimmt. Deshalb kann sich keiner unserer Kolleginnen und Kollegen dieser Verantwortung entziehen. Es wäre gut und sinnvoll, dass wenigstens die Älteren unter uns damit endlich beginnen.

Ich schließe mit einem Text, der im Internet von der engagierten Zeitschrift Imprimatur verbreitet und vom Hessischen Rund-

88 Auf dieser Welle schwimmt die unreflektierte und leider schlecht recherchierte Biographie von Jan Roß. Auf der erste Seite ist zu lesen: Der Autor ist nicht katholisch; den Dogmen der Kirche gegenüber fühlt er sich weder zum Gehorsam noch zur Rebellion verpflichtet. Die Lehre des Papstes bindet ihn nicht und bedrückt ihn nicht; freilich, das sei besser jetzt schon gestanden, beeindruckt sie ihn. Aber das Beeindruckende kann falsch sein und selbst das Richtige unmöglich scheinen. So soll die Frage nach der Wahrheit einstweilen ausgespart oder, besser, eingeklammert bleiben. »Wir wollen stattdessen von der Größe Johannes Pauls II. handeln« (Roß, 7). Um diesen verwaschenen Begriff »Größe«, sowie um Außerordentliches und Führerschaft, um politische und inszenierte Auftritte geht es im ganzen Buch. Der einzige Wert dieses Buches ist es, dass er das überzogene, nach außen überdimensionierte und nach innen höchst intolerante Oberflächenchristentum der vielsprachigen Ostergrüße und der unerträglichen Massenmessen widerspiegelt, das seinen Wert nur noch in Hunderttausenden zu zählen weiß.

funk dokumentiert, in den übrigen Medien aber ignoriert wurde. Er berichtet von dem Symposion, das am 27. Oktober 1998 zu Ehren von Johann Baptist Metz veranstaltet wurde. Dort sprach Metz von der Sensibilität für das fremde Leid, die in die Gottesrede mit hineingehöre. Ratzinger stimmte dieser These zu. Der bekannte Theologe und langjährige Studentenpfarrer F. Kerstiens mahnte daraufhin die Sensibilität auch für Menschengruppen an, von denen bislang nicht geredet worden sei: die Geschiedenen und Wiederverheirateten, Homosexuelle und Frauen, denen das Priesteramt verwehrt wird und – damit zusammenhängend – so viele Menschen auf der Welt, denen wegen des Priestermangels die Eucharistie verweigert wird. Kurz, er plädierte für Sensibilität »für das Leiden der Menschen, auch an der Kirche und in dieser Kirche«. Die von den Rednern angemahnte Sensibilität erfordere auch die Nähe zu diesen Menschen. »Diese vermisse ich.« Die bestürzende Antwort Ratzingers lautete: »Kerstiens unterstellt – und das ärgert mich, dass es in all diesen schwierigen Fragen, unter denen wirklich zu leiden ist, nur eine erlaubte Meinung gäbe. Und das lehne ich allerdings ab. So kann man die Dinge nicht verallgemeinern. Leiden werden und müssen wir alle, aber dass es dazu nur einen Weg gibt oder nur eine erlaubte Meinung, das ist abzulehnen und ist eine Meinungsdiktatur, gegen die ich mich mit allem Nachdruck zur Wehr setze.«

Imprimatur fügt als kurzen Kommentar die Worte hinzu: »Ratzinger antwortet nicht auf Kerstiens Fragen; aber er verbittet sich Meinungsdiktatur in der Kirche. Ausgerechnet Ratzinger.« Die Szene spiegelt das Problem gegenwärtiger Kommunikation in der Kirche perfekt wider. Während Ratzinger wie selbstverständlich Sanktionen ausspricht und verhängt, nimmt er schon eine einzige Gegenstimme als Meinungsdiktatur wahr. Von oben her herrscht gereizte Kampfstimmung, weil viele engagierte Christen anderer Meinung sind. Die Projektion von Relativismus, Glaubensverrat und Meinungsdiktatur bestimmt die Atmosphäre. Das ist die Grundhaltung des institutionalisierten Narzissmus. Welchen Gesetzen dieser unselige Mechanismus folgt, soll hier nicht weiter besprochen werden. Es könnte nur sein, dass Ratzinger im Augenblick – aus welchen persönlichen oder vermeintlich religiösen Gründen auch immer – Täter und Opfer hartnäckig verwechselt. Dieses zutiefst unkirchliche Missverständnis ist endlich aufzuklären und entschieden einer Lösung zuzuführen.

Literatur

I. Dokumente der Glaubenskongregation

(Befreiung 1) Instruktion der Glaubenskongregation »Libertatis nuntius« zur Theologie der Befreiung vom 6. August 1984, Denzinger-Hünermann, 4730–4741 (Auszüge); AAS 76 (1984), 890–899.

(Befreiung 2) Instruktion der Glaubenskongregation »Libertatis conscientia« zu Freiheit und Befreiung vom 22. März 1986, Denzinger-Hünermann, 4750–4776 (Auszüge); AAS 79 (1987), 554–591.

(de Mello) Notification Concerning the Writings of Father Anthony de Mello SJ, 24. Juni 1999, zugänglich über www.vatican.va/roman_curia.

(Dominus Jesus) Erklärung DOMINUS IESUS – Über die Einzigkeit und die Heilsuniversalität Jesu Christi und der Kirche, 6. August 2000. Zugänglich über www.vatican.va/roman_curia; abgedruckt in Rainer 3–28.

(Dupuis a) Notifikation bezüglich des Buches von JACQUES DUPUIS »Verso una theologia cristiana del pluralismo religioso, 24. Januar 2001. Zugänglich über www.vatican.va/roman_curia.

(Dupuis b) Kommentar zur Notifikation der Kongregation für die Glaubenslehre in Bezug auf das Buch von J. Dupuis: »Verso una teologia cristiana del pluralismo religioso, zugänglich über www.vatican.va/roman_curia.

(Fatima) Die Botschaft von Fatima, 26. Juni 2000, zugänglich über www.vatican.va/roman_curia

(Mysterium) Erklärung MYSTERIUM ECCLESIAE, 24. Juni 1973.

(Schwesterkirchen) Note über den Ausdruck »Schwesterkirchen« vom 30. Juni 2000, zugänglich über www.vatican.va/roman_curia.

II. Theologische Literatur

Ahrens, Th. (Hg.), Zwischen Regionalität und Globalisierung: Studien zu Mission, Ökumene und Religion, Ammansberg 1997.

Allen, J. L., The Vatican's Enforcer of the Faith, New York 2000.

Altaner, B.-B. Stuiber, Patrologie. Leben, Schriften und Lehre der Kirchenväter, Freiburg (1966), [8]1978.

Arens, E.-H. Hoping (Hg.), Wieviel Theologie verträgt die Öffentlichkeit?, Freiburg 2000.

Assmann, J., Moses der Ägypter. Entzifferung einer Gedächtnisspur, Darmstadt 1998.

Balthasar, H. U. von (1961), Casta Meretrix, in: Sponsa Verbi, Skizzen zur Theologie II, Einsiedeln 1961, 205–305.

– *(1952)*, Schleifung der Bastionen, Freiburg 1952.

Barret, K., Das Evangelium nach Johannes, Göttingen 1990.

Bauman, Z. (1989), Modernity and the Holocaust, Cambridge 1989.
– (1991) Modernity and Amibvalence, Cambridge 1991
Bea, A., Der Ökumenismus im Konzil, Freiburg 1969.
Bellah, R. N. u.a., The Good Society, New York 1991.
Berger, K., Theologiegeschichte des Urchristentums, Tübingen-Basel 1995.
Beumer, J., Die altchristliche Idee einer präexistenten Kirche, in: Wissenschaft und Weisheit 9 (1942), 13–22.
Boeve, L., Kerk, theologie en heilswaarheid: De klare visie van Joseph Ratzinger, in: Tijdschrift voor Theologie 33 (1993), 139–165.
Boff, C., Theologie und Praxis. Die erkenntnistheoretischen Grundlagen der Theologie der Befreiung, München 1983.
Boff, L. (1972), Kirche als Sakrament im Horizont der Welterfahrung. Versuch einer Legitimation einer struktur-funktionalistischen Grundlegung der Kirche im Anschluss an das II. Vatikanische Konzil, Paderborn 1972.
– (1985), Kirche: Charisma und Macht, Düsseldorf 1985.
– (2001), Manifest für die Ökumene. Ein Streit mit Kardinal Ratzinger, Düsseldorf 2001.
Brück, M. van-J. Werbick (Hg.), Der einzige Weg zum Heil? Die Herausforderung des christlichen Absolutheitsanspruchs durch pluralistische Religionstheologien, Frankfurt/M. 1997.
Bujo, B., Wider den Universalanspruch westlicher Moral. Grundlagen afrikanischer Ethik, Frankfurt/M. 2000.
Bultmann, R., Der Begriff des Wortes Gottes im Neuen Testament, in: Glauben und Verstehen I, Tübingen 1933, 268–293.
Chatelion Counet, P., De sarcofaag van het Woord. Postmoderniteit, deconstructie en het Johannesevangie, Kampen 1995.
Chung Hyun Kyung, Struggle to be the Sun Again: Introducing Asian Women's Theology, Maryknoll 1990.
Communio Sanctorum, Die Kirche als Gemeinschaft der Heiligen, Paderborn – Frankfurt 2000.
Cook, M. L., Christology as narrative quest, Collegeville 1997.
Cox, H., The Silencing of Leonardo Boff: The Vatican and the Future of the World Christianity, Oak Park 1988.
Dalferth, I. U., Kombinatorische Theologie, Freiburg 1991.
D'Costa, G., The Meeting of Religions and the Trinity, Maryknoll 2000.
Dean, Th. (Hg.), Religious pluralism and truth. Essays on cross-cultural philosophy of religion, Albany (NY), 1995.
Dietzfelbinger, Ch., Der Abschied des Kommenden. Eine Auslegung der johanneischen Abschiedsreden, Tübingen 1997, 35–38.
Dupuis, J., Toward a Christian Theology of Religious Pluralism, Maryknoll 1999.
Ebertz, M. N. (1997), Kirche im Gegenwind. Zum Umbruch der religiösen Landschaft, Freiburg 1997.
– *(1998)*, Erosion der Gnadenanstalt? Zum Wandel der Sozialgestalt von Kirche, Freiburg 1998.
Eicher, P., Offenbarung. Prinzip neuzeitlicher Theologie, Düsseldorf 1975.

Feneberg, R., Der Jude Jesus und die Heiden. Biographie und Theologie Jesu im Markusevangelium, Freiburg 2000.
Floss, K., Erfahrungen mit der Katholischen Tübinger Schule. Tschechische Perspektiven, in: *Häring-Kuschel* (1988), 747–756.
Forward, M. u.a. (Hg.), A great commission. Christian hope and religious diversity, Oxford 2000.
Fox, M., Is the Catholic Church today a dysfunctional family? A pastoral letter to Cardinal Ratzinger and the whole church, erschienen als Beilage zur Zeitschrift Creation (Oakland/California), Nov./Dez. 1988, 26–38.
Frankemölle, H., Jüdische Wurzeln christlicher Theologie. Studien zum biblischen Kontext neutestamentlicher Texte, Bodenheim 1998.
Fries, H.-K. Rahner, Einigung der Kirchen – reale Möglichkeit, Freiburg 1983.
Für die Freiheit der Theologie, Erstveröffentlichung: u.a. in: Frankfurter Allgemeine Zeitung vom 17. 12. 1968; später veröffentlicht in: *H. Küng*, Die Hoffnung bewahren, München 1990, 209–121.
Fürst, G. (Hg.), Dialog als Selbstvollzug der Kirche, Freiburg 1997.
Gabriel, K., Kirche zwischen Tradition und Postmoderne, Freiburg 1992.
Gäde, G., Viele Religionen – ein Wort Gottes. Einspruch gegen J. Hicks pluralistische Religionstheologie, Gütersloh 1998.
Geiselmann, J. R., Die Heilige Schrift und die Tradition, Freiburg 1962.
Greinacher, N., Cui bono? Über Vergeblichkeit und Nutzen öffentlicher Erklärungen von Theologinnen und Theologen, in: *Häring – Kuschel* (1993), 129–159.
Greshake, G., Der dreieinige Gott. Eine trinitarische Theologie, Freiburg 1997.
Gutiérrez, G. (1975), Teología de la liberación, Lima 1971; dt.: Theologie der Befreiung, Mainz 1975.
– (1986), Beber de su proprio pozo en el itinerario espiritual de un pueblo, Lima 1983; dt: Aus der eigenen Quelle trinken. Spiritualität der Befreiung, Mainz 1986.
Haers, J.-Th. Merrigan (Hg.), Christus in veelvoud. Pluraliteit en de vraag naar eenheid in de hedendaagse christologie, Leuven 1999.
Haight, R., Jesus, Symbol of God, New York 1999.
Haker, H., Narrative und moralische Identität bei P. Ricoeur, in Mieth, 179–187.
Häring, H.-E. Schüssler-Fiorenza, Die Weigerung, Frauen zu ordinieren, Themenheft Concilium 35 (1999), Nr. 3.
Häring, H.-K.-J. Kuschel (Hg.) (1988), Gegenentwürfe. 24 Lebensläufe für eine andere Theologie, München 1988.
– *(Hg.)* (1993), Hans Küng. Neue Horizonte des Glaubens und Denkens, München 1993.
Häring, H. (1986), Eine katholische Theologie? J. Ratzinger und das Trauma von Hans im Glück, in: *N. Greinacher – H. Küng (Hg.)*, Katholische Kirche – Wohin? Wider den Verrat am Konzil, München 1986, 241–258.
– (1987), Twee standpunten – één doelstelling? De hermeneutische problematiek van leerstellige dialogen, in: Erkenning zonder vernieu-

wing? hg.v. H. P. J. Witte und Th. M. J. Geurts, 's-Hertogenbosch 1987, 128–162.
- (1992), Het beeld van ›de vrouw‹ in *Mulieris dignitatem*, in: *C. Halkes* u.a. (Hg.), Boeiende beelden. Feministische en christelijke visies op de mens als vrouw en man, Nijmegen 1992.
- (1995), Die vielen Gesichter des Göttlichen, Themenheft Concilium 31 (1995), Nr. 2.
- (1998) Hans Küng. Grenzen durchbrechen, Mainz 1998.
- (1999a), Das Böse in der Welt. Gottes Macht oder Ohnmacht?, Darmstadt 1999.
- (1999b), Tussen identiteit en verbeelding: Waartoe dient de christologie?, in. Tijdschrift voor Theologie 39 (1999), 358–380.
- (2000), Het geloof van de kerkvaders? De funderingen van de theologie van Joseph Ratzinger, in: Tijdschrift voor Theologie 40 (2000), 358–381.
- (2001a), From Divine Human to Human God, in: *H.-G. Ziebertz* u.a. (Hg.), The Human Image of God, Leiden 2001, 3–28.
- (2001b), DOMINUS IESUS. Katholisch – mit Angst vor der Vielfalt?, in: Rainer, 144–165.

Hasler, A. B., Wie der Papst unfehlbar wurde. Macht und Ohnmacht eines Dogmas, München 1979.

Heimsoeth, W., Die sechs großen Themen der abendländischen Metaphysik und der Ausgang des Mittelalters, Darmstadt 1992.

Hemplmann, R. u.a. (Hg.), Dialog und Unterscheidung. Religionen und neue religiöse Bewegungen im Gespräch, Berlin 2000.

Hennely, A. T., Liberation Theologies. The global pursuit of justice, Mystic 1995.

Hick, J. (1988), Religious Pluralism, Grand Rapids 1988.
- (1996), Religion. Die menschlichen Antworten auf die Frage nach Leben und Tod, München 1996.

Hofius, O. u.a. (Hg.) Johannesstudien. Untersuchungen zur Theologie des vierten Evangeliums, Tübingen 1996.

Hünermann, P., Information – Reflexion – Kritik. Auseinandersetzung zwischen Hans Küng und dem kirchlichen Lehramt, in: *L. Bertsch – M. Kehl* (Hg.), Zur Sache. Theologische Streitfragen im »Fall Küng«, Würzburg 1980, 154–174.

Jeanrond, W. (1991a) (Hg.), Radical pluralism and truth. David Tracy and the hermeneutics of religion, New York 1991.
- (1991b) Theological hermeneutics. Development and significance, New York 1991.

Jensen, A.-M. Liebmann (Hg.), Was verändert feministische Theologie?, Münster 1999.

Jüngel, E., Nur Wahrheit befreit, in: Allgemeines Deutsches Sonntagsblatt vom 7. 10. 2000.

Kabasilas, N. (1967), Über das Leben in Christus *(Eis ten theian litourgian)*, Sources Chrétiennes Nr. 4, Paris [2]1967.
- (1990), Über die göttliche Liturgie *(Peri tes en Christo zoes)*, Sources Chrétiennes, Nr. 361, Paris 1990.

Kaes, D., Theologie im Anspruch der Wahrheit. Zur Hermeneutik Joseph Ratzingers, St. Ottilien 1997.
Kasper, W. (1969), Das Wesen des Christlichen, in: Theologische Revue (1969), 182–188.
– (1972), Einführung in den Glauben, Mainz 1972.
– (2000), Das Verhältnis von Universalkirche und Ortskirche. Freundschaftliche Auseinandersetzung mit der Kritik von Joseph Kardinal Ratzinger, in: Stimmen der Zeit, Heft 12, Dezember 2000, 796–803.
– (2001a), Situation und Zukunft der Ökumene. Der deutschen ökumenischen Theologie täte eine »Ost-Erweiterung« gut, abgedr. in: Frankfurter Allgemeine Zeitung. vom 24. Januar 2001.
– (2001b), Fragliches Petrusamt, Interview mit Kardinal W. Kasper vom 05. März 2001 im Rheinischen Merkur.
Kehl, M., Die eine Kirche und die vielen Kirchen, in: Stimmen der Zeit, Heft 1, Januar 2001, 3–16.
Kleger, H.-A. Müller (Hg.), Zivilreligion in Amerika und Europa, München 1986.
Klein, N., Wenn ein Konzil umgedeutet wird, in: Orientierung, Jahrg. 64, Nr. 18 vom 30. 9. 2000, 199–2000; abgedr. in Rainer, 68–78.
Klein, R., Der Streit um den Victoriaaltar. Die Dritte Relation des Symmachus und die Briefe 17, 18 und 57 des Mailänder Bischofs Ambrosius, Darmstadt 1972.
Knitter, P. F. (1985), No Other Name? A Critical Survey of christian Attitudes Toward the World Religions, Maryknoll 1985.
– (1995), One earth, many religions. Multifaith dialogue and global responsibility, Maryknoll 1995.
– (1996), Jesus and other names. Christian mission and global responsibility, Maryknoll 1996.
Knoch, W., Gott sucht Menschen. Offenbarung, Schrift, Tradition, Paderborn 1997.
Kollbrunner, F., Art. Mission, in: Wörterbuch der Christentums, Gütersloh – Zürich 1988, 811–814.
Kreiner, A., Gott im Leid. Zur Stichhaltigkeit der Theodizee-Argumente, Freiburg 1997.
Kreutzer, K., Gibt es einen dritten Weg zwischen Pluralismus und Fundamentalismus? Wissenschaftstheoretische, philosophische und fundamentaltheologische Überlegungen zur Problematik von Letztbegründung und Letztgültigkeit, Marburg 1989.
Kühn, U. (Hg.), Christlicher Wahrheitsanspruch zwischen Fundamentalismus und Pluralität. Text der Theologischen Tage 1996, Leipzig 1998.
Küng, H.-J. Ching, Christentum und Chinesische Religion, München 1988.
Küng, H. (1967), Die Kirche, Freiburg 1967.
– (1978), Existiert Gott?. Antwort auf die Gottesfrage der Neuzeit, München 1978.
– *(1990)*, Die Hoffnung bewahren, München 1990.
– *(1991)*, Das Judentum, München 1991.

– *(1994)*, Das Christentum. Wesen und Geschichte, München 1994.
– *(2001)*, Dominus Jesus?, in Rainer, 253–255.
Kuschel, K.-J., Streit um Abraham. Was Juden, Christen und Muslime voneinander trennt – und was sie verbindet, Düsseldorf 2001.
Küster V., Die vielen Gesichter Jesu Christi. Christologie interkulturell, Neukirchen 1999.
Leuba, J. L., L'institution et l'événement, Neuchâtel – Paris 1950.
Maier, H., Glosse im Rheinischen Merkur vom 16. März 2001, 26.
Menke, K.-H., Stellvertretung. Schlüsselbegriff christlichen Lebens und theologische Grundkategorie, Freiburg – Einsiedeln 1991;
Merrigan, T.-J. Haers (Hg.), The Myriad Christ: Plurality and the quest for unity in contemporary christology, Leuven 2000.
Merrigan, T., De geschiedenis van Jezus in haar actuele betekenis: De uitdaging van het pluralisme, in: Tijdschrift voor Theologie 34 (1994), 407–429.
Metz, J. B., Glaube in Kirche und Gesellschaft, Mainz 1977.
Meyer, H.-H. J. Urban, L. Vischer (Hgg.), Dokumente wachsender Übereinstimmung. Sämtliche Berichte und Konsenstexte interkonfessioneller Gespräche auf Weltebene 1931–1982, Paderborn – Frankfurt 1983.
Mieth, D. u.a., Identität: biographisch – moralisch – religiös, Themenheft Concilium 36 (2000), Nr. 2:
Miles, J., Gott. Eine Biographie, München-Wien 1996.
Möder, E., Offenbarung als Alternative zur Dialektik der Postmoderne, München 1994.
Moloney, F. J., The Gospel of John, Collegeville 1998.
Moltmann, J., Der Weg Jesu Christi. Christologie in messianischen Dimensionen, München1989.
Oberhammer, G., Offenbarungsgeschichte als Text. Religionshermeneutische Bemerkungen zum Phänomen in hinduistischer Tradition, Wien 1994.
Painadath, S. (Hg.), Christ in Asia, Kottaya 1998.
Pannenberg, W., Religion und Metaphysik, in: Beiträge zur systematischen Theologie I, Göttingen 1999, 45–57.
Pauen, M., Pessimismus, Berlin 1997.
Pechmann, R., Mission im Widerspruch. Religionstheologische Fragen heute und Mission morgen, Neukirchen 1999.
Pritchard, G. D. (Hg.), J. Hick, hermeneutics, religious pluralism, and truth, Winston-Salem 1989.
Professoren der katholisch theologischen Fakultät Tübingen, Erklärung zur Wahl der Bischöfe, in: Theologische Quartalschrift Tübingen 149 (1969), 111–115.
Pruyser, P. W., The Play of Imagination: Toward a Psychoanalysis of Culture, New York 1983.
Queiruga, A. T., Die Offenbarung Gottes in der Verwirklichung des Menschen, Frankfurt/M. 1996.
Rahner, H., Symbole der Kirche, Salzburg 1964.
Rahner, K.-J. Ratzinger (1961), Episkopat und Primat, Freiburg 1961.
– (1965), Offenbarung und Überlieferung, Freiburg 1965.

Rahner, K. (1976), Grundkurs des Glaubens. Einführung in den Begriff des Christentums, Freiburg [8]1976.
Rainer, M. J. (Hg.), »Dominus Iesus«. Anstößige Wahrheit oder anstößige Kirche? Dokumente, Hintergründe, Standpunkte und Folgerungen, Münster – Hamburg – London 2001.
Ratzinger, J.-H. U. von Balthasar, Zwei Plädoyers: Warum ich noch ein Christ bin – Warum ich noch in der Kirche bin, München 1971.
Ratzinger, J.-H. Maier, Demokratie in der Kirche. Möglichkeiten – Grenzen – Gefahren, Limburg 1970 (NA 2000).
Ratzinger, J.-V. Messori, Zur Lage des Glaubens, München – Zürich – Wien 1985.
Ratzinger, J. (1954), Volk und Haus Gottes in Augustins Lehre von der Kirche, München 1954.
– (1959a), Die Geschichtstheologie des heiligen Bonaventura, München 1959.
– (1959b), Offenbarung – Schrift – Überlieferung: ein Text des heiligen Bonaventura und seine Bedeutung für die gegenwärtige Theologie, in: Trierer Theologische Zeitschrift 67 (1958), 13–27.
– (1965), Ein Versuch zur Frage des Traditionsbegriffs, in: *Rahner-Ratzinger* (1965), 25–69.
– (1968), Die Bedeutung der Väter für die gegenwärtige Theologie, in: Theologische Quartalschrift 148 (1968), 257–282, abgedr. in: *Ratzinger* (1982); 139–159.
– (1969a) Das neue Volk Gottes: Entwürfe zur Ekklesiologie, Düsseldorf 1969.
– (1969b), Primat und Episkopat, in: *Ratzinger* 1969a, 249–266.
– (1973), Dogma und Verkündigung, München – Freiburg, 1973.
– (1982), Theologische Prinzipienlehre. Bausteine zur Fundamentaltheologie, München 1982.
– (1998), Die Vielfalt der Religionen und der Eine Bund, Hagen 1998.
– (1999) Hinweis zum Motu proprio »Ad tuendam fidem« und zum »Lehrmäßigen Kommentar« der Glaubenskongregation, in: *W. Beinert* (Hg), Gott – ratlos vor dem Bösen?, Freiburg 1999, 224–227.
– (2000a), Einführung in das Christentum, München (1968), NA 2000.
– (2000b), Der angezweifelte Wahrheitsanspruch. Die Krise des Christentums am Beginn des dritten Jahrtausends, in: Frankfurter Allgemeine Zeitung vom 8. 1. 2000.
– (2000c), Das Christentum wollte immer mehr sein als Tradition, in: Frankfurter Allgemeine Zeitung vom 8. 3. 2000.
– (2000d), Es scheint mir absurd, was unsere lutherischen Freunde jetzt wollen …, Interview in der Frankfurt Allgemeinen Zeitung vom 22. September 2000.
– (2000e), Europas Kultur und ihre Krise, in: DIE ZEIT vom 07. Dezember 2000.
– (2000f) Die große Gottesidee »Kirche« ist keine Schwärmerei, in: Frankfurter Allgemeine Zeitung vom 22. 12. 2000.
Reform und Anerkennung kirchlicher Ämter. Ein Memorandum der

Arbeitsgemeinschaft ökumenischer Universitätsinstitute, München – Mainz 1973.
Robinson, J. A. T., The Priority of John, London 1985, dt.: Johannes – Das Evangelium der Ursprünge, hg. v. H.-J. Schulz, Wuppertal 1999.
Ross, J., Der Papst. Johannes Paul II. – Drama und Geheimnis, Berling 2000.
Ruggieri, G.-M. Tomka, Kirche in Fragmenten. Welche Art von Einheit? Themenheft Concilium 33 (1997), Nr. 3.
Ruster, Th., Der verwechselbare Gott. Theologie nach der Entflechtung von Christentum und Religion, Frankfurt/M. 2000.
Schillebeeckx E. u.a. (Hg.), Breuklijnen. Grenservaringen en zoektochten: 14 essays voor T. Schoof, Baarn 1994.
Schillebeeckx, E. (1975), Jesus. Die Geschichte von einem Lebenden, Freiburg 1975.
– (1983), Das Evangelium erzählen, Düsseldorf 1983 (Theologisch geloofsverstaan anno, Baarn 1983).
– (1988), Der Kampf an verschiedenen Fronten: Thomas von Aquin, in: *Häring-Kuschel* (1988), 53–67.
– (1990) Menschen: die Geschichte von Gott, Freiburg 1990.
– (1994) (Hg.), Breuklijnen. Grenservaringen en zoektochten: 14 essays voor T. Schoof, Baarn 1994.
– (1995), The language of faith. Essays on Jesus, theology and the church, Maryknoll 1995.
Schoenborn, U., Dialog und Offenbarung. Zur Strategie literarischer Vergewisserung in Krisenzeiten, München 1996.
Schoonenberg, P., De Geest het Woord en de Zoon. Theologische overdenkingen over Geest-christologie, Logos-christologie en direënheidsleer, Kampen 1991.
Schreiter, R. (1987), Constructing local Theologies, Maryknoll ²1987.
– (1992), Abschied vom Gott der Europäer. Zur Entwicklung regionaler Theologien. Mit einem Vorwort von E. Schillebeeckx, Salzburg 1992.
– (1997), Die neue Katholizität. Globalisierung und die Theologie, Frankfurt/M. 1997.
Schulz, H.-J. (1996), Bekenntnis statt Dogma. Kriterien der Verbindlichkeit kirchlicher Lehre, Freiburg 1996.
– (2001), Der Vorrang der Wort-Gottes-Verkündigung, der Liturgie und der Diakonie vor der Lehre, in: Themenheft Concilium 37 (2001), Nr. 3 (im Druck).
Schüssler-Fiorenza, E. (1988), Zu ihrem Gedächtnis ... Eine feministisch-theologische Rekonstruktion der christlichen Ursprünge, München – Mainz 1988.
– (1997), Jesus – Mirjams Kind, Sophias Prophet, Gütersloh 1997.
– (Hg.) (1998), Die heiligen Schriften der Frauen, Themenheft Concilium 34 (1998), Nr. 3.
Schwager, R. (Hg.), Christus allein? Der Streit um die pluralistische Religionstheologie, Frankfurt/M. 1996.
Schwandt, H.-G., Pluralistische Theologie der Religionen. Eine kritische Sichtung, Frankfurt/M. 1998.

Seckler, M. (1981), Modelle des Verhältnisses von kirchlichem Lehramt und theologischer Wissenschaft. Geschichtliche Aspekte und Lösungselemente, in: ders. (Hg.) Lehramt und Theologie. Unnötiger Konflikt oder heilsame Spannung?, Düsseldorf 1981, 83–130)

– (1985), Der Begriff Offenbarung, in: Handbuch der Fundamentaltheologie II: Traktat Offenbarung, Freiburg 1985, 60–83.

Sedmak, C., Globale Theologien und globale Kirche, Freiburg 2000.

Seiterich-Kreuzkamp, Th., Kardinal Ratzinger und der Scherbenhaufen, in: Publik-Forum 22 vom 17. November 2000.

Spencer, A. B., The global God. Multicultural views of God, Grand Rapids 1998.

Spengler, O., Der Untergang des Abendlandes. Umrisse einer Morphologie der Weltgeschichte (1918), Ungek. Sonderausgabe in einem Band, München 1990.

Stegmann, F. J., Art. Integralismus, in: LThK V, ³1996, 549f.

Steven, M. E., Kierkegaard and the concept of revelation, Alani NY. 1996.

Strahm, D., Vom Rand in die Mitte. Christologie aus der Sicht von Frauen in Asien, Afrika und Lateinamerika, Luzern 1997.

Swidler, L.-P. Mojzes, The uniqueness of Jesus: a dialogue with Paul F. Knitter, New York 1997.

Tilborg, Sj. van, De zelfrepresentatie van Jezus in het Johannesevangelie. Een christologie tussen letterlijke en figuurlijke taal, in: Tijdschrift voor Theologie 34 (1994), 128–144.

Toppic, J., Christology, liberation and religious pluralism, a critical study of M. M. Tomas, P. F. Knitter and G. d'Costa, Rom 1998.

Tracy, D. (1981), The Analogical Imagination. Christian Theology and the Culture of Pluralism, New York 1981.

– (1990). Dialogue With the Other: The Inter-religious Dialogue, Louvain 1990.

– (1993), Theologie als Gespräch. Eine postmoderne Hermeneutik. Mit einer Einführung von Werner Jeanrond, Mainz 1993.

Vattimo, G. (1990), Das Ende der Moderne, Stuttgart 1990 (Reclam 8624);

– (1997), Glauben – Philosophieren, Stuttgart 1997 (Reclam 9664).

Waldenfels, H., Einführung in die Theologie der Offenbarung, Darmstadt 1996.

Wiederkehr, R., Der Glaubenssinn des Gottesvolkes. Konkurrent oder Partner des Lehramts?, Frankfurt 1994.

Willems, A., Het mysterie als ideologie: De bisschoppensynode over het kerkbegrip, in: Tijdschrift voor Theologie 26 (1986), 157–171.

Winnicot, D. W., Playing and Reality, Harmonsworth 1986.

Withöft, R., Civil religion und Pluralismus. Reaktionen auf das Pluralismusproblem im systematisch-theologischen Diskurs, Frankfurt/M. 1998.

Witte, H., »Alnaargelang hun band met het fundament van het christelijk geloof verschillend is«. Wording en verwerking van de uitspraak over de 'hiërarchie' van waarheden van Vaticanum II, deel I en II, Tilburg 1986.

Zager, W., Jesus und die frühchristliche Verkündigung. Historische Rückfragen nach den Anfängen, Neukirchen 1999.

Namenregister

Sachregister